Ulrich Horstmann

Die geheime Macht der Ratingagenturen

ULRICH HORSTMANN

DIE GEHEIME MACHT DER RATING AGENTUREN

FBV

DIE SPIELMACHER DES WELTFINANZSYSTEMS

Bibliografische Information der Deutschen Nationalbibliothek
Die Deutsche Nationalbibliothek verzeichnet diese Publikation in der Deutschen Nationalbibliografie;
detaillierte bibliografische Daten sind im Internet über **http://d-nb.de** abrufbar.

Für Fragen und Anregungen:
horstmann@finanzbuchverlag.de

1. Auflage 2013

© 2013 by FinanzBuch Verlag, ein Imprint der Münchner Verlagsgruppe GmbH,
Nymphenburger Straße 86
D-80636 München
Tel.: 089 651285-0
Fax: 089 652096

Redaktion: Jana Stahl
Korrektorat: Bärbel Knill, Landsberg am Lech
Umschlaggestaltung: Marco Slowic, München
Umschlagabbildung: unter Verwendung von iStock-Bildern
Satz: Georg Stadler, München
Druck: CPI – Ebner & Spiegel, Ulm
Printed in Germany

ISBN Print 978-3-89879-793-1
ISBN E-Book (PDF) 978-3-86248-423-2
ISBN E-Book (EPUB, Mobi) 978-3-86248-422-5

Weitere Informationen zum Verlag finden Sie unter
www.finanzbuchverlag.de
Beachten Sie auch unsere weiteren Verlage unter
www.muenchner-verlagsgruppe.de

INHALT

*Möge dieses Buch allen Gutgläubigen und Geschädigten dazu verhelfen,
sich dem Mysterium Ratingagenturen nicht weiter auszuliefern
und wieder selbst zu überprüfen, ob die von ihnen getätigten
Geschäfte »wirklich« sicher sind.*

VORWORT

Die Arbeit der Ratingagenturen ist erstmalig im Zuge der Finanzkrise 2007 in das Bewusstsein außerhalb der Banken- und Börsenwelt und dabei insbesondere bei Betroffenen von Fehlentscheidungen in die Kritik geraten. Aber selbst fünf Jahre nach der Finanz-, Euro- und Schuldenkrise sind viele Fragen offen, gar nicht gestellt oder beiseitegeschoben: Sind die Ratingagenturen vielleicht nur ein Sündenbock, da nur passiv beteiligt, oder waren sie gar als Spielmacher des Finanzkapitalismus, und damit höchst aktiv, Krisen verstärkend involviert? Wie konnten dabei die sogenannten »Großen Drei«, Standard & Poor's (S&P), Moody's Investors Service (Moody's) und Fitch Ratings (Fitch) immerhin eine monopolartige Stellung erringen? Warum können sich Ratingagenturen erlauben, so gut wie intransparent zu agieren, ähnlich dem Orakel von Delphi? Warum werden diese Orakel bedenkenlos akzeptiert, obwohl die Grundlagen der Entscheidungsfindung gar nicht bekannt sind? Wie verzahnen sich Finanzmärkte, Regierungsstellen und Ratingagenturen, und liegt hier der Schlüssel, wie sie sich finanzieren? Warum sind schließlich trotz der scheinbar »staatstragenden Funktion« die führenden Ratingagenturen mit kommerziellen Interessen privatwirtschaftlich organisiert und keine Behörden mit klaren staatsrechtlichen Regulierungsvorgaben? Aus diesem Fragenkatalog lassen sich dann gleich Prüfansätze ableiten, wie »Was läge nach alldem näher, als die Finanzanalyse von kommerziellen Interessen zu befreien?« Um hier mehr Klarheit zu gewinnen, ist weiter zu klären, wem die Ratingagenturen gehören, und welche Interessen die Eigner verfolgen. Profitieren sie eventuell sogar von der Ausweitung der Krise?

Fragen über Fragen, auf die dieses Buch Antworten sucht. Viele Antworten konnten dank der besonderen fachlichen Unterstützung meiner Kollegin Asja Hossain sowie meiner Kollegen Miraji Othman und Rainer Gross gefunden werden.

Trotz der Vielfalt an Informationen und der sich ständig »bewegenden Materie« den Überblick zu behalten, und im Zuge der sich anschließenden Bewertungen ein Manuskript zu erstellen, erwies sich erneut als schwierig. Umso mehr bin ich der Lektorin Claudia Strauf für die (wie bei meinen Büchern »Die Währungsreform kommt!« und »Womit wir morgen zahlen werden«) kritische Begleitung des Manuskripts in diesen Phasen dankbar. Danken möchte ich auch meinem früheren Kollegen Dr. Thomas Rehermann, der inzwischen in den USA lebt. Er warnte vor der Finanzkrise weit früher als andere. Auch mein Bruder, Dr. Michael Horstmann, obwohl beruflich in einem ganz anderen Bereich tätig, erwies sich immer wieder als kreativer »Ratgeber gegen den Strom«, aber auch als kritischer Kommentator des Marktgeschehens. Dies gilt ebenso für meinen langjährigen Freund Dr. Knut Meyer, er recherchierte unermüdlich, wie auch bei meinen früheren Büchern, zur Thematik gut passende Literatur. Dank schulde ich auch Marie-Louise Rubner, die das Projekt jederzeit unterstützte. In gemeinsamen Diskussionen motivierte sie mich, wie schon bei meinen letzten Büchern, leserfreundlich zu schreiben und Informationen zu liefern, die nützlich sind, anstatt thematische Nebenaspekte zu sehr auszubreiten.

Dem Verlag schulde ich Dank für das Vertrauen, erneut ein Buch von mir zu publizieren sowie für das professionelle Lektorat durch Jana Stahl und die begleitende kreative Unterstützung, zuletzt insbesondere im Rahmen anregender Diskussionen mit Georg Hodolitsch.

PROLOG: KRISENSZENARIO EINES FINANZKOLLAPSES 2013/20 AUFGRUND VON NACHEINANDER FOLGENDEN ABSTUFUNGEN SPANIENS, ITALIENS UND DER USA DURCH DIE »GROSSEN DREI«

Ende 2013 kommt es – ungeachtet aller Anstrengungen und besserer Wirtschaftsdaten – zu unerwartet deutlichen Herabstufungen Spaniens und Italiens auf Ramschniveau und deshalb zu starken negativen Marktbewegungen. In Südeuropa steigt danach die Gewaltbereitschaft auf den Straßen. Es drohen sogar Militärdiktaturen, um die über Jahrzehnte bestehende »Ruhe und Ordnung« wiederherzustellen. Die überraschende Herabstufung der USA in die »B-Liga« durch Standard & Poor's Anfang 2014 löst eine weitere Kettenreaktion an den Finanzmärkten aus. Automatisch folgende Verkäufe durch die verpflichtende Sicherheitsregel, nur bestgeratete Anlagen im Portfolio zu haben, verschärften die Situation. Der angelsächsisch geprägte Finanzkapitalismus gilt inzwischen als gescheitert. Und obwohl die Ratingagenturen als Spielmacher der Finanzmärkte international längst in Verruf geraten sind, fragen wir uns ohnmächtig, wie konnte es so weit kommen, wie können *drei* Agenturen ganze Staats- und Wirtschaftsgebilde aus den Angeln hebeln? Wer sind *die*, durch die ökonomische wie wirtschaftsrechtliche Katastrophen ausgelöst werden können?

Das Berufsbild des »Raters« ist etwas unscharf. Die oft noch jungen und relativ frisch ausgebildeten Wirtschaftswissenschaftler oder Mathematiker sitzen in Großraumbüros oder auch kleineren, neutral eingerichteten Zimmern und sind bereit, stoisch Zahlenkolonnen um Zahlenkolonnen zu beackern. Verlässliche Datenanalyse ist ein harter Job, der die Einsteiger vielfach bis zum Burn-out bringt. Im Gegensatz zu Analysten in Finanzinstituten sprechen sie keine Kauf-, Halten- oder Verkaufs-Empfehlung aus, auch wenn dies durch die Anforderung für Anleger, nur Papiere mit bestimmten Mindestratings erwerben zu können, oft genauso wirkt. Die Analysten in Ratingagenturen versuchen, die Wahrscheinlichkeit zu berechnen, ob bei einem Schuldentitel die mit dem Emittenten vereinbarten Zinszahlungen und Tilgungen vertragsgemäß eingehalten werden. Bei staatlichen Anleiheemissionen muss auch neben der Zahlungsfähigkeit aufgrund der wirtschaftlichen Verhältnisse eines Landes geprüft werden, ob zudem die politische Absicht besteht, den Verpflichtungen nachzukommen. Dies ist bekanntlich häufig nicht der Fall. An den Märkten wird das Ausfallrisiko für Anleihen auch durch Renditeaufschläge (Spreads) angezeigt. Dabei verwundert am meisten, dass die Urteile der Ratingagenturen meist einer Entwicklung nach einer vielfach vertretenen Ansicht hinterherliefen.

Vielleicht haben sie deshalb vor dem Ausbruch von Finanzkrisen die Risiken nicht erkannt oder nicht publik machen wollen, so lautet jedenfalls ein häufiger Vorwurf. Angesichts der politischen Zwänge, der fehlenden Unabhängigkeit (Bezahlung durch die zahlenden Emittenten), des enormen Umfangs der zu beobachtenden Daten und des ständigen Zeitdrucks für die Abgabe vermeintlich solide erarbeiteter Ratingurteile, ist dies nicht überraschend. Die Datenflut und der vorauseilende Gehorsam, den kommerziellen Anforderungen des Arbeitgebers (möglichst hohe Gewinnerzielung durch Bezahlung der Ratings durch die Emittenten und damit gegebenenfalls verbundene Beratungsprovisionen) zu entsprechen, verursachen Stress. Dabei wirkt die Tätigkeit der in der Investmentbankszene als Buchhalter verschrienen Angestellten vordergründig eher langweilig und wenig abwechslungsreich, da immer wieder die gleichen Prüfungsstandards gelten. Diese müssen nicht angemessen sein, aber der Analyst hat sich – auch wider besseres Wissen – daran zu halten.

Der Aufstieg erfolgt durch Anpassung und nicht durch kritisches Hinterfragen. Im Zweifel werden die Analysten unter Druck gesetzt und sogar gemobbt. Kundenzufriedenheit steht über allem, und wenn sich ein wichtiges Unternehmen über das kritische Nachbohren eines Researchers unzufrieden äußert, wird auch schon einmal der zuständige Analyst ausgetauscht.

Permanenter Zeitdruck bestimmt den Arbeitsalltag. Für die Bearbeiter ist die Tätigkeit damit nicht unbedingt sinnstiftend, was nicht einmal mit zunehmender Routine besser wird. Diese – nicht zuletzt wegen ihres Buchhalter-Images – introvertierten Angestellten leiden oftmals unter Minderwertigkeitsgefühlen, die erst in der Hochphase des Vertriebs strukturierter Produkte vor der Finanzkrise nachließen. Aber nachdem sie bislang als risikoscheu, allzu akribisch und wenig unternehmerisch denkend galten, wurden sie in der Hochphase vor dem Ausbruch der Finanzkrise zu Co-Stars der Wall-Street-Boys, die in der Lage waren, auch komplizierteste Finanzprodukte zu bewerten[1]. Zumindest taten sie so, da die Gier ihrer Arbeitgeber dies erforderte.

So wurden für nicht bewertbare Anlagen Schönwetterannahmen getroffen und die Gefahr eines generellen Abschwungs (»schwarzer Schwan«) ausgeschlossen. Statt einer Risikodiversifikation erfolgte eine Risikokumulation, aber schön verpackt und schnell an neue Kunden weitergereicht. Die spröden Ratingangestellten wurden Teil des Giftmischerhandwerks an der Wall Street, denn sie berieten nun auch die Investmentbanker, wie sie die Produkte bestmöglich gestalten könnten, um ein möglichst gutes Rating zu erhalten. Obwohl der Informationswert der Analysen durch eine unheilige Kooperation mit der Wall Street weiter sank, waren sie jetzt mehr als nur ein Rädchen im System, auch wenn gelegentlich Skrupel aufkamen: »Hoffentlich sind wir alle reich und im Ruhestand, wenn dieses Kartenhaus zusammenfällt«[2].

Die Analysten in Ratingagenturen haben wohl immer wieder nach einem abgeschlossenen Bericht das Gefühl, sehr wichtig zu sein. So zum Beispiel, wenn ihr Report vom Vorstand besonders gewürdigt und breit diskutiert wird. Dann konnten sie dem Trugschluss verfallen, »gottähnlich« zu sein, wenn sie wie ein höchster Richter Urteile fällen und die Begründungen präsentieren[3]. Vor dem mehrköpfigen hausinternen Komitee können sie sogar Voten für ganz große Volkswirtschaften abgeben. Fast immer wird ihrem Vorschlag gefolgt, der dann an den Märkten durchaus große Wellen schlagen kann. Aber trotz solch fragwürdiger »Erfolgserlebnisse« bleibt eine Art »Minderwertigkeitsgefühl der Buchhalter«, obwohl sie doch ein großes Rad drehen und sich wie ein TÜV verhalten, der die Autos prüft, die er selbst gebaut hat – nur ohne kritische Überwachung. Und die Werkstattleiter, also ihre Arbeitgeber, halten sie noch dazu an, unkritisch zu bleiben, da der »Gebrauchtwarenhandel« so gut läuft und sie schließlich ordentliche Provisionen von den Händlern kassieren, die die fahruntüchtigen Autos immer schneller weiterreichen[4]. Deshalb wechseln extrovertiertere und ehrgeizige Analysten oft dann doch lieber direkt in das aggressive und kompetitive Umfeld einer Investmentbank. Denn dieses Umfeld verspricht eine größere Bühne mit mehr Gehalt und besseren Aufstiegsmöglichkeiten.

Vor diesem Hintergrund nimmt im Frühjahr 2014 für Roger S. (Name frei erfunden) die Dramatik zu. Er ist in seiner Agentur für die südeuropäischen Staaten Griechenland, Spanien und Italien zuständig. Die Schuldenverhandlungen bei dem Vorbereitungstreffen des G-20-Gipfels in Brisbane (Australien) sind erneut ins Stocken geraten. Bereits auf dem Gipfel in St. Petersburg im September 2013 war es zu keiner Einigung zur finanziellen Lastenaufteilung gekommen, insofern ist der Verhandlungsdruck dieses Mal besonders groß. Insbesondere die wirtschaftlich noch vergleichsweise soliden Schwellenländer China, Indien, Russland und Brasilien lehnen die Übernahme neuer Schulden der europäischen Krisenländer und jetzt auch der USA ab, die nach ihrer Ansicht ihre Volkswirtschaften überlasten würden.

Eine erneute Aufstockung der Finanzmittel des Internationalen Währungsfonds (IWF) wurde erneut blockiert. Insbesondere den krisengeschüttelten Ländern Europas will die Staatengemeinschaft kein weiteres Geld mehr zur Verfügung stellen, obwohl der seit der letzten Bundestagswahl wieder als Finanz- und Wirtschaftsminister tätige Steinbrück in einer Brandrede die Solidarität aller Staaten anmahnte. Er wies darauf hin, was sein Land für die Lösung der Krise bereits getan hätte (»Davon können sich andere eine Scheibe abschneiden«), und dass man jetzt fast über den Berg sei, zumal selbst Griechenland schon Fortschritte beim Umbau seiner Wirtschaft mache. Bei den anwesenden Finanzministern, vor allem außerhalb Europas, stieß seine Rede auf Unverständnis und wachsende Skepsis. Ein wütender Kollege aus Südamerika warf dem deutschen Finanzminister sogar das Versagen bei der Aufsicht der HRE vor, die den Staatshaushalt Deutschlands nach wie vor belaste. Aber Deutschland gilt inzwischen ohnehin international als »lahme Ente«. Von den Politikern will sich deshalb keiner mehr Vorhaltungen von den polternden Musterknaben anhören, erst recht nicht von denen, die in ihren Ländern Banken wie die HRE oder WestLB nicht in den Griff bekommen haben.

Durch seine ausgeweiteten finanziellen Verpflichtungen gegenüber den südeuropäischen Schuldenstaaten wurde Deutschland durch die verschärften systemischen Belastungen von Standard & Poor's und Moody's auf »A« heruntergestuft. Auch ein Downgrade in die »B-Liga« gilt nicht mehr als ausgeschlossen, da der Hauptbürge für die Eurozone zunehmend, um glaubwürdig zu bleiben, nunmehr Zug um Zug zu seinen Zahlungsverpflichtungen herangezogen wird.

Was ist bisher geschehen? In Italien und Deutschland wurden neue Regierungen gewählt, die sich sofort wieder mit dem anhaltenden Krisenmodus in der Eurozone befassen mussten. Eine 100-Tage-Schonfrist wurde nicht gewährt, die Tagesmeldungen hielten Politik und Finanzwelt weiter in Atem. In den USA wurde bereits Ende 2012 Obama wiedergewählt. Er setzte seine wachstumsorientierte Politik fort, um der Schuldenfalle zu entgehen. Zur Stützung wurde auch die Liquiditätsflutung durch die FED fortgesetzt mit weiteren QE-(Quantitative Easing = monetäre Lockerungs-)Maßnahmen. In Italien gelangte Silvio Berlusconi nach einem ressentimentgeladenen Wahlkampf, in dem die vermeintliche Sparpolitik von Kanzlerin Merkel in der Eurozone thematisiert wurde, erneut an die Macht. In Deutschland wurde trotz der Beteuerungen von CDU/CSU und der SPD vor der Wahl, genau dies nicht zu wollen, erneut eine Große Koalition gebildet, mit Angela Merkel als Kanzlerin und Superminister Steinbrück für die wichtigen Ressorts Finanzen und Wirtschaft. Ohne die weitreichenden Amtsvollmachten wären er und die SPD nicht mehr einer großen Koalition beigetreten. Steinmeier wurde wieder Außenminister.

Die unbegrenzte Bereitstellung von Geld durch die Europäische Zentralbank (EZB) zur Rettung des Euros konnte die Märkte zunächst beruhigen. Nun war klar, dass der Euro »um jeden Preis« gerettet werden würde, denn dies signalisierten neben der EZB auch die nationalen Regierungen und die EU-Kommission zunehmend eindringlich. Diese vermeintliche Einsicht führte zu weitreichenden Verwerfungen an den Märkten. Nachdem die Ratingagentur Standard & Poor's erneut eine Überprüfung der Kreditwürdigkeit von Deutschland und Frankreich sowie weiterer Staaten der Europäischen Währungsunion ankündigte, gingen die Eurozinsen wieder deutlich nach oben.

Durch die Anleihekäufe der EZB, die Schuldenvergemeinschaftung durch Kredite an die Krisenländer und nicht zuletzt die Target2-Forderungen der Bundesbank fand bereits ein großer Schritt in die falsche Richtung statt, den aber auch die Ratingagenturen indirekt förderten. Für die Bonitätseinstufung der Banken nicht zuletzt in Frankreich und Deutschland mit großen Forderungen an südeuropäische Schuldner war es wichtig, dass die Staaten großzügig halfen. Sonst wäre das Rating der Banken ins Bodenlose gefallen und sie wären zahlungsunfähig und letztlich in die Pleite getrieben worden. Für die Ratingagenturen sind die Banken ein viel zu wichtiger Player im Emittentengeschäft. Außerdem bezahlen sie für die Urteile der Agenturen, die sie zu beeinflussen versuchen. Es galt für die Ratingagenturen der ungeschriebene Grundsatz, der auch andernorts geteilt wurde und die Krise unnötig verlängerte, lieber die Finanzinstitute zu schonen, da sich die sogenannten rettenden Staaten angesichts der Steuererhebungsmacht durch stärkere finanzielle Belastungen der Bürger schadlos halten können.

Mit ihrer hohen Reputation und ihrer meinungsprägenden »Informationswalze« trugen sie damit auch zur Schuldenvergemeinschaftung bei, die neue Haftungsformen begünstigte. Und obendrauf kamen dann doch Euro-Bonds, ohne dass weitgehende Eingriffsrechte in die Finanzpolitik der Krisenländer möglich wurden. Für Spekulanten wurden damit Bonds aus Südeuropa wieder relativ attraktiv. Finanzinvestoren verlangten für Bundesanleihen nach der extremen Niedrigzinsphase (durch die Anlageflucht aus den südeuropäischen Schuldenstaaten), die den Haushalt bislang deutlich entlastete, nunmehr Risikoaufschläge von bis zu fünf Prozent. Die Euroanleihen anderer staatlicher (südeuropäischer) Emittenten fielen dagegen jetzt wieder auf acht bis zehn Prozent, in der Spitze auf bis zu sechs Prozent Rendite in Spanien und Italien. Trotz bester Absichten mancher Politiker ging die Rettung dann doch schief und scheiterte auch an den großen drei Spielmachern des westlichen, angelsächsisch geprägten Kapitalismus. Die geschaffene Fiskalunion ohne Eingriffsrechte führte zu einer umfassenden Kritik durch die Ratingagenturen. Die weiter gestiegenen systemischen Belastungen in der Eurozone lösten aus ihrer Sicht erneut erheblichen Druck auf die Bonität der Eurozone insgesamt aus. Hedgefonds (teilweise Eigner der Ratingagenturen) spekulierten jetzt verstärkt auf den Bruch der Eurozone. Im Herbst 2013 eskalierten die Spannungen in der Eurozone, nicht zuletzt auch durch neue Massendemonstrationen in Griechenland, Spanien und Italien. Das Vertrauen der Bürger und der Marktteilnehmer, dass die Finanzprobleme in der Eurozone noch gelöst werden können, war an einen neuen Nullpunkt angelangt, obwohl EZB-Chef Draghi und die führenden Politiker in der Eurozone neue Zuversicht verbreiteten. Das wirkte nicht mehr glaubwürdig, immer mehr Kapital flüchtete bereits aus den Eurozonenstaaten in vermeintlich sichere Anlageländer wie die Schweiz und Norwegen, Kanada und Australien. Sogar der USD wurde wieder stärker von den verängstigten Investoren nachgefragt.

Unter dem Druck der Marktteilnehmer, die endlich Klarheit verlangten, haben Spanien und Italien Hilfsanträge gestellt. Beide Länder sind nach langem Drängen der übrigen Regierungen, die unter der nicht gelösten Zahlungsbilanz- und Schuldenkrise in der Eurozone selbst leiden und endlich ein Ende herbeisehnen, dem Rettungsschirm beigetreten. Spanien und Italien wollten sich anfangs den strengen Auflagen, die mit der Mittelfreigabe verbunden sind, nicht unterwerfen, aber dann wurde der Druck vor allem aus den USA und auch der Finanzmärkte doch zu groß. Die führenden Ratingorganisationen forderten seit Langem, den mutigen Schritt einer vertieften Schuldenvergemeinschaftung in der Eurozone zu gehen. Anders war die Krise nicht zu lösen, nicht zuletzt aufgrund der umfassenden Forderungen der vermeintlich systemrelevanten Banken, für die von der EZB und den noch zahlungskräftigeren Staaten eine Überlebensgarantie bis zur Krisenbewältigung in Aussicht gestellt wurde. Die Südstaaten waren also nach langem hinhaltenden Zögern bereit, unter den nochmals mit Hebelung auf zehn Billionen Euro ausgeweiteten Rettungsschirm zu schlüpfen, was an den Finanzmärkten ein paar Tage lang gefeiert wurde.

Zwischenzeitlich keimte wieder Hoffnung auf, dass sich die Schuldenkrise doch noch gemeinsam lösen lässt. Nochmals traten die Regierungen auf dem Brüsseler Krisengipfel im Herbst 2013 gemeinsam auf und gaben eine feierliche Erklärung ab, in der sie mehr Solidarität für das sich immer mehr einigende neue Europa verkündeten. Die »Vereinigten Staaten von Europa« sollten nicht auf Missgunst und Kleinmütigkeit alter Nationalstaaten gründen, sondern mit entschlossener Hilfe (wie z. B. ein Marshallplan für Europa) durch reichere Länder wie Deutschland geschaffen werden.

Die EZB hat danach großzügig weitere Staatsanleihenkäufe im Bedarfsfall angekündigt. Zu denen es dann auch tatsächlich kam. Aber wie im Fall Griechenlands hat diese umfassende Stützmaßnahme letztlich das Vertrauen der Marktteilnehmer nicht dauerhaft wiederherstellen können. Immer neue Meldungen heizen die Spekulation an, dass nach Griechenland auch die südeuropäischen Schwergewichte Spanien und Italien aus der Eurozone ausscheiden. Anhaltende Massenstreiks haben die wirtschaftliche Tätigkeit ohnehin zeitweise zum Erliegen gebracht, die Sparauflagen gelten realistischerweise nicht mehr als umsetzbar.

Und schließlich kam der vermeintliche Tiefschlag, der jegliche Hoffnung auf eine Entschärfung der Krise zunichtemachte: Spanien und Italien wurden von Standard & Poor's und Moody's endgültig auf Ramschniveau heruntergestuft. S&P hatte bereits am 10. Oktober 2012 die Kreditwürdigkeit Spaniens um gleich zwei Noten auf »BBB-« gesenkt, ein paar Tage später auch führende Banken des Landes. Die Bonitätsnote liegt damit nur noch eine Stufe über dem sogenannten Ramschniveau. Einen derartig drastischen Schritt hatte kaum ein Marktteilnehmer mehr erwartet, denn die Staaten hatten doch zuletzt alles getan, was die drei großen Ratingorganisationen S&P, Moody's und Fitch forderten. Auch Portugals Anleihen waren nur noch Ramsch und längst nicht mehr marktfähig. Was war das Motiv der großen drei Agenturen? Ein Machtbeweis? Ökonomische Interessen? Es blieb Ratlosigkeit zurück. Die Länder verfielen in eine Mischung aus Agonie und Trotz. Zu befürchten ist gar, dass sich radikale Kräfte in Südeuropa durchsetzten, auch ein Rückfall in Militärdiktaturen der noch jungen Demokratien Portugal, Spanien und Griechenland wird nicht mehr ausgeschlossen.

Frankreich und Deutschland wurden zudem zwischenzeitlich von den Ratingagenturen mit heruntergestuft, wodurch die Rolle als europäischer Bürge für Europa nicht mehr glaubwürdig war. Bislang waren die Wirtschaftsdaten selbst von Spanien und Italien mit Ländern vergleichbar, die außerhalb Europas noch über weit bessere Noten verfügten, wie zum Beispiel die USA und Japan. Dies löste eine neue Schockwelle auf den Finanzmärkten aus. Die ökonomischen Verwerfungen mit Finanztransfers in den Süden und steigender Wirtschaftsflucht in den Norden werden immer stärker als Euro- oder Europakrise bezeichnet. Der alte Kontinent scheint zunehmend dabei aus den Fugen zu geraten. Auch die Angst vor neuen Ratingherabstufungen stieg, die einen Teufelskreis aus neuen Sparanstrengungen und immer neuen politischen Widerständen herbeiführen. Die Skepsis um die Schuldnerbonität marode wirtschaftender Südstaaten mit einem hohen Maß an Korruption schien begründet. IWF und die Geberstaaten in der EU zogen die Fesseln an, um sie dann wieder zu lockern, als die Reformbemühungen wieder erkennbar scheiterten. Durch den Euroverbund war eine Währungsabwertung, die schlagartig die Wettbewerbsfähigkeit erhöht hätte, weiter nicht möglich. So entwickelte sich eine selbsterfüllende Megakrise, die den Euro sprengte, nachdem die Zinsen für die Staatsanleihen von südeuropäischen Ländern wieder neue Rekordniveaus von weit über zehn Prozent erreichten und selbst die Euro-Bonds bei über sieben Prozent rentierten. In normalen Zeiten verkraftbar, aber nicht mehr angesichts von Schulden, die über 100 Prozent des jährlichen Bruttoinlandsprodukts liegen.

Vermeintlich hatten sich die USA Luft verschafft, sie waren nicht mehr das Zentrum der Krise. Hedgefonds hatten erfolgreich auf den Zusammenbruch Euro-Europas spekuliert, sie sind die Profiteure einer Krise, die den Kontinent destabilisierte wie seit dem Zweiten Weltkrieg nicht mehr. Die dramatische Abstufung durch die Ratinginstitute hatte großen Reichtum für die Hedgefonds gebracht, aber eine Abwärtsspirale für die Volkswirtschaften in Südeuropa ausgelöst, die die Staaten um Jahre bei der Krisenbewältigung zurückwarf. Verlorene Jahre für die leidende Bevölkerung, die nicht zu den Begünstigten des heutigen Finanzsystems und ihrer politischen Unterstützer gehören. Niemand war mehr bereit, diesen Ländern frisches Geld zu geben.

Jetzt war die Schuldenkrise auch wieder in die USA zurückgekehrt. Weitere QE-Entlastungsmaßnahmen der FED verpufften an den Märkten, die Konjunktur erlahmte erneut: Die Schockwelle erfasste Amerika mit einer Wucht, die von Neuem die Sorge eines internationalen Finanzkollapses aufkommen ließ. Wenn die Staaten Südeuropas so schnell ins Taumeln geraten, waren dann die hoch verschuldeten USA noch sicher, fragten sich die Marktteilnehmer. Schnell gerieten die USA in den Fokus der Märkte und sogar der Ratingagenturen. Die zwar kleinere, aber zunehmend einflussreichere chinesische Ratingagentur Dagong Global Credit Rating (Dagong), die 1994 auf Initiative der chinesischen Zentralbank von Guan Jianzhong gegründet wurde, hatte die USA bereits heruntergestuft, viele kleinere andere ebenfalls. Die »Großen Drei« (S&P, Fitch und Moody's) konnten nicht mehr zögern, obwohl auch hier lange der ungeschriebene Grundsatz galt: Wenn die

Regierung der Vereinigten Staaten nicht als sicher eingestuft werden kann, dann ist nichts sicher. Dieses Dogma wurde jetzt infrage gestellt.

Was lange nicht möglich erschien, jetzt kam der unvermeidliche Schritt, nachdem die Führungsmacht lange von ihrer Hegemonie profitierte, die systematisch zu einer positiven Verzerrung auch bei den Ratinginstituten führte. Zwar sind die Ratingagenturen nie Regierungsorganisationen gewesen, sie waren aber auch immer Teil von »Corporate America«. Jetzt, einige Wochen nach der Herabstufung von Italien und Spanien, wurden die USA »mit« heruntergestuft, auch wenn es nur ein Downgrade in die »B-Liga« war. Für die Supermacht reichte dies, um die Glaubwürdigkeit an den Märkten zu verlieren. Bei den Schuldenverhandlungen des Vorbereitungstreffens des G-20-Gipfels in Brisbane (Australien) mussten US-amerikanische Politiker als Bittsteller auftreten. Sie waren ähnlich wie Japan und Deutschland als (wenn auch besonders wichtige) »lahme Enten« nicht mehr Gestalter, sondern vom Wohlwollen der neuen Aufsteigerstaaten abhängig. Viele Investoren rechnen nun mit einem Staatsbankrott in wenigen Monaten.

Wie konnte es so weit kommen?

Vor allem, welche Rolle spielten die Ratinginstitute bei der Verschärfung der Krise, die ohne große Vermögensverluste nicht mehr als beherrschbar galt. Eine sanierende Währungsreform mit tiefgreifendem Schuldenschnitt galt jetzt vor allem in der Eurozone als unvermeidbar. Die führenden Ratingorganisationen äußerten ihre Bereitschaft, eigene Experten für das Prozedere zur Verfügung zu stellen. Sie hatten das lukrative Beratungsgeschäft rund um die Schuldengestaltung weiter ausgebaut und waren trotz ihres Reputationsverlustes auf den Kapitalmärkten und in der Öffentlichkeit wieder gut im Geschäft. Vorauseilende und gefügige Politiker sowie das Lobbying des Finanzsektors, der wesentliche Eigner der großen Ratingagenturen, halfen dabei. Dank der weltweit unreguliert gewachsenen Hedgefonds besitzen sie inzwischen weit mehr Macht als früher der militärisch-industrielle Sektor. Die Ratingagenturen sind dabei ein wichtiger Helfer und Spielmacher der modernen Finanzmärkte, die entweder fehlgelenkt oder unreguliert weiter Schaden für die Volkswirtschaften anrichten.

Geschichte der Ratingagenturen und ihre aktuelle Marktstellung

> *Die Geschichte der Kredit-Ratingagenturen ist*
> *eine Geschichte des kolossalen Versagens.*
> Henry Waxman, US-Kongressabgeordneter
> der Demokratischen Partei[5]

Vorbemerkungen

Ratingagenturen schätzen und beurteilen das Risiko eines Zahlungsausfalls von Unternehmen, Finanzprodukten sowie ganzen Staaten mithilfe
von sogenannten Ratings, die man auch als Benotung anhand eines standardisierten Risiko- und Bonitätsbeurteilungsmaßstabs interpretieren
kann. Die Internationale Organisation der Wertpapieraufsichtsbehörden
(International Organisation of Securities Commissions, IOSCO) wählte
folgende Definition für Kreditratings, die hier im Buch im Vordergrund
stehen[6]:

> »Ein Rating ist eine Meinung über die Bonität eines Unternehmens, einer Kre-
> ditzusage, einer Anleihe oder ähnlicher handelbarer Wertpapiere oder eines
> Emittenten von solchen Verpflichtungen, ausgedrückt mithilfe eines festgeleg-
> ten und definierten Ranking-Systems.«[7]

Es geht dabei also nicht um Kauf- oder Verkaufsempfehlungen, sondern es
wird lediglich – und das betonen Ratingagenturen immer wieder – eine Meinung zur Kreditnehmerbonität abgegeben. In der US-Kreditratingagentur-
reform 2006[8] werden unter anderem folgende Aspekte zur Beschreibung
von Kredit-Ratingagenturen genannt:

1. Erstellen von Kreditratings mit oder ohne Gebühr, die über das Internet oder andere Vertriebswege angeboten werden.
2. Verwendung eines quantitativen oder qualitativen Modells oder beider Varianten, um das Kreditrating zu bestimmen.
3. Gebühren können von Emittenten, Investoren oder anderen Marktteilnehmern bzw. in Kombination daraus erhoben werden.

Dieser sehr weiten Auslegung wird hier gefolgt, wobei sich Marktusancen herausgebildet haben, wie zum Beispiel die Bezahlung durch Emittenten. Nach wie vor gelten die Ratings nur als Meinungsäußerungen und sind daher weitgehend vor zivilrechtlichen Haftungsansprüchen geschützt. Ratingagenturen verwenden in der Regel eine mehrstufige Skala von AAA (beste Einstufung) bis C (schlechteste Einstufung). Im Detail gibt es allerdings zum Teil Abweichungen der Ratingsymbole der einzelnen Agenturen.

Gesellschaft	Gründung	Historie
Standard & Poor's	1868	Henry Varnum Poor veröffentlichte 1868 das »Manual of the Railroads of the United States«, in dem Anlegerinformationen zu den Eisenbahngesellschaften gesammelt wurden. 1941 kam es zur Verschmelzung der Poor's Publishing Company und der Standard Statistics Company zu Standard & Poor's. Das Rating von Standard & Poor's oder kurz S&P reicht von AAA (»Triple A«, exzellente Bonität, praktisch kein Ausfallrisiko) über BBB (befriedigend) bis D (in Zahlungsverzug, keine Bonität).

Gesellschaft	Gründung	Historie
Moody's	1909	Moody's wurde 1909 von John Moody gegründet. Zunächst lieferte die Agentur Ratings zu den stark schwankenden Eisenbahn-Anleihen gegen Bezahlung an Investoren.
		Anmerkung am Rande: Die Finanzkrise im gleichen Jahr löste zur Stabilisierung die Gründung der Federal Reserve aus, die 1914 ihre Tätigkeit aufnahm. 1914 entstand auch die Gesellschaft Moody's Investor Services. Da während des Börsencrashs 1929 keines der von Moody's als erstklassig eingestuften Unternehmen zusammenbrach, stiegen das Ansehen der Gesellschaft und die Zahlungsbereitschaft der Kunden.
		Die Bewertungen von Moody's reichen von AAA über BAA1 bei einer durchschnittlich guten Anlage bis C (bei Zahlungsausfall).
Fitch	1924	Fitch Ratings, der dritte im Bunde, entstand 1924 in New York aus der Fitch Publishing Company von John Fitch. Das Rating reicht von AAA bis CCC (bei Zahlungsausfall: D).

Historie und Ratings der drei führenden Ratinggesellschaften

Jeder einzelnen Ratingstufe kann eine durchschnittliche historische Ausfallwahrscheinlichkeit zugeordnet werden. Wirtschaftlich bedeutend sind die Ratings für die Emittenten dadurch, dass höhere oder niedrigere Ratings niedrigere oder höhere Kapitalbeschaffungskosten nach sich ziehen. Eingebettet ist die Geschichte der Ratingagenturen in die wechselhafte und friktionsreiche Finanzierungshistorie, wie die Übersicht gegenüber zeigt.

Von der weltweiten Expansion der Finanzmärkte profitierten die Ratingagenturen also und konnten durch die Verankerung mit den staatlichen Regelwerken eine enorme Marktbedeutung entfalten, auf die später im Buch noch eingegangen wird. Für eine kurze Einführung mag dies genügen, zu-

mal die Ratingagenturen, so wie wir sie heute kennen, ursprünglich noch
nicht existierten. Als frühere »Familienbetriebe« boten sie »auf dem freien
Markt« Dienstleistungen zur Einschätzung von Aktien- oder Rentenpapie-
ren für interessierte Anleger an[11]. Nachdem sich mit der Finanzierung des
US-Unabhängigkeitskrieges (1775–1783) durch Anleihen zunehmend ein
professioneller Markt für Wertpapiere in den USA entwickelte, schufen 24
Broker im Jahr 1792 mit dem Buttonwood Agreement die Plattform für einen regelmäßigen Handel an der Wall Street.

Damit war die »Spielwiese« für die Beurteilung von Aktien und Anleihen eröffnet, das »Spielfeld« wurde dabei im Zuge der Industrialisierung immer größer. Ein früher Vorläufer der Ratingagenturen mit einer allerdings begrenzten
Verwandtschaft zu den Gesellschaften, wie wir sie heute kennen, wurde von einem ehemaligen Sträfling in Frankreich gegründet. Eugène-François Vidocq
selbst wurde ein Geheimagent, der unter der Befehlsgewalt der Polizeipräfek-
tur stand. Er gründete 1833 das erste Büro, um unabhängig wirtschaftsfinanzi-
elle Informationen zu sammeln. Seine Mission war das Erkennen unehrlicher
Unternehmer und Firmen mit zweifelhafter Zahlungsfähigkeit.[12] Informationen über die ausreichende Zahlungsfähigkeit von Unternehmen waren nur
rudimentär vorhanden, es gab auch noch keine breit kommunizierte Klassifi-
zierung des Ausfallrisikos. Trotz des angeschlagenen Rufs der großen drei Ratingagenturen waren und sind sie nicht dem kriminellen Milieu zuzuordnen
wie Monsieur Vidocq.

Erster Weltkrieg/Staatsanleihenfinanzierung (1914–1918)	Anleihenfinanzierung des Krieges mit der Folge der Überschuldung der Krieg führenden Staaten. »Urkatastrophe des 20. Jahrhunderts«.
Weigerung, die Schulden aus der Zarenzeit zu zahlen (1918)	Die neue Sowjetregierung bediente die Schulden des russischen Reiches nicht mehr.
Hyperinflation (1923)	Führte insbesondere in Deutschland zu einer Destabilisierung.

Börsencrash (1927–1929)	Kurseinbrüche in Europa und ab 1929 in den USA nach einer spekulativen Überhitzung der Preise.
Zweiter Weltkrieg (1939–1945)	Erneute Verschuldung der Krieg führenden Staaten, die wie nach dem Ersten Weltkrieg – unterstützt durch einen kräftigen wirtschaftlichen Aufschwung – wieder abgetragen werden konnte.
Real Estate Investment Trusts (Reits), Investors Overseas Services (IOS) und das OPEC-Geld (Ende der 60er- bis 70er-Jahre)	Neuer Enthusiasmus an den Märkten durch die Einführung der Finanzinnovation REITs, IOS und die Rückschleusung des Geldes der OPEC-Staaten durch Großbanken, die Kredite an südamerikanische Schuldenstaaten und Polen weiterreichten[9].
Börsenkrach (1987)	Finanzinnovationen wie Junk Bonds und eine neue Generation von Spezialisten im LBO-Geschäft begünstigen schuldenfinanzierte Übernahmen[10].
LTCM-Pleite und russische Staatsanleihenkrise (1998)	Die Kapitalabflüsse aus Russland durch wirtschaftliche Probleme führten zur Spreadausweitung bei den Staatsanleihen, die zur Pleite des Hedgefonds LTCM beitrug, aus der keine Lehren gezogen wurden.
Euro-Einführung (2000)	Politisches Projekt, Europa zusammenzuführen. Ziel der Schaffung einer »Politischen Union«.
New-Economy-Blase (2000)	Platzte im März 2000 nach einer maßlosen Überbewertung von sogenannten Dotcom-Aktien.
Finanzkrise (2007)	Ab dem Jahr 2007 nach dem Platzen der US-Immobilienblase mit der Folge einer Banken- (Lehman) und Überschuldungskrise.

Geschichtliche Finanzierungswegmarken seit 1914

Oder doch? Was sich bis heute nicht verändert hat, ist das staatliche Interesse an Informationen zur Bonität von Unternehmen. Indem die Obrigkeit diese Aufgabe auf Privatunternehmen übertragen hat, waren sie »embedded«, also Teil des Regulierungssystems, das das Monitoring und Controlling wesentlicher ökonomischer Leistungsträger des Landes umfasste. Die Privatunternehmen selbst hatten ein Interesse, auf den Staat als Regulierer einzuwirken, damit er ihnen ein sicheres, am besten monopolartiges Geschäft einräumte. Eine Hand wäscht die andere, damals wie heute.

Vor dem Hintergrund einer entdeckten Marktlücke hinsichtlich der soliden Informationsbeschaffung und –aufbereitung von Daten zur Bonität von Unternehmen gründete Lewis Tappan (lebte von 1788 bis 1873), im Jahr 1841 in New York die »Mercantile Agency«, die erste Kredit-Rating-Servicegesellschaft der USA. 1849 baute John M. Bradstreet in Cincinnati im US-Bundesstaat Ohio ebenfalls eine mit der Beurteilung kommerzieller Kredit-Ratings befasste Firma auf, ab 1851 wurde ein Handbuch herausgegeben. 1859 wird die »Mercantile Agency« von Benjamin Douglass, einem Angestellten von Tappan, der die Agentur 1849 übernahm, an seinen Schwager Robert Graham Dun übergeben. Unter dem neuen Firmennamen »R.G. Dun & Company« expandierte das Unternehmen, das ähnlich wie das von Eugène-François Vidocq oder das 1872 von Wilhelm Schimmelpfeng in Frankfurt gegründete Büro oder die 1927 gegründete Schufa Auskünfte über die Sicherheit von Krediten erstellte. Diese Vorläufer-Ratingagenturen, damals wie gesagt noch unbedeutende, mehr oder minder kompetente Familienbetriebe, waren sicher noch nicht so umstritten wie heute.

Wenn der Rat der Analysten nicht aufging, traf die Kritik allenfalls spezielle Personen, deren Urteil sich im Nachhinein als falsch erwies. Heute stehen die Ratingagenturen dagegen im Fokus einer zunehmend verunsicherten Öffentlichkeit, denn nicht nur die Kritik an der Macht der Finanzmanager und Analysten, sondern auch an den führenden Ratinginstituten eskalierte im Zuge der Finanzkrise: Die drei führenden Ratingagenturen Standard & Poor's, Fitch und Moody's sitzen in den USA und prägen das »finanzielle« Bild der von ihnen bewerteten Gesellschaften. Moody's und Standard & Poor's bilden fast schon ein Duopol, Fitch ist dagegen deutlich kleiner. Die drei Agenturen sollen weltweit Schätzungen zufolge einen Marktanteil von circa 95 Prozent erreichen, wovon je 40 Prozent auf Standard & Poor's und Moody's entfallen und circa 15 Prozent auf Fitch. Wie konnten sie so mächtig werden? Wie sind sie entstanden?

Early Starter und Marktführer: S&P

Beginnen wir mit der ältesten der drei großen Agenturen, mit Standard & Poor's, die in der Regel nur mit der Abkürzung S&P publiziert.

Den Startschuss für die Ratingagenturen heutiger Prägung löste Henry Varnum Poor aus, der als früherer Finanzanalyst und Gründungsvater von S&P die Geschichte der Ratingorganisationen wesentlich beeinflusste. Er lebte vom 8. Dezember 1812 bis zum 4. Januar 1905. Zu seinen Lebzeiten stiegen die USA zu einer führenden wirtschaftlichen Macht auf, die Großbritannien zunehmend überflügelte. Henry Varnum Poor wurde in Andover im US-Bundesstaat Maine geboren. Seine Eltern betrieben eine Farm, in der er wie seine Geschwister mitarbeitete, bis er sich auszahlen ließ und ab Herbst 1831 das Bowdoin College besuchte. Im Gegensatz zu heutigen Studiengängen war die Spezialisierung noch gering, umfasste aber auch eine für damalige Verhältnisse wohl schon breite ökonomische Ausbildung.

Insbesondere die Vorlesungen von Samuel P. Newman, einem Anhänger der Lehren des Moralphilosophen und des als Urvater des Kapitalismus geltenden Adam Smith, sollen ihn stark geprägt haben[13]. Nachdem er 1835 seine Ausbildung im Bowdoin College abschloss, arbeitete er in der Rechtsanwaltskanzlei seines Onkels, Jacob McGaw, in Bangor im US-Bundesstaat Maine. Dort wohnte er bei seinem älteren Bruder, John Alfred Poor, mit dem er auch beruflich eng kooperierte. Während der Zeit in Bangor knüpfte Henry Varnum Poor neue Kontakte. So wurde der Kirchen- und Literaturforscher Frederic Henry Hedge ein enger Freund von ihm, der ihm die Bedeutung einer sorgfältigen Analyse und einer kritischen Bewertung von Unternehmensdaten nähergebracht haben soll[14]. Die Grundstückspreise zogen in Bangor in dieser Phase deutlich an. Mit der Erschließung Nordamerikas explodierten die Holzpreise, und Wohnraum wurde zunehmend knapp. Der Boom hielt nur wenige Jahre an. 1837 platzte die Blase mit Vorankündigung, denn nach einer Phase überhitzter spekulativer Geschäftsausdehnung setzte mit dem Ende der Second Bank of the

United States 1833 eine galoppierende Inflation ein. Zur Eindämmung der Krise wurden von den Banken nur noch Zahlungen in Gold- und Silbermünzen akzeptiert[15]. Eine dramatische Deflationsphase setzte ein. Dem damaligen Präsidenten Andrew Jackson (1829–1837) wurde vorgeworfen, dass die Regierung Grundstücke für Banknoten von zweifelhaftem Wert verkauft hatte.

Auf die Panik 1837 folgte eine fünfjährige Baisseperiode, also eine Zeit des Fallens der Börsenkurse und Preise, die mit einer Rekordarbeitslosigkeit und einer Banken-Vertrauenskrise einherging. Diese dramatische Baisseerfahrung dürfte Poor's Skepsis hinsichtlich emotionaler Überschwänge anderer Marktteilnehmer verstärkt haben, die ihn in den 1850erjahren und nach dem Bürgerkrieg in den USA vorsichtig agieren ließ. Früh faszinierten ihn die Eisenbahngesellschaften, denen er sich wie sein Bruder John Alfred mehr und mehr widmete. Sie waren der »Motor« bei der Entwicklung vor allem des Westens Nordamerikas. Es war die große Zeit der Pioniere, das wirtschaftlich aufstrebende Land wurde mit einem immer engmaschigeren Netz von Eisenbahnen erschlossen. Frühe Wall-Street-Glücksritter suchten ihr Heil in Wertpapieren amerikanischer Eisenbahnfirmen, die nicht selten im Zuge des Gründungsfiebers bankrottgingen. Die Gläubiger gingen dabei oft leer aus. Henry Varnum Poor und sein Bruder hatten von Anfang an mit rechtlichen Fragen dieser Eisenbahngesellschaften zu tun, wodurch ihnen auch frühzeitig die immensen geschäftlichen Risiken aufgezeigt wurden.

1848 verließ Poor die Provinzstadt Bangor und zog nach New York. Bereits damals war die größte Stadt an der Ostküste das Zentrum der US-Finanzwelt, die sich von der Krise des Jahres 1837 inzwischen wieder erholt hatte. Und dort wurde schon seit 1832 das American Railroad Journal veröffentlicht, dessen Herausgeberschaft ab 1849 Poor übernommen hatte[16]. Poor erwies sich auch hier als guter Geschäftsmann, nachdem er bereits in der Holzwirtschaft in Bangor in den Jahren 1845 bis 1847 erfolgreich agiert hatte. Die erneute Krise 1848 ließ aber die Holzpreise purzeln, sodass Poor über geschäftliche Alternativen nachdachte und auch zunehmend bereit war, Bangor zu verlassen. Der bisherige Eigner des Eisenbahnmagazins, D. Kimball Minor, verkaufte es in einer Phase geschäftlicher Schwierigkeiten, außerdem lockten ihn die Verdienstmöglichkeiten im Zuge des kalifornischen Goldrausches. Minor verfügte über geringere Erfahrungen im Eisenbahngeschäft als die Poors. Zunächst übernahm der Bruder John Alfred das Verlagsgeschäft für 2500 US-Dollar von ihm und reichte es dann an seinen Bruder Henry Varnum weiter. Poor sanierte das Eisenbahnmagazin, wobei ihm die wirtschaftliche Erholung nach der Krise des Jahres 1948 zugutekam ,und erhöhte die Werbeeinnahmen. In einem Brief an seine Frau wird seine Freude über die neue Aufgabe deutlich[17]:

>»Ich bin jetzt in meinem Büro in der Wall Street. Wir haben zwei Büros, die miteinander verbunden sind. Sie sind sehr schön gelegen, hinter der Straße, sodass ich auch in diesem großen Babel nicht mehr Lärm und Tumult als in meinem Büro in Bangor habe … Das Verlagsbüro liegt ganz in der Nähe der Druckerei. Meine Aufgabe ist es, die Kopien für die Drucker vorzubereiten, außerdem bin ich der Geschäftsführer des Journals … Meine neue Tätigkeit gefällt mir außerordentlich gut und entspricht meinem Wunsch, mich beruflich zu verändern. Ich denke auch, dass ich jede Aussicht auf Erfolg habe. Alle versichern mir, dass ich das gut schaffen kann. Die Abonnenten-Liste hat sich schnell erweitert, seit ich hier bin und ich erhielt Lob von Leuten, deren Meinung ich schätze. Ich glaube, ich kann bis zum Ende des Jahres mindestens 1200 zu fünf US-Dollar neben Werbeeinnahmen in Höhe von 1200 US-Dollar pro Jahr erzielen. Ich genieße die neue Tätigkeit erheblich mehr als meinen früheren Rechtsanwaltsberuf.«[18]

Die Investitionen in Eisenbahngesellschaften waren äußerst riskant. Dies zeigte sich erneut 1857: Bis dahin boomte die Eisenbahnindustrie durch die sich ausweitende Westwanderung in Nordamerika. Im Zuge der steigenden Gewinne der Bahnbetreiber vergaben die Banken immer höhere Darlehen. Mit dem plötzlich eingetretenen erneuten Landpreisverfall wurde die Migration in den Westen gebremst, die Umsätze und Gewinne entwickelten sich dementsprechend negativ und die Eisenbahn-Wertpapiere verloren dramatisch an Wert. Es zeigte sich, dass Krisenphänomene sich, auch durch die verbesserten Transportsysteme, zunehmend international auswirkten. Informationen über das Geschäft und die Finanzlage von Bahngesellschaften wurden vor diesem Hintergrund wichtiger denn je. So erschien 1860 Poor's grundlegendes Werk »History oft the Railroads and Canals«. Es blieb nicht dabei. Ein neues Informationsmedium war geschaffen worden, das den Bedarf nach einer Aktualisierung für interessierte Anleger weckte. In der jährlichen Veröffentlichung seines damals bahnbrechenden »Handbuchs der Eisenbahnen der Vereinigten Staaten« (»Manual of the Railroads of the United States«) ab 1868 wurde die finanzielle Situation der risikoträchtigen (bei unsicherem Ausgang viel Kapital fordernden) Unternehmen systematisch und im Detail aufgelistet, wodurch die Transparenz für die Investoren deutlich stieg.

Die damaligen Analysen waren noch nicht wie heute quartals-, sondern jahresbezogen und enthielten noch keine Wertungen, vor allem keine zukunftsgerichteten Aussagen. Die sorgfältige statistische Aufbereitung der Vergangenheitsdaten stand im Vordergrund. Technische und finanzielle Aspekte der Eisenbahngesellschaften wurden aufgezeigt. Angegeben wurden für die Eisenbahnfirmen ihr Sitz, das Datum der nächsten Hauptversammlung, die Namen der Geschäftsführer/Direktoren, die bisher gebauten Strecken und die Geschäftsentwicklung, das eingesetzte Kapital mit umfassenden Jahresbilanzen (inkl. GuV), eine Auflistung der geschäftlichen Vermögensgüter, statistische Verkehrsangaben und bereits detaillierte Ertragsstatistiken, zum Beispiel Kosten und Ergebnisse je Meile nach Jahren beim Betrieb der Bahnen.

Dieses umfangreiche und gut aufbereitete Datenmaterial sollte einen Anleger aber auch damals nicht daran hindern, selbst die Originalquellen zu studieren, worauf Benjamin Graham und David Dodd 1934 hinwiesen[19]. Das Kompendium über die Bahnbetreiber und ihre finanzielle Verfassung, das er jährlich aktualisierte, wurde zu einem unerlässlichen Informanten und einem Standardwerk für immer mehr zahlende Kunden. Bereits die erste, 442 Seiten umfassende Ausgabe, führte nach kurzer Zeit zu einer Auflage von 2500 Büchern, die für fünf US-Dollar verkauft wurden[20]. Das war damals viel Geld und entspricht heute einem Preis von etwa 60 US-Dollar. Die wachsende Kundschaft war bereit, die Preise zu zahlen. Insbesondere spätere Abschwungphasen, welche die zu hohen Risiken, auf die sich Investoren eingelassen hatten, offen legten, ließen den Bedarf an objektiven Analysen weiter steigen. So gab es vor dem Ersten Weltkrieg weitere Finanzkrisen, wie 1890 zum Beispiel die Pleite der Baring Brothers, die durch die argentinische Schuldenkrise hervorgerufen wurde. Bei der nächsten Bankenkrise im Oktober 1907 fielen die Kurse an der Wall Street um 50 Prozent im Vergleich zu ihren Höchstständen im Vorjahr. J.P. Morgan soll zur Rettung der gefährdeten Trust Company of America öffentliche und private Gelder in Anspruch genommen und die New Yorker Geistlichkeit gebeten haben, Vertrauen und Mut zu predigen[21]. Als Stabilitätspuffer gegen derartige Krisen wurde danach die Federal Reserve Bank gegründet.

Henry Varnum Poor war zu dieser Zeit bereits verstorben, die Firma H.V. und H.W. Poor Co. wurde von seinem Sohn, Henry William, fortgeführt. 1906 gründete der 30-jährige »self-made«-Geschäftsmann Luther Lee Blake das Standard Statistics Bureau, das finanzielle Informationen über Nicht-Eisenbahngesellschaften erstellte. Standard Statistics stellt den zweiten Ursprungszweig der heutigen führenden Ratinggesellschaft S&P dar, daher hier ein kurzer historischer Abriss auch über diese weit jüngere Neugründung: Bis 1913 kaufte Luther Lee Blake das »Babson Aktien- und Anleihenkartensystem« von Edward Shattuck und Roy W. Porter (siehe Internetseite von S&P). Das Karteikartensystem veröffentlichte finanzielle Berichte über Aktien und Anleihen in ähnlicher Form wie Standard Statistics dies bereits tat. Blake integrierte ein Jahr später die neu erworbene Gesellschaft. Die Innovation, statt einem jährlich erscheinenden Buch wie bei Poor eine Loseblattsammlung im Fünf-mal-sieben-Zoll-Format zu führen, bewährte sich durch die größere Flexibilität und verbesserten geschäftlichen Verwertungsmöglicheiten.

Die Agentur wuchs damit über die bisherige vorrangige Produktion eines Handbuchs hinaus. Die Blätter oder Karteien über die analysierten Gesellschaften wurden jetzt laufend, statt nur einmal jährlich, aktualisiert. Darüber hinaus wurde einmal jährlich eine Ausgabe in gebundener Form veröffentlicht. Standard Statistics war mit 70 Angestellten damals vermutlich bereits die größte Ratingagentur[22]. Die Aktien- und Rentenmärkte expandierten insbesondere in den USA mit dem Aufstieg zur führenden Wirtschaftsmacht. Während Holland schon im 17. Jahrhundert und später Großbritannien nennenswerte Aktien- und Anleihenmärkte schufen, die zunächst noch klein und eng mit der Bonität der Königshäuser als Mitfinanzierer von Seefahrtsexpeditionen verbunden waren, entwickelte sich nach der Erfindung der Dampfmaschine mit der Industrialisierung in den Vereinigten Staaten ein neuer und noch viel größerer Markt.

Die schnell wachsenden Eisenbahngesellschaften waren wie bereits gesehen Ausdruck dieser revolutionären Entwicklung. Dabei expandierte der US-Rentenmarkt in einer Weise, durch die anderen entwickelten Staaten in Europa deutlich übertroffen wurden. 1920 boomten die Investmentbanken und das Aktien- und Anleihengeschäft. Bereits in den 1920er-Jahren werden von den damaligen Konkurrenzfirmen Standard Statistics und Poor Firmenanleihen (Corporate Bonds) und Kommunalobligationen (Municipal Securities) analysiert. Das sogenannte Rating machte bereits Aussagen zur relativen Kreditwürdigkeit und den »Erfolgschancen« von Firmen und Kommunen.

Damit war ein großer Schritt in Richtung der uns heute bekannten modernen Ratinginstitute getan. 1941 schlossen sich Poor's und Standard Statistics zusammen. Bereits vor dem Ersten Weltkrieg war ein neuer Anbieter und ein Konkurrent für die Gesellschaften H.V. und H.W. Poor Co. und Standard Statistics am Markt, Moody's.

Der zweite Anbieter am Markt: Moody's

Die John Moody's Agency wurde 1909 gegründet. Typisch amerikanisch war dies quasi ein zweiter, verbesserter Start, denn bereits 1900 veröffentlichte John Moody (1868–1958) ein Handbuch von Industrie- und Mischwerten, das Informationen und Statistiken über Aktien und Anleihen lieferte. Als der Aktienmarkt 1907 (siehe oben) abstürzte, verfügte die Firma nicht über genug Kapital, um die Krise wirtschaftlich zu überleben. John Moody war daher gezwungen, seine noch junge Firma zu verkaufen.

Nach der Finanzmarktkrise 1909 kehrte er mit einer neuen Idee zurück: Statt nur – wie bisher – Informationen über den Grundbesitz, das eingesetzte Eigen- und Fremdkapital sowie die Verwaltung der Gesellschaften zu sammeln, bot er Anlegern jetzt auch eine wesentlich andere Dienstleistung, nämlich die Unternehmen auch zu bewerten. Die Bewertungen sollten den Anlegern eine Richtschnur für ihre Investments liefern. Moody's erstellte fortan prägnante Aussagen über die relative Anlagequalität der analysierten Gesellschaften und formalisierte erstmals seine Einschätzungen in einer für Dritte leicht nachvollziehbaren Form. Seine Ratingurteile wurden mit Buchstaben-Symbolen aus dem Handels- und Kredit-Rating-System versehen, die von der Kredit-Berichterstattung über Unternehmen seit den späten 1800er-Jahren benutzt wurden[23]. Durch diese Innovation etablierte sich Moody's im wachsenden Analysegeschäft für Aktien und Anleihen und bewertete als Erster auch öffentliche Wertpapiere. Das neue Handbuch über Investments in Eisenbahnpapiere stieß auf ein tragfähiges Marktinteresse und wurde vier Jahre später um Industrieunternehmen und Versorgertitel erweitert.

Am 1. Juli 1914 wurde Moody's Investors Service integriert und im gleichen Jahr erstmals Bewertungen zu Anleihen von einzelnen Städten in den USA und anderen Kommunen erstellt. Im März 1918 wurde – zum ersten Mal überhaupt – von Moody's ein Handbuch über öffentliche Anleihen[24] herausgegeben. Bis 1924 umfasste die Reichweite von Moody's nach eigener Einschätzung fast 100 Prozent des US-Rentenmarktes. Auf jeden Fall hatte sich die Gesellschaft fest als dritter großer Rivale auf dem US-Ratingmarkt (neben Poor und Standard Statistics, die später fusionierten) etabliert, bereits 1928 war Moody's an die Börse gegangen.

Der späte Starter: Fitch

Die Gründung des Unternehmens unter dem Firmennamen Fitch Publishing Company erfolgte am 24. Dezember 1913 durch John Knowles Fitch; das Unternehmen veröffentlichte schwerpunktmäßig Handbücher für professionelle Investoren. 1924 begann die Fitch Publishing Company Finanzstatistiken zu veröffentlichen. Im Finanzdistrikt von New York City waren die Nutzer direkt vor der Haustür im Umfeld der New York Stock Exchange. Mit den Publikationen »Fitch Bond Book« und »Fitch Stock and Bond Manual«, vor allem aber mit der neuen Bewertungsskala von AAA bis D im Jahr 1924 erarbeitete sich der neue Datenanbieter eine gute Marktstellung in dem prosperierenden Geschäftssegment. Poor's hatte dagegen 1920 bis 1937 folgende Ratingklassifizierungen verwendet: A*****, A****, A***, A**, A*, A, B**, B*, B, C**, C*, C. Die Bestbewertung A***** war den USA vorbehalten, mit folgender Begründung: Aus Sicht eines amerikanischen Anlegers gilt, wenn die Regierung der Vereinigten Staaten nicht als sicher eingestuft werden kann, dann ist nichts sicher[25]. Auch so können Benchmarks festgelegt werden. Die damals entstehende neue Großmacht USA wurde in imperialer Manier als der neue Weltstandard festgelegt. So einfach geht das. Der enge Verbund zwischen der Regierung und den Ratingagenturen wurde damit zementiert.

Historische Entwicklung der Großen Drei

Der Staat konnte sich fortan darauf verlassen, dass er die Bestkonditionen bei den Staatsanleihen erhielt, was einer Zinssubventionierung mit dem Testat einer Ratingagentur gleichkam. Diese so festgelegte Unterstützung durch die zunehmend wichtigeren Ratingdienstleister, die in das System eingebunden waren, schuf die Basis für die organisierte Unverantwortlichkeit (der US-Soziologe C. Wright Mills prägte den Begriff »organisierte Unverantwortlichkeit« in einer arbeitsteiligen Wirtschaft, in der die Delikte vergesellschaftet würden[26]). Die Ratingagenturen konnten, auch zur eigenen Rechtfertigung, auf diesen politisch nachvollziehbaren Grundsatz verweisen. Politiker wiederum brauchten keine Herabstufungen des Landes zu befürchten und konnten ihre stimmenmaximierenden Wahlkämpfe inklusive großzügiger Geschenke fortsetzen. Bis heute hat sich daran wenig geändert. Die USA gelten trotz der Riesenverschuldung noch als »sakrosankt«. Wie in den 1920er-Jahren gilt grundsätzlich, »Wenn die USA pleite sind, dann ist auch die Welt pleite«.

Die in den 20er-Jahren von den Ratingagenturen eingeführten Bewertungen hatten bereits Prognosecharakter und waren daher mit entsprechender Unsicherheit behaftet. Der Schwerpunkt der Tätigkeit der Agenturen verlagerte sich zunehmend vom reinen Datensammeln zum »Bewertungsgeschäft«, das durch den Boom der Kapitalmärkte in den 20er-Jahren weiter angeheizt wurde. In Deutschland war bereits am 13. Mai 1927 nach einer kurzen Phase eines Wirtschaftsbooms, vier Jahre nach dem Ende der destabilisierenden Hyperinflationsphase nach dem Ersten Weltkrieg, die Spekulationsblase geplatzt, für das Gesamtjahr 1927 blieb die Industrieproduktion aber noch stabil. In den USA gab es mit der platzenden Immobilienspekulationsblase in Florida im gleichen Jahr bereits ein größeres Vorbeben. Als der Börsenkrach 1929 in den USA folgte, hatte Deutschland schon eine Phase von über einem Jahr mit instabiler wirtschaftlicher Verfassung hinter sich[27].

Der große Börsencrash von 1929 und die anschließende Weltwirtschaftskrise sind wesentliche Referenzen für die aktuell bestehende Finanzkrise seit

2007. Dass sich auch die Experten damals irrten, zeigt die Äußerung von Irving Fisher (US-Ökonom, lebte von 1867 bis 1947) am 16. Oktober 1929: »Es sieht so aus, als ob die Aktien ein dauerhaftes Hochplateau erreicht haben.« Der angesehene Finanzier und Börsenspekulant und als »König der Wall Street« bezeichnete Bernhard Baruch erklärte im American Magazine, dass »die wirtschaftliche Situation der Welt an der Schwelle steht, einen gewaltigen Schritt nach vorn zu machen«[28]. Er hätte es besser wissen müssen, da von ihm auch das Zitat »Folge niemals der Menge« überliefert ist. Finanzielle Gier war maßgeblich für die Krise, auch die Ratingagenturen profitierten von dem Boom. Die wirtschaftlichen Folgen waren verheerend, wie die folgende Tabelle zeigt:

Wirtschaftliche Motivation	Finanzielle Gier von Übernahme-getriebenen Managern in der Industrie, in den Banken und an der Börse und eine weitgehende Schuldenfinanzierung der Käufe zur Erhöhung des Hebels[29]. Auch die Ratingagenturen profitierten von dem Kapitalmarktboom.
Wirtschaftliche Folgen	Verlierer waren, wie bei früheren Spekulationswellen, motivierte, aber schlecht informierte oder unkritische Anleger. Nicht nur die Anleger wurden von ihrem Geld befreit, auch Volkswirtschaften wurden langjährig destabilisiert mit extrem negativen politischen Folgen (erst nach dem Zweiten Weltkrieg wurde die Krise für die USA endgültig überwunden).

Börsenkrach 1929: wirtschaftliche Motivation und Folgen

Die Euphorie der 1920er-Jahre hatte die ganze Gesellschaft erfasst und die normale Arbeit abgewertet, da mit dem Geschäftsmodell »Spekulationen« vermeintlich leichter und schneller Geld zu verdienen war. Es wurde nur auf die schnelle Kurssteigerung abgestellt. Der innere Wert der Papiere, mit denen man spekulierte, spielte nur eine Nebenrolle. Der Ökonom Keynes, der selbst damals spekulierte, begründete das Verhalten der Börsianer wie folgt: »Es hat keinen Wert, für eine Investition 25 zu zahlen, von der man glaubt, dass ihr voraussichtliches Erträgnis einen Wert von 30 rechtfertigt, wenn man gleichzeitig glaubt, dass der Markt sie nach drei Monaten mit 20 bewerten wird«[30]. Danach ist zu unterscheiden zwischen dem rational geprägten Bewertungsaspekt des Kaufs und dem emotional bestimmten Markteinschätzungsaspekt, der bei Spekulanten dominiert.

In den zwanziger Jahren wurden die Märkte zunehmend von der Gier getrieben, von der auch die Ratingagenturen profitierten. Sie waren aber noch nicht *die* Spielmacher der Finanzmärkte, wie dies heute der Fall ist. Die großen Investmentbanken fuhren damals steigende Gewinne ein und heizten das Geschäft weiter an. Die Ratingagenturen profitierten von dem steigenden Informationsbedürfnis der Spekulanten, das sich auch in den Printmedien niederschlug. Die Hybris oder die Gier der Anleger hatte dramatische Folgen. So rutschten die Industriestaaten nur wenige Jahre nach dem Ersten Weltkrieg und der Depression 1920/21 im Jahr 1929 in eine schwere Krise, deren Folgen erst eine Dekade nach dem Zweiten Weltkrieg endgültig überwunden schienen. Der Dow Jones erreichte die alten Höchststände erst wieder Mitte der 1950er-Jahre. John Kenneth Galbraith nannte in seinem Buch »Der große Crash 1929« fünf Ursachen für die Krise[31]:

1. die ungleiche Einkommensverteilung,
2. die schlechte Struktur der Kapitalgesellschaften,
3. die ungünstige Struktur des Bankensystems,
4. die unausgewogene Außenhandelsbilanz und
5. falsche Empfehlungen der Wirtschaftswissenschaftler.

Die Ratingagenturen selbst nannte Galbraith zwar nicht, aber sie waren bereits damals eng vernetzt mit den Banken und dem Staat, der höchsten Kredit genoss. In der Krise selbst war die Ablenkung der gestressten Bevölkerung vorrangig. So forderte der New Yorker Bürgermeister James J. Walker nach dem Crash 1929 die Kinobesitzer auf, »Filmvorführungen zu zeigen, die in den Herzen der Leute wieder Mut und Hoffnung wecken«.[32] Damit zeigen sich interessante Parallelen zur Situation der Wirtschaft, vor allem der US-Ökonomie vor dem Ausbruch der aktuell noch bestehenden Finanzkrise (seit 2007, man könnte sie schon als »Dauerkrise« bezeichnen), die ebenfalls fundamental ungesund war. Auch damals standen die Immobilienspekulation und die laxe Kreditvergabe im Fokus, die zur Trennung von Geschäftsbanken und Investmentbanken führte. Dieses sogenannte zweite Gesetz des Glass Steagall Acts wurde 1933 von Roosevelt erlassen, später mehrfach verändert und 1999 unter Präsident Bill Clinton schließlich komplett aufgehoben.

Das Platzen von Bewertungsblasen, Pleiten und Staatsbankrotten ist geschichtlich betrachtet ein ganz normaler und üblicherweise wiederkehrender Vorgang. Für Derivate formulieren Händler heutzutage spöttisch: »Ob long, ob short, das Geld ist fort«. Im neuen Zeitalter der Verbriefungen haben die Banken die Risikoverlagerung auf Dritte zulasten Dritter noch mehr verfeinert. Geworben wurde damit, dass alle gewinnen, aber keiner verlieren kann. Vor dem Platzen der Blase gilt der alle Bedenken zerstreuende Grundsatz: »Diesmal ist alles anders«. Längere stabile Phasen sind eher die Ausnahme.

Bis zur Weltwirtschaftskrise hatten die Ratingagenturen selbst noch keine Regulierungsfunktion[33]. Der Wettbewerb zwischen den Agenturen war intakt, die noch jungen Gesellschaften waren noch klein und wenig profitabel[34]. Nach dem Börsencrash 1929 konnten sich auch die Ratingagenturen nicht rühmen, ihre Kunden vor dem Eintritt der Weltwirtschaftskrise gewarnt zu haben. Im Gegenteil, sie hatten Schwierigkeiten, diese Krise vorherzusagen. Am Vorabend des Crashs war die große Mehrheit der Unternehmensanleihen im Durchschnitt in einer der vier oberen Ratingkategorien vertreten. Dies zeigt die folgende Darstellung eines repräsentativen Überblicks der Anleihenbonitätsbeurteilung zum Stichtag 15. Juli 1929[35]:

Rating	Fitch	Moody	Poor	Standard
A+	147	97	68	78
A	64	63	89	93
A-	80	99	110	104
B+	40	59	61	40
B	17	25	22	26
B-	4	2	7	16
C+	3			4
C				
C-				
D+				1
Unrated	8	18	6	1

Verteilung der Ratings für Anleihen am 15. Juli 1929[36]

Noch zwei Monate nach dem Kurseinbruch im Oktober 1929 erwartete Standard Statistics eine rasche Erholung[37], auch wenn die Ratingagenturen nach dem Crash reihenweise ihre zu positiven Bewertungen zurücknahmen. Die tatsächliche Entwicklung war markant schlechter. So war der Anteil der Investment-Grade-Anleihen 1940 deutlich niedriger als 1928, wie die folgende Übersicht zu Unternehmensanleihen in den Bereichen Transport, Öffentliche Dienstleistungen und der Industrie zeigt[38]:

Sektor und Investment- qualität	1928		1940	
	Investment Grade	Speculative Grade	Investment Grade	Speculative Grade
Transport	85,9%	14,1%	36,2%	63,8%
Öffentliche Dienst- leistungen	76,0%	24,0%	45,8%	54,2%
Industrie	55,7%	44,3%	29,7%	70,3%

Anteil der Unternehmensanleihen, die im Bereich Investment-Grade und im Bereich Speculative Grade für die Jahre 1928 und 1940 notieren[39]

Die Ratingagenturen wurden von der Börsenkrise aber auch selbst erfasst. Die jetzt Poor's Publishing Co. genannte Gesellschaft (vormals H.V. und H.W. Poor) geriet ins Straucheln. Sie konnte sich 1930 vom Börsencrash nicht mehr erholen und wurde von Paul T. Babson übernommen[40]. Poor's Publishing Company und Standard Statistics blieben weiter Konkurrenzfirmen und waren noch von ihrer Verlagstätigkeit geprägt – »vergleichbar mit den Verlagen des Guide Michelin für Essensliebhaber und irgendwelchen Oldtimer-Zeitschriften für Autofans«[41].

Die Publikationstätigkeit nahm mit einer immer größeren Unternehmens- reichweite weiter zu. Über das Erstellen von Ratings hinaus wurde auch noch 1923 von Standard Statistics ein Index mit 223 Aktienwerten entwick- elt, der ständig erweitert wurde und bis 1941 bereits 416 Unternehmen umfasste. Weil sie unter wirtschaftlichem Druck standen, der sonst mögli- cherweise zum Konkurs der einzelnen Gesellschaften geführt hätte, schlos- sen sich schließlich Poor's und Standard Statistics 1941 zusammen. Diese wirtschaftlichen Schwierigkeiten traten auf, obwohl bereits in den 1930er- Jahren die Grundlage für die Marktmacht der Ratingagenturen geschaffen wurde. Der erste große Regulierungssündenfall, der den Wettbewerb zum

Nachteil kleiner Ratingagenturen einschränkte, bestand darin, dass die Regierung wesentliche Teile der staatlichen Finanzaufsicht an große profitorientierte Privatfirmen auslagerte. Damit waren die Ratingagenturen in der Lage, festzulegen, welche Papiere mit guter Bewertung von den Banken noch gekauft werden konnten. Nur, was die Agenturen für sicher hielten, durfte noch gekauft werden[42]. Die Ratingagenturen waren auch die Profiteure der Krise, da die Sensibilität der Anleger für Dienstleistungen zur Einschätzung der Anleihenbonität durch die steigenden Kreditausfälle zunahm[43].

Die bereits damals bestehende US-Wertpapieraufsicht U.S. Securities and Exchange Commission (SEC) empfahl 1930, dass US-Banken und US-Versicherungen lediglich Wertpapiere von Unternehmen in ihre Portfolios aufnehmen sollten, wenn diese Gesellschaften mindestens das Gütesiegel von einer relevanten Ratingagentur vorweisen konnten. Damit wurden die Ratingagenturen Teil der Regulierung, was einen sicheren Absatzkanal für die Dienstleistungen schuf. Diese Entscheidung mündete ein in die heutige »Finanzialisierung«, bei der die Ratingagenturen durch ihre institutionelle Verankerung eine wichtige Rolle spielen.

Noch während des Zweiten Weltkriegs trafen sich in dem Wintersportort Bretton Woods im US-Bundesstaat New Hampshire im Juli 1944 die Finanzminister und Notenbankgouverneure zu einer grundlegenden Konferenz. In Bretton Woods wurden die Grundlagen für ein neu geordnetes internationales Währungssystem von festen Wechselkursen festgelegt. Leitwährung war ein goldgestützter US-Dollar. Mit der Ausweitung der weltweiten Handelsaktivitäten und den wachsenden Finanzmärkten nach dem Zweiten Weltkrieg gewannen auch die Ratingagenturen an Bedeutung. Verglichen mit der Phase nach der Auflösung des Bretton-Woods-Systems und der Auflösung des Goldstandards verlief die Entwicklung in den 50er- und 60er-Jahren des letzten Jahrhunderts aber noch in vergleichsweise ruhigen Bahnen. Pointiert wies Wilson darauf hin, dass im Gegensatz zu den heutigen Hundertschaften Mitte der 60er-Jahre nur eine Handvoll Mitarbeiter bei S&P zu finden war: »three full-time analysts, one old-timer who worked on a part-time basis, a statistical assistant, and a secretary in the corporate bond rating department«[44].

In den siebziger Jahren ging es dann richtig los. Die Auflösung des Goldstandards Anfang der 70er-Jahre leitete eine kreditfinanzierte Staatstätigkeitsausweitung ein. Die Volatilität der Zinsen und Wechselkurse nahm mit der Auflösung des festen Wechselkurssystems zu. Bis dato waren die Kredit-Ratingagenturen als Dienstleister, die von den Investoren, das heißt vor allem den Käufern der Printmedien, bezahlt wurden, an ihrer guten Reputation interessiert[45]. Für die Kundengewinnung spielte dies eine Rolle, denn die frühzeitige Erkennung von Anlagerisiken war wiederum für Investoren entscheidend für ihre Anlageperformance. Hier waren beidseitig Win-win-Situationen darstellbar.

In den sechziger und siebziger Jahren wechselten S&P, Moody's und Fitch ihr Geschäftsmodell. Fortan ließen sie die zu bewertenden Gesellschaften selbst beziehungsweise die Herausgeber der Wertpapiere für ihre Analysen zahlen. Mit der Umstellung war der Preisdruck geringer. Das Aufkommen der Kopierer hatte das Geschäftsmodell bedroht. Die zahlenden Kunden gaben die Expertise der Ratinginstitute untereinander weiter, wodurch das Neukundengeschäft erschwert wurde und sich die Marktstellung der Ratinginstitute insgesamt durch fehlende Einnahmen verschlechterte. Der sich abzeichnende ruinöse Wettbewerb wurde durch die kollektive Veränderung des Bezahlmodus verhindert. Die erstaunlich hohe Kooperationsbereitschaft des Oligopols der großen drei Ratingagenturen zeigte sich auch hier. Um das Ratinggeschäft wurde ein florierendes Beratungsgeschäft aufgebaut, durch das die Umsätze und Gewinne deutlich stiegen. Seit 1975 besitzen die drei marktführenden Ratinginstitute S&P, Moody's und Fitch in den USA den »Nationally Recognized Statistical Rating Organization« (NRSRO)-Status. Dabei handelt es sich um eine förmliche staatliche Anerkennung von führenden Ratingagenturen, die quantitative und/oder qualitative Verfahren für die Erstellung von Ratings verwenden[46]. Die förmliche Anerkennung wird von der United States Securities and Exchange

Commission (SEC) ausgestellt. Firmenratings, die eine Anerkennung als NRSRO besitzen, dürfen in den USA zu Kapitalmarktzwecken herangezogen werden.

Bislang erwies sich diese Regelung als »Closed Shop« für die großen drei Anbieter. Eine Aufweichung kam erst mit dem seit dem 29. September 2006 geltenden CRA Reform Act, wodurch der Anerkennungsprozess als NRSRO transparenter wurde. Seitdem ist es einfacher, den begehrten NRSRO-Status zu erhalten. Grundsätzlich sollten mit der Reform Verantwortung, Transparenz und Wettbewerb im Ratingsektor gefördert werden[47].

An der Tatsache, dass die großen drei Ratingagenturen marktbestimmend sind, konnte auch CRARA nichts ändern, zu stark sind die Eintrittsbarrieren auch über die Anerkennung als NRSRO hinaus, die fortbesteht. Allenfalls in einigen Nischen können ein paar mehr Gesellschaften eine vergleichbare Marktstellung erreichen und damit das Gleiche tun wie die Großen. Da die Banken ein großes Interesse hatten, mit möglichst wenig Eigenkapital zu wirtschaften, kam es ihnen gerade recht, dass die dadurch in das Regulierungssystem eingebundenen Ratingagenturen ihnen die Möglichkeit dazu boten, Eigenkapital schonend zu erwirtschaften und damit die Gewinne zu steigern. Für die von den führenden Ratingagenturen mit Bestnoten bewerteten Wertpapiere ist die risikoadäquate Eigenkapitalhinterlegung entsprechend niedrig. Insbesondere Staatsanleihen aus Triple-A-Staaten wie den USA gelten als risikolos. Hierdurch wurde wiederum der Absatz dieser Papiere gefördert, was regierungsseitig durch die preisgünstige und sichere Finanzierung von Vorteil war. Damit war der Boden für die Finanzialisierung beziehungsweise die zunehmende Bedeutung der Finanzmärkte inklusive der eingebetteten und profitierenden großen Ratingagenturen geschaffen, die in der folgenden Übersicht zum Wachstum der Kreditratingindustrie als Phase 3[48] beschrieben ist:

Vor der Wachstumsphase der Kreditratingindustrie	
1832	The American Railroad Journal
1849	Poor's Eisenbahnhandbuch für die USA
1849	Erste kommerziell tätige Kreditagentur (1859 erworben von Robert Dun)
1849	John Bradstreet Agentur
Wachstum der Kreditratingindustrie	
Phase 1 (1909–1943): Aufbau der Kreditratingindustrie	
1909	Agentur von John Moody's
1916	Eintritt von Poor's in das Ratinggeschäft. John Knowles Fitch gründet Fitch Ratings
1930	Erste Nutzung von Ratingagenturen als Teil der US-Finanzmarktregulierung (SEC)
1933	Fusion zu Dun & Bradstreet (D&B)
1941	Fusion von Poor's mit Standard Statistics
Phase 2 (1944–1969): Ökonomische Stabilität und eine geringe Nachfrage nach Ratings	
1962	D&B akquiriert Moody's Investor Service
Phase 3 (1970–2001): Größere ökonomische Schocks; steigende Nachfrage nach Dienstleistungen der Kreditratingindustrie	
1970	Zahlungsausfall des Commercial Papers von Penn Central. Danach wurde das Geschäftsmodell der Ratingagenturen umgestellt; statt der Nutzer zahlten fortan die Emittenten für die Erstellung der Ratings
1975	Die SEC führt die Liste der national anerkannten staatlichen Ratingagenturen (NRSRO) ein
1995	Fitch Ratings wird von Fimalac SA übernommen
2000	Fitch Ratings akquiriert Duff & Phelps Credit Rating Co.
Phase 4 (2002 bis heute): Schnell wachsende Anzahl von Finanzinnovationen; Expansion der Kreditratingindustrie über die USA hinaus	

Übersicht zum Wachstum der Kreditratingindustrie[49]

In der dritten Phase sank der Informationswert der Ratings auf der einen Seite, und durch ihr staatlich sanktioniertes Geschäftsmodell sprudelten die Gewinne auf der anderen Seite. Die Güte der Bonitätsnoten, auch als Frühwarnindikatoren für steigende Risiken, stand weniger als bisher im Vordergrund. Statt des Abstellens auf die Reputation war das Netzwerk im Verbund mit der wachsenden Finanzindustrie und einigen Regierungsstellen zunehmend wichtiger. Es bot die Lizenz für nachhaltig hohe Gewinne als Partner der Wall Street.

Von der einsetzenden verstärkten Finanzialisierung wurde nicht nur die Wirtschaft, sondern auch das Privatleben aller Bürger erfasst. Die Finanzmärkte wachsen in immer neue Größenordnungen hinein, große Banken, Versicherungen und Investmentfonds vertreiben immer mehr komplexe Produkte, die vor allem von den großen drei Agenturen S&P, Moody's und Fitch bewertet werden. Die Steigerung des Shareholder-Value oder vereinfacht des Aktienkurses steht im Vordergrund[50]. Der amerikanische Wirtschaftswissenschaftler und Postkeynesianer Hyman Minsky beschrieb die Entwicklung wie folgt: 1946 bis 1965 war aus seiner Sicht eine Phase relativer Ruhe und die Zeit danach ab 1966 eine turbulente Periode. Die Kreditklemme 1966, der Liquiditätsengpass 1970, die Bankkrise 1974–75, die Inflationsspirale 1979/80 und die nationale sowie internationale Krise 1981/82 waren Anomalien durch Schocks oder Irrtümer[51]. Weitere Beispiele für die alarmierende Zunahme von Vermögens- und Kreditblasen, die inzwischen »nachgereicht« werden können, ergeben schließlich folgende Auflistung:

1946 bis 1965	Phase relativer Ruhe und Stabilität
1966	Kreditklemme in den USA
1970	Liquiditätsengpass
1974–75	Bankenkrise
1979/80	Inflationsspirale
1981/82	nationale und internationale Krise
1985	US-Hypothekenkrise (der Zusammenbruch der Sparkassen löste den Boom der Verbriefungen aus, da so die Risiken der Banken auf Dritte verlagert werden konnten)
1987	Junk-Bond-Krise
seit 1991	Japankrise
1997	asiatische Finanzkrise
1998	russische Finanzkrise
1998	LTCM
2000/01	New-Economy-Krise
seit 2002	Immobilien-/Hypothekenschuld-Blase
seit 2007	US-Subprime-Krise (als Subprime-Markt wird ein Teil des Hypotheken-darlehensmarkts bezeichnet, der überwiegend aus Kreditnehmern mit geringer Bonität besteht)
2008	Ölpreisexplosion
seit 2009	Edelmetallpreishype

Zunehmende finanzielle Instabilität seit dem Zweiten Weltkrieg

Nach dem Minsky-Modell bewegen wir uns derzeit in der fünften Stufe. John Maynard Keynes beschrieb in »General Theory«[52] die Gefahren durch eine durch die Macht von Geldmanagern entglittene Gesellschaft:

»Spekulanten mögen unschädlich sein als Seifenblasen auf einem steten Strom der Unternehmungslust. Aber die Lage wird ernst, wenn die Unternehmungslust die Seifenblase auf einem Strudel der Spekulation wird. Wenn die Kapitalentwicklung eines Landes das Nebenerzeugnis der Tätigkeiten eines Spielsaales wird, wird die Arbeit voraussichtlich schlecht getan werden.«

Der Investitions- und Marktboom einer kreditfinanzierten Wirtschaft wird vom »Scharfsinn der Beteiligten auf die Entwicklung und Einführung finanzieller Innovationen, nicht weniger wie auf Innovationen bei der Produktion und beim Marketing« begleitet[53]. Minsky sieht in Anlehnung an Joseph Schumpeter einen langfristigen Wandel im Verhältnis der Schuldner gegenüber den produzierenden Unternehmen, die zu Innovation und Wertschöpfung beitragen[54], und unterschied folgende Evolutionsstufen:

Kommerzieller Kapitalismus (Commercial Capitalism): Kredite dienen der Finanzierung des industriellen Aufbaus und stärken das Sachkapital. Die Renditen sind weitgehend wertschöpfungsbasiert, das heißt bezogen auf die produzierten Sachgüter und die Dienstleistungen.

Finanzkapitalismus (Financial Capitalism): Spekulationsgeschäfte und umfangreiche Börsentransaktionen treten zumindest zeitweilig gegenüber der auf der Produktion beziehungsweise realen Wertschöpfung gründenden Renditesuche in den Vordergrund, womit Börsencrashs die Gesamtwirtschaft erschüttern (Beispiel: Crash 1929).

(Sachkapital-) Manager-Kapitalismus (Manager Capitalism): Durch die staatlichen antizyklischen Stabilisierungsprogramme und die zentralbankpolitische Liquiditätssicherung bei Problemen des Finanzsystems gewinnen die Manager der nichtfinanziellen Unternehmen (wieder) mehr finanzielle Unabhängigkeit (z. B. während der Phase des New Deals unter US-Präsident F. D. Roosevelt und in der stabilen Regenerationsphase nach dem Zweiten Weltkrieg).

Geld-Manager-Kapitalismus (Money Manager Capitalism): Mit dem schnellen Wachstum institutioneller Investoren wie Pensionsfonds, Versicherungen, Investmentfonds, Private-Equity- und Hedgefonds (»Heuschrecken«) werden die Unternehmen des nichtfinanziellen Bereichs wieder tendenziell entmachtet. Die Unternehmenspolitik musste sich an den Vorstellungen der Finanzanleger orientieren, die häufig kurzfristige Gewinnmaximierungs- und Weiterveräußerungsinteressen verfolgen (die Freiräume durch fehlende Regulierungen erhöhten die Gefahr des moralischen Versagens). Faktisch entmachtet wurden aber auch die traditionellen »Kleinaktionäre«, deren »Gemecker« auf den Hauptversammlungen inzwischen wohl gar nicht mehr ernst genommen wurden, und denen man mehr mit ironischer Aufmerksamkeit als mit aufrichtiger Höflichkeit begegnete[55]. Moralisches Versagen war nicht nur bei den Geld-Managern, sondern auch den Ratingagenturen anzutreffen, die öffentlichkeitswirksam in der Regel gute Noten für öffentliche und private Kreditnehmer, für Banken und andere Finanzmarktakteure erteilten. Die Analysen der Ratinginstitute, die Karl Georg Zinn Preisrichter nennt, wurden von ihnen sogar bezahlt. Auch Analysten zählten innerhalb der Finanzinstitutionen zu der Horde der Problemverstärker im Geld-Manager-Kapitalismus. Immer höhere Umsätze wurden angefacht. Aber genau das wurde von ihnen erwartet. Ihre Researchstudien sind zweckgebundene Verkaufshilfen der Arbeitgeber.

An anderer Stelle des Buches verwende ich anstelle von Geld-Manager-Kapitalismus auch den Begriff »Finanzialisierung«. Der Mensch verkommt dabei zu einer Ware mit einer Entlohnung wie auf dem Spotmarkt, er ist entpersonalisiert und seiner Würde beraubt, ähnlich wie in den früheren sozialistischen Systemen Osteuropas.

Nach einer Phase relativer Ruhe oder biederer Lageweile – wir sprechen von den Jahren 1946 bis 1965 – gewannen auch die Ratingagenturen zunächst mit der Staatsschuldenausweitung in den 70er-Jahren allmählich und in dem turbulenteren Finanzumfeld danach mehr und mehr an Bedeutung. Ihre Relevanz stieg als neue Massenproduzenten auf dem Informationsmarkt[56]. Sie waren nun »Spielmacher« des modernen Finanzkapitalismus angelsächsischer Prägung. Sie profitierten vom Verkauf der Lizenzen, die sie von den Regulierern (SEC) erhalten hatten.

Darüber hinaus glaubten die Nutzer der Ratings, die Investoren, auch unabhängig von der Regulierungsmacht der Ratingagenturen, dass die Ratings weiter fair sind. Die Ratingagenturen wurden als Teil der Finanzkultur verstanden, der man auch weiterhin vertrauen konnte. Diese verhaltensbedingte verzerrte Wahrnehmung der Anleger kam den Ratingagenturen geschäftlich zusätzlich zugute[57]. Trotz der offensichtlichen Systemfehler ist die moderne Kapitalmarktwelt nach wie vor von dem Irrglauben geprägt, mithilfe mathematischer Modelle Risiken beherrschen zu können.

Bereits am Montag, dem 19. Oktober 1987, kam es durch aufgestaute Verkaufsaufträge zum verspäteten Handel einzelner Titel an der NYSE. Dies löste eine Panik und eine Verstärkung der Verkaufswelle aus. Nach späteren Erkenntnissen trug zu dem Kurssturz vor allem die sogenannte Portfolio Insurance bei. Die Absicherungsstrategie, die individuell sinnvoll wirkt, ist dann verheerend, wenn sie kollektiv eingesetzt wird. Das Konzept der Portfolio Insurance basiert auf dem 1973 veröffentlichten finanzmathematischen Aktienoptionsbewertungsmodell der Ökonomen Fischer Black und Myron Scholes. Nach diesem Modell lässt sich ein Aktienportefeuille mit niedrigen Kosten so steuern, dass es an Kurssteigerungen teilnimmt, gleichzeitig aber gegen Kurseinbußen gesichert ist. Eine Konsequenz des Modells ist, dass die Manager von »versicherten« Portefeuilles Aktien bei Erreichen bestimmter niedriger Kurse in größerem Umfang veräußern müssen. Wenn alle aus dem Markt heraus wollen, wird die Versicherung zu einem negativen Marktverstärker.

Wirtschaftliche Motivation	Finanzielle Gier einer neuen Generation von Managern mit Finanzinnovationen wie Junk Bonds und Spezialisten im LBO-Geschäft begünstigten schuldenfinanzierte Übernahmen[58]. Sie stießen, wie bei früheren Spekulationswellen, auf motivierte, aber schlecht informierte oder unkritische Geldgeber.
Wirtschaftliche Folgen	Außer den Anlegern, die von ihrem Geld »befreit« wurden, gab es keine nennenswerten Folgen. Die Volkswirtschaft wurde aufgrund massiver Liquiditätszufuhr durch die FED von dem Börsenzusammenbruch nicht nennenswert berührt.

Börsenkrach 1987: Wirtschaftliche Motivation und Folgen

Die Wirtschaftsnobelpreisträger Sharpe, Markowitz & Black Scholes waren Treiber dieser Entwicklung. Nach dem Zweiten Weltkrieg half auch das zunehmende Vertrauen in die Omnipotenz des Computers, dass sich alle Probleme auf rechenbare Formeln reduzieren lassen. Besonders problematisch war, dass in der Modellwelt eine »normale« Verteilung der Renditen unterstellt wurde, mögliche größere Risiken blieben dagegen unberücksichtigt[59]. Während Kursabschwünge aus Sicht der Vertreter der effizienten Markthypothese (Annahme des »Homo oeconomicus«) mit einer steigenden Volatilität und damit höheren Risiken verbunden sind, überwiegen bei bewertungsorientieren Investoren die Chancen. Sobald der Marktpreis unter den mittels konservativen Annahmen ermittelten Wert der Anlage fällt, wird ein Wertpapier für Anleger interessant.

Ein Risiko besteht aus bewertungsorientierter Sicht nur dann, wenn ein Wertpapier zu teuer gekauft wurde (Fundamentalwert > gezahlter Preis). Der neue Geld-Manager-Kapitalismus beziehungsweise die Finanzialisierung seit den 1990er-Jahren führte zu unnötigen Risiken für die Realwirtschaft. Immer schlechter regulierte Finanzmärkte (die zunehmend Kasinos ähnelten) und die fragwürdige Annahme des »Homo oeconomicus« schuf die Basis für spekulationsverzerrte und immer schwankendere Preise. Aus harmlosen Krisen werden in so einem Umfeld schwere Krisen. Für die Ratingagenturen begann mit dem Zusammenbruch des 1944 geschaffenen, auf der Gold-Konvertierbarkeit des Dollars beruhenden Bretton-Woods-Systems eine Epoche des Aufstiegs im Verbund mit der Ausweitung der internationalen Finanzindustrie, in der auch Banken, Versicherungen sowie Kapitalanlagegesellschaften kräftig expandierten.

Mit der Globalisierung nahm die internationale Verflechtung der Wirtschaft stark zu und mit dem Aufbrechen des Ostblocks Anfang der 1990er fiel zudem der Systemwettbewerb weg. Gleichzeitig führten die zunehmende Finanzialisierung und die weltweite Verankerung des angelsächsisch geprägten Kapitalismus zu explodierenden Unternehmensgewinnen, vor allem im Finanzsektor, einem verstärkten Lohndruck (im Zweifel wurde in Billiglohnländer outgesourct) und einer kräftig zunehmenden Spekulation mit Blasenbildungen durch die Dauerniedrigzinspolitik der Notenbanken.

Dies war auch die neue Spielwiese der Ratingagenturen, die, so schien es, fast schon als Promotoren des Handels dienten. In den beiden letzten Jahrzehnten des 20. Jahrhunderts hatten sie im Zuge der wachsenden Geschäftstätigkeit ihr Personal kräftig auf mehrere Hundert Analysten ausgebaut, nachdem in den frühen 70er-Jahren bei deutlich ruhigerem Geschäft nur eine Handvoll Researcher beschäftigt wurden. Die höheren Erträge durch die Emittentenbezahlung ließen auch höhere Gehälter zu. Gut ausgebildete junge Leute strömten in die wachsenden Finanzsektoren in New York, London und sogar, wenn auch in weit schwächerem Ausmaß, in Frankfurt.

Selbst deutsche Regierungen, die in früheren Zeiten dem Leitbild einer sozialen Marktwirtschaft folgten, beugten sich zunehmend den Anforderungen des modernen und vermeintlich erfolgsträchtigen Finanzkapitalismus angelsächsischer Prägung. Als Erster orientierte sich der frühere Kanzler Schröder an der Wirtschaftspolitik des Thatcherismus und vor allem am »New Labour« unter Tony Blair. Frühe Liberalisierungsschritte erfolgten in den USA und Großbritannien in den 80er-Jahren unter dem Einfluss der Schule von Chicago (Milton Friedman). In der Regierungszeit von Präsident Ronald Reagan und Premierministerin Margaret Thatcher fand dabei eine umfassende Deregulierung der Finanzmärkte statt. Bei dem weltweiten Wettbewerb um attraktive, in dem damaligen Kontext besonders liberale wirtschaftliche Rahmenbedingungen schien Deutschland ins Hintertreffen geraten zu sein.

Der »Big Bang« fand an der Londoner Börse mit der Reform am 27. Oktober 1986 statt. Das gesamte Börsensystem der »London Stock Exchange of the United Kingdom and Ireland« (LSE) wurde geändert. Der frühere Gentleman-Kapitalismus wurde samt seinem Gebührenkartell abgeschafft. Die beim Handel von Wertschriften bisher festgelegten Kommissionen wurden liberalisiert, außerdem wurden die Funktionen des Brokerage und des »Market Making« getrennt. Diese Änderungen erleichterten den Marktzugang für neue Konkurrenten, und wenig später folgte der Beginn des Computer-basierten Handels[60]. Mit diesen Maßnahmen sollte der Börsenplatz London im Vergleich zu New York und Tokio wettbewerbsfähiger werden. Das Comeback des Kapitalismus in der Ära Thatcher schien gelungen. Mit dem Regierungsantritt von Gerhard Schröder 1998 war London wieder mit Abstand der führende Börsenplatz in Europa, und Frankfurt fiel noch weiter zurück.

Regulierungen wurden daher auf den Prüfstand gestellt. 1999 wurde das sogenannte »Schröder-Blair-Papier« erarbeitet. Die Politik der »Neuen Mitte« sah einen »aktivierenden Sozialstaat« vor. Später wurden die Hartz-Gesetze eingeführt. In den Führungsebenen wurde dagegen ein neuer Kapitalismus nach angelsächsischem Vorbild etabliert, der die deutschen Topgehälter auf ein markant höheres Niveau hievte. Oben war man reich und unten zunehmend arbeitslos. Konzerne konnten ihre Beteiligungen steuerfrei verkaufen. Endlich, so Kanzler Schröder 2002 vor internationalen Investoren, sei es möglich, überholte Beziehungsgeflechte zu zerreißen und durch den Umbau neues Wachstum zu generieren[61].

Es wurde, vielleicht ungewollt, ein Raubbaukapitalismus ermöglicht, der Ethikverstöße erleichterte und eine neue wettbewerbseinschränkende Konzernmacht durch Fusionen schuf. In einer sozialen Marktwirtschaft ist die Entmachtung von großen Banken und Industriekonzernen notwendig, um das Signalsystem der Preise funktionsfähig zu halten[62].

Vermeintliche Bremsklötze für die Finanzwirtschaft wurden beseitigt. So lockerte die rot-grüne Bundesregierung unter der Führung von Gerhard Schröder die Liquiditätsvorschriften, um den »Finanzstandort Deutschland« attraktiver zu machen. 2000 traten veränderte Liquiditätsgrundsätze für Pfandbriefbanken in Kraft, die die sogenannte »goldene Bankregel« aushöhlten. Die traditionelle Regel besagt, dass Bankgeschäfte »fristenkongruent« finanziert sein müssen. Um zu vermeiden, dass weiterhin Banken und Firmen nach London abwanderten, kam es 2002 zum vierten Finanzmarktförderungsgesetz. Die weitgehende Liberalisierung der Kapitalmärkte kam allerdings recht spät. Deutschland öffnete seine Finanzmärkte erst, »als die Party schon vorbei war«.

Die weltweite »Finanzialisierung« wurde erst seit dem Beginn der Finanzkrise ab 2007 zunehmend hinterfragt. Dabei gelangten auch die Ratingagenturen auf den Radarschirm. Auch hier stimmten die Bewertungen nicht, wie bereits bei der Weltwirtschaftskrise 1929 (siehe oben). Durch die Gestaltung der Tranchen wurde ein möglichst großes Volumen an Triple-A-Anleihen geschaffen, und wiederum durch die niedrigeren Zinsen konnten die Kunden der Ratingagenturen, die auch entsprechend beraten wurden, bessere Geschäftsergebnisse erzielen. So wurden den komplex strukturierten Papieren systematisch zu gute Noten verliehen. Auch viele Banken, so auch die 2008 untergegangenen Institute Bear Stearns, Lehman Brothers und Merrill Lynch, wurden 2007 noch recht gut bewertet[63].

Weiter wird kritisiert, dass es nur drei große Agenturen gibt, die auch noch zu ähnlichen Einschätzungen tendieren würden. Alle drei Unternehmen haben ihren Sitz in New York, Fitch Ratings zudem in London. Sie betreiben Büros in aller Welt und bestimmen den Markt in diesem für die Finanzmärkte sensiblen Feld, dessen Bedeutung durch Regulierungen, nur Papiere mit bestimmten Ratings zuzulassen, noch gesteigert wurde. Noch heute gilt dabei der Grundsatz wie in den 1920er-Jahren: Wenn die USA pleite sind, dann ist auch die Welt bankrott. Nach wie vor ist die wichtigste westliche Nation die Benchmark.

Der legendäre US-Milliardär Warren Buffett verstieg sich sogar zu der Aussage, dass die USA unbedingt das Rating AAAA verdienen würden, um nicht in eine Rezession zurückzufallen, als S&P 2011 das Rating für die Vereinigten Staaten von AAA auf AA+ reduzierte. Der große Ruhm wirkt lange nach. Auch Großbritannien zehrte lange von dem Ansehen des Empires vor dem Ersten Weltkrieg. Bis auf Weiteres bleiben die USA die zentrale Benchmark, das »Anchoring« wirkt nach wie vor. Aber die Welt ändert sich. Die neuen Supermächte (vor allem China) haben schon längst angeklopft.

Andere Anbieter außerhalb des Trios: Dagong und andere

Neben den drei großen Ratingagenturen S&P, Fitch und Moody's hat sich eine Vielzahl weiterer Ratingagenturen in verschiedenen Ländern etabliert. Insgesamt mindestens 76 Agenturen sind weltweit[64] inklusive der »Großen Drei« (S&P, Fitch und Moody's) tätig. Nach einer Übersicht aus dem Jahr 2006, die angeblich von der International Rating Group stammen soll, sind es sogar 161. Allein die damals gezählten 30 Büros weltweit von Moody's, 29 von S&P und 46 von Fitch, die international gut verteilt sind, zeigen das deutliche Gefälle gegenüber den kleinen Mitbewerbern, die nur regional fokussiert sind[65].

Büros in ... ... der Agenturen	Nord-amerika	Europa	Asien/ Pazifik	Latein-amerika	Mittlerer Osten	Summe
Moody's	6	7	9	4	4	30
S&P	7	7	9	4	2	29
Fitch	8	8	15	12	3	46
Kleinere (158) Mit-bewerber	6	17	21	6	4	54

Büros der Ratingagenturen weltweit im Jahr 2006[66]

Die Marktmacht blieb dennoch sehr ungleich verteilt. Der Marktanteil der übrigen (mindestens) 73 Gesellschaften macht weltweit nur etwa fünf Prozent aus. Bei der näheren Betrachtung dieser macht es nur Sinn, auf die vermeintlich wichtigsten Konkurrenzgesellschaften mit weiterem Aufstiegspotenzial einzugehen.

Zu nennen ist zunächst die chinesische Ratingagentur **Dagong Global Credit Rating**. Inzwischen hat sich die Gesellschaft, die 1994 auf Initiative der chinesischen Zentralbank von Guan Jianzhong gegründet wurde, als ernst zunehmender Mitspieler etabliert. Sie profitierte dabei auch von dem öffentlich diskutierten Makel der großen drei angelsächsischen Ratinganbieter S&P, Fitch und Moody's, für die Finanzkrise ab 2007 mitverantwortlich zu sein[67]. Das kommunistische China kann es vermeintlich besser. Vielleicht wirklich, wenn folgender Grundsatz der Agentur ernst genommen wird: »Value Only the Truth, Creditability an Fairness«.

Oder geht es um ein Gegengewicht zu den angelsächsischen Ratinggriesen, wie es auch Politikern in der EU vorschwebt? Noch kann von einer Konkurrenz auf Augenhöhe keine Rede sein. Die in Peking ansässige Gesellschaft beschäftigt zwar bereits fast 500 Mitarbeiter und ist inzwischen auch mit dem Rating von Auslandswerten befasst, nachdem sie sich ursprünglich lediglich auf chinesische Unternehmen fokussiert hatte.

Der Vorstandschef, Guan Jianzhong, Mitglied der kommunistischen Partei, kritisiert die fünf Bewertungskriterien der US-Ratingagenturen für die Kreditwürdigkeit eines Staates, die nach seiner Ansicht folgende[68] sind:

1. Inwieweit entspricht das Land westlichen Vorstellungen von Demokratie?
2. Wirtschaftliche Stärke nach dem BIP pro Kopf?
3. Wie offen sind die Wirtschaft und das Finanzsystem des Landes?
4. Wie unabhängig ist die Zentralbank von der Regierung des Landes? Verfügt das Land über eine konvertible Währung?
5. Die Fähigkeit des Landes, Gelder zu beschaffen.

Kritisiert wird von Guan Jianzhong, dass die Kriterien westlich geprägter Staaten begünstigen, insbesondere das erste Kriterium. Das dritte und vierte Kriterium sagt nichts über die Fähigkeit eines Landes aus, seine Schulden zurückzuzahlen (von seinem potenziellen Willen, dies zu tun, schon gar nicht). Auch der wesentliche Aspekt der Einkommenssituation wird danach nicht betrachtet. Damit hätten die heutigen Problemschuldenländer, unter anderem Island, Irland, Griechenland, Italien und Spanien, von den großen drei angelsächsischen Agenturen Topnoten erhalten, obwohl ihre Fähigkeit, Schulden zurückzuzahlen, beeinträchtigt wurde. Bei einer Ratingeinstufung von AAA bis C (die den US-Vorbildern entspricht) für langfristig vergebene Kredite wurden die USA heruntergestuft. Entsprechend der Dagong-Kriterien, die nach eigener Auffassung auf die Fähigkeit, die Schulden zurückzuzahlen, abstellen, fiel das US-Rating auf A+ im November 2010 und auf A im August 2011[69].

Ein weiterer wesentlicher asiatischer Player im Ratinggeschäft ist die 1985 gegründete Agentur **Japan Credit Rating** mit 90 Mitarbeitern, die auch nichtjapanische Wertpapiere analysiert. Auch der Subkontinent Indien verfügt mit **CRISIL** (Credit Rating and Information Services of India Ltd.) über eine nennenswerte Agentur. Sie wurde bereits 1987 gegründet, ist in Mumbai ansässig und mehrheitlich im Besitz der amerikanischen S&P. Dies zeigt beispielhaft das Bestreben der großen drei Ratinganbieter auch in den aufstrebenden Staaten, ihre Marktposition zu sichern. In China sollen die Westagenturen durch bewusst manipulierte schönfärberische Ratings Aufträge hereingeholt haben. Sie stuften später dann im Zuge der weiter gestiegenen Verschuldung bei einem auftragslosen Rating die Regionalregierungen, Kommunen und Unternehmen ab[70].

A.M. Best wurde bereits 1899 durch Alfred M. Best in New York gegründet. Die Ratingagentur ist eine durch die SEC anerkannte NRSRO, die seit ihrem Bestehen auf den Versicherungssektor spezialisiert ist. In dem Versicherungsratinggeschäft verfügt sie daher über starke Alleinstellungsmerkmale mit ihrer historisch gewachsenen Expertise und einer tief greifenden strukturierten Analyse (sogenannte Best Credit-Rating Methodology BCRM).

Bei der **DBRS** handelt es sich um die größte kanadische Ratingagentur mit Sitz in Toronto, die 1976 von dem deutschstämmigen Kanadier Walter Schröder gegründet wurde. Durch die umfassende Expertise bei inländischen, kurz laufenden Geldmarktpapieren sowie Unternehmens- und Staatsanleihen konnte das Vordringen der »Großen Drei« auf dem kanadischen Markt in Grenzen gehalten werden.

In Europa ist trotz vielfacher Versuche, dies zu etablieren, noch kein ernst zu nehmender Wettbewerber für S&P, Moody's und Fitch im Ratinggeschäft zu finden. Die neue »**European Rating Agency**«, die von Roland Berger initiiert wurde, kommt allenfalls in kleinerer Form vor. Wie der frühere Roland-Berger-Partner, Markus Krall, mitteilte, könnte die vermutlich »**New Rating**« heißende Gesellschaft 2014 an den Start gehen. Derzeit ist die Mittelbeschaffung noch nicht abgeschlossen, wobei zur Vermeidung von Interessenkonflikten nur private Finanzierer gesucht werden. Aus dem gleichen Grund sollte auch eine »anlegerbezogene Bezahlungsplattform«, die gegen Entgelt von Kunden genutzt werden kann, installiert werden. Sie sollten im Zuge einer neuen Regulierung von allen Agenturen verwendet werden müssen. Selbst bei einem Verfall der Ratingpreise um 50 Prozent sollten nach Ansicht der Geschäftsführung Gewinne möglich sein[71].

Der Sitz der neuen europäischen Ratingservicegesellschaft soll Frankfurt sein. Da sich der Initiator Roland Berger weitgehend aus dem Projekt zurückzog und das Investor-Pay-Modell nicht mehr als umsetzbar gilt, steht das Vorhaben möglicherweise auf der Kippe oder die Agentur kommt nur in deutlich verkleinerter Form. Das Stiftungsmodell und der Non-Profit-Ansatz könnten ebenfalls scheitern[72]. Investoren wollen letztlich eine gesicherte Rentabilität, und die ist bei dem fragwürdigen Geschäftsmodell der »Großen Drei« leichter zu versprechen. Hilfe könnte noch von der EU aus Brüssel kommen. Öffentliche Gelder für ein Ratingprojekt schaffen aber einen schwerlich überbrückbaren Interessenkonflikt. Die Glaubwürdigkeit der Ratings wäre sofort infrage gestellt.

Unter den Anbietern im deutschsprachigen Raum sind noch als interessante Nischengesellschaften Feri, Creditreform, Euler Hermes Rating, Ura Rating Agentur und oekom research AG zu nennen. Die **Feri GmbH** wurde 1987 in Bad Homburg gegründet und war zunächst vor allem in den Bereichen Research und Vermögensverwaltung tätig. Die Research- und Ratingaktivitäten wurden 2002 in der Feri Research GmbH gebündelt. Die zwischenzeitlich (2008) geschaffene Feri EuroRating Services AG zählt zu den kleineren europäischen Ratingagenturen für die Bewertung von Anlagemärkten und Anlageprodukten neben den betriebenen Bereichen Wirtschaftsforschungs- und Prognosetätigkeit. Die Feri Gruppe beschäftigt derzeit rund 200 Mitarbeiter. Die Aktien der **Feri AG** sind zu 100 Prozent im Besitz des Finanzdienstleisters MLP.

Die Firma Creditreform, die bereits seit 1887 besteht, bietet Wirtschaftsauskünfte, Inkassodienste und Marketingservices für Unternehmen und andere Dienstleister an. Einen wesentlichen Kundenschwerpunkt stellt der Mittelstand dar. Der Fokus bei der **Creditreform Rating AG** liegt auf der Erstellung von Unternehmensbewertungen nach einem standardisierten Verfahren.

Euler Hermes Rating wurde 2001 in Hamburg gegründet und ist als Spezialist für den gehobenen Mittelstand in Deutschland tätig. 2010 erhielt sie als erste europäische Ratingagentur die Anerkennung und Registrierung als Credit Rating Agency in Europa. Über die Muttergesellschaft Euler Hermes gehört die Ratingagentur zur Allianz Gruppe.

Die 1998 gegründete **Ura Rating Agentur AG** mit Sitz in München ist nach eigenen Angaben eine unabhängige Ratingagentur für mittelständische Unternehmen. In der Gesellschaft kooperieren Wirtschaftsprüfer, Steuerberater und Unternehmensberater mit langjähriger Erfahrung bei Mittelstandsunternehmen.

Die ebenfalls in München ansässige Ratingagentur **oekom research AG** ist seit 1993 mit der Beurteilung nachhaltiger Investments befasst. Damit entspricht die Gesellschaft dem auch durch den öffentlichen Diskurs ausgelösten Interesse professioneller und privater Anleger, Geldanlagen nicht rein gewinnorientiert auszurichten. Mit der Analyse nachhaltiger Geldanlagen sind darüber hinaus auch die seit 1995 bestehende schweizerische Gesellschaft Sustainable Asset Management sowie die 2012 gegründete liechtensteinische Stiftung Carlo Foundation befasst.

Aktuelle Marktstellung der Ratingagenturen anhand von wirtschaftlichen Kennzahlen

Wie bereits an anderer Stelle erwähnt, wird das internationale Ratinggeschäft von den großen drei Anbietern S&P, Moody's und Fitch beherrscht, die 95 Prozent des Weltmarkts abdecken. In der folgenden Aufstellung finden sich weitere Kenndaten, wie Umsatz, operativer Gewinn, operative Marge (bezogen auf den Umsatz) und Mitarbeiteranzahl im Jahr 2011, um ein Gefühl für die wirtschaftliche Situation der »Großen Drei« zu erhalten:

	S&P Ratings	Moody's	Fitch
weltweiter Markt-anteil	40 %	40 %	15 %
Umsatz (2011)	1767 Mio. USD	2281 Mio. USD	526 Mio. Euro
Operativer Gewinn (2011)	719 Mio. USD	888 Mio. USD	163 Mio. Euro
Operative Marge (2011)	41 %	39 %	31 %
Mitarbeiter	8500 in 23 Ländern, davon mindestens 1000 Analysten	6100 in 28 Ländern, davon ca. 1300 Analysten	2337

Wirtschaftliche Kenndaten für S&P, Moody's und Fitch (2011), Quelle: Geschäftsberichte u.a.

Standard & Poor's ist die größte und einflussreichste Agentur weltweit, einschließlich von S&P Capital IQ/S&P Indices, die Analysen für institutionelle Kunden anbieten und ein breites Angebot von Indizes zur Verfügung stellen, liegt der Jahresumsatz bei rund 3,1 Milliarden US-Dollar. Bei einem operativen Gewinn in Höhe von 1,1 Milliarden US-Dollar liegt die Marge etwa bei 36 Prozent. Durchweg sind die Ertragsmargen sehr hoch, das einträgliche Geschäft basiert auf einem Oligopolstatus, der durch die Regulierungen geschützt wird.

Mit offizieller staatlicher Billigung[73] konnten die führenden Ratingagenturen in den USA ihren Einfluss in den 1930er-Jahren vergrößern. Mit der Zertifizierung durch die Börsenaufsicht SEC 1975 wurde ein weiterer Schritt zur Geschäftssicherung geschaffen, der bis heute nachhaltig spürbar ist. Die großen Ratingagenturen sind überaus mächtig, da sie für eine große Vielzahl des Anlagespektrums Noten vergeben, angefangen von den Staatsschulden ganzer Nationen, Hypotheken, Unternehmensanleihen und nicht zuletzt auch bezüglich sogenannter »strukturierter Produkte«. Bei einer Topbewertung durch ein führendes Ratinginstitut kann sich bei einer solchen Struktur jeder Finanzanalyst außerhalb der »Großen Drei« die Mühe des Researchs sparen, die Recherche zur Bonität wurde vermeintlich professionell outgesourct. Dieses Zusammenspiel ihrer Aktivitäten und die dadurch faktisch bestehende geballte Macht, über Zinssätze und Preise diversester Anlageformen in der Volkswirtschaft mitzubestimmen – flankiert durch einen Regierungsschutz und die einträgliche Einkunftsquelle Beratung zur optimalen Strukturierung der Schulden für die zahlenden Emittenten –, macht sie schließlich zu den Spielmachern des modernen Finanzkapitalismus.

Die als Privatfirmen geführten Ratingagenturen sind zudem noch in den Händen von Hedgefonds und Verlagen, die sich damit ein einträgliches Geschäftsmodell geschaffen haben.

Wem gehören die Ratingagenturen?

Vor dem Hintergrund der geballten und äußerst gefestigten Eintrittsbarrieren ist es auch nicht verwunderlich, dass der größte und berühmteste Value-Anleger Warren Buffett der wesentliche Investor von Moody's ist, mit einem Anteil von circa 13 Prozent. Die zahlenden Emittenten sind »Captive Clients« (unternehmenseigene Kunden) der Ratingagenturen. Vor diesem Hintergrund profitiert Warren Buffett von dem Franchise des sicher geschützten Geschäfts mit hohen Margen und wenig Eigenkapitaleinsatz. Dies ist auch beim Eigner von S&P sowie bei Fitch Ratings, die zu 60 Prozent der französischen Fimalac Holding von Eugène Charles Ladreit de Lacharrière und zu 40 Prozent der Hearst Corporation gehört, der Fall.

Bei der führenden Ratingagentur S&P ist der Eigentümer die US-Verlagsgruppe McGraw-Hill, die sich wiederum im Besitz von Hedgefonds und anderen Finanzinvestoren befindet. Das Verlagsgeschäft (McGraw-Hill Education) wurde im November 2012 für 2,5 Milliarden US-Dollar an den

US-Finanzinvestor Apollo Global Management verkauft. Das rentable Ratinggeschäft soll als McGraw-Hill Markets weitergeführt werden. Führende
S&P-Eigner einschließlich des Beziehungsgeflechts über die Muttergesellschaft sind die Capital Group, Blackrock, Vanguard, State Street, T. Rowe
Price und die Bank of New York. Zusammen mit der zweitwichtigsten Ratingagentur Moody's ergibt sich eine erstaunliche Machtkonzentration von
Finanzinvestoren, auf die Werner Rügemer hinweist[74]:

Name der Gesellschaft	Tätigkeitsgebiet (Sitz der Gesellschaft)	S&P (Kapitalanteile in %)	Moody's (Kapitalanteile in %)
Capital Group	Investmentgesellschaft (USA)	13,2	16,2
Blackrock	Vermögensverwalter/ Hedgefonds (USA)	4,7	7,0
Vanguard	Vermögensverwalter (USA)	4,7	5,8
State Street	Finanzdienstleister (USA)	4,6	4,4
T. Rowe Price	Finanzdienstleister (USA)	3,5	6,1
Bank of New York	Finanzdienstleister (USA)	1,2	2,1

Gemeinsame Eigner von S&P und Moody's[75]

Die Ratingagenturen sind damit nicht unabhängig, sondern Bestandteil des
Netzwerks von großen, international tätigen US-Finanzanlegern, zum Teil
Hedgefonds (z. B. Blackrock). Durch die Überlappung gleicher Finanzinvestoren bei S&P und Moody's auf der einen Seite ergibt sich neben der Vor-
schrift, zwei führende Agenturen zu beauftragen, die Praxis, dass Kunden
S&P und Moody's, die beiden führenden Agenturen, beauftragen, auf der anderen Seite eine weitere Stärkung dieses wettbewerbsfeindlichen Duopols.

Insbesondere die größeren Gesellschaften stehen in engerem Kontakt zur US-Regierung. Die Eigentümer der Agenturen sind Miteigentümer der anderen Miteigentümer, diese Agentureigner sind wiederum an Investmentbanken und den im S&P 500 gelisteten Unternehmen beteiligt, die wiederum die Spielwiese für die spekulations- und umsatzfördernden Aktivitäten der Agenturen bilden. Fitch Ratings gehört zu 60 Prozent der französischen Fimalac Holding von Marc Eugène Charles Ladreit de Lacharrière. Die Fimalac Holding mit den Segmenten Fimalac Développement, Immobilien und der Fitch Group gilt als patriarchalisch geführt und verschwiegen.

Exkurs: Woher kommt der Trend zum Oligopol, welche Versuche zur Neugründung von Ratingagenturen gab es und warum sind sie immer wieder gescheitert?

Investmententscheidungen erfolgen im modernen Finanzkapitalismus in zentralisierter Form. Als soziales Phänomen haben sich dabei die großen Ratingagenturen den Markt aufgeteilt, der förderlich ist für private Interessen bei einer laxen staatlichen Überwachung. Diese unsichtbare Machtausübung scheint sich zunehmend ohne demokratische Kontrolle zu vollziehen[76]. Die Deregulierungswellen seit den 1980er-Jahren haben die Freiheitsgrade erhöht und Wall-Street-Banken, den zahlenden Emittenten und Ratingagenturen gute Geschäftsmöglichkeiten verschafft. Nur wenige Experten wiesen auf die Missstände des fehlgelenkten Finanzsystems hin. Häufig sind sie selbst Profiteure dieser ertragsmaximierenden Strukturen, die sich weitgehend verborgen herausgebildet haben. Der Trend zum Oligopol bei den Ratingagenturen wurde durch die Festlegung infolge der damaligen Weltwirtschaftskrise ab dem Jahr 1930 geschaffen.

Seit den 30er-Jahren können Finanzinstitute nur noch Papiere kaufen, die über ein ausreichend gutes Rating der führenden Agenturen verfügen, das einem Testat oder Gütesiegel gleichkam. Damit wurden die Ratingagenturen Teil des US-Regulierungssystems. Verstärkt wurde der Schutzschild nach einer Kreditkrise Mitte der 70er-Jahre, im Jahr 1975. Seitdem wurde von der SEC vorgeschrieben, dass nur von NRSRO (Nationally Recognized Statistical Rating Organizations) geprüfte Wertpapiere mit bestimmten Mindestnoten gekauft werden durften. S&P, Moody's und Fitch kontrollierten damit stärker denn je den Zugang zu den Finanzmärkten. Senator Joseph Lieberman[77]:

> »Die Kredit-Ratingagenturen halten den Schlüssel zu Kapital und Liquidität, die Lebensader der amerikanischen Wirtschaft und unserer kapitalistischen Wirtschaft. Das Rating beeinflusst die Fähigkeit eines Unternehmens, Geld zu leihen, es beeinflusst, ob eine Pensionskasse oder ein Geldmarktfonds eine Firmenanleihe kaufen kann; und es beeinflusst den Aktienkurs.«[78]

Wer Schulden aufnehmen will, kommt an ihrem Bonitätsurteil nicht vorbei. Gleichzeitig sind die Zutrittsbarrieren für kleinere Agenturen nach wie vor äußerst wirksam. Sie können erst dann geschäftlich mitmachen, wenn sie von der SEC den begehrten Status einer NRSRO erhalten. Weitere Hürden für die kleinen Ratingagenturen sind die hohen Wechselkosten und die wirtschaftlichen Größenvorteile[79]. Die großen drei Anbieter können so ihren Kunden mehr bieten, sie kennen die Marktusancen besser und verfügen über ein breiteres Netzwerk, das wiederum den zahlenden Kunden dient. Die besondere Stellung der großen drei Ratingagenturen lässt sich auch anhand der derzeitigen Funktionen von Ratings aufzeigen, die großen Anbietern eine bevorzugte Marktstellung verschafft.

Was kann ein kleiner Newcomer dann mehr bieten? Selbst das möglicherweise größere Nischen-Know-how in einer Branche oder in einer Region und die gute Positionierung bei kleineren Kunden verblassen vor diesem Hintergrund. Letztlich zählt mehr der Lizenzwert der Bonitätsnoten, der politisch begründet ist, als der reine Informationswert der Ratings[81]. Üblicherweise beantragen Emittenten Ratings von zwei großen Agenturen, das sind in der Regel die beiden Marktführer S&P und Moody's.[82]

Funktionen	Kunden / Emittenten	Kapitalmärkte / Kreditgeber und Investoren	Staat / Aufsichtsbehörden
Information	Sammlung, Aufbereitung und Verarbeitung zu Bonitätsnoten Größenvorteile beim Informationsmanagement Zugang zu internen Daten mit selektiver Weitergabe		
Zertifizierung	Risikomanagement		Rating-basierte Regulierung (Lizenz für große Ratingagenturen)
Standardisierung	Kredit- und Investitionsprozess Risikovergleich		

Funktionen von Ratings für Kunden, Kapitalmärkte und Staaten[80]

Die bedeutsame Marktstellung zeigt sich auch bei den Marktanteilen. So deckt Moody's 78 Prozent und S&P zwei Drittel der Industrieunternehmen ab.[83] Mit der Normierung, dass zwei Ratingnachweise einzuholen waren, wurde ein Partner-Monopol von S&P und Moody's geschaffen. Dieses Partner-Monopol[84] oder die als »Duopol« zu bezeichnende Marktstellung wurde durch eine steigende Marktbedeutung von Fitch zunehmend ein »Triopol« (oder enges Oligopol). Zwar ist der Abstand von Fitch gegenüber den größeren Gesellschaften S&P und Moody's immer noch signifikant, aber eine weitere Verschiebung der Markt- oder Machtgewichte durch Kündigungen zugunsten von Fitch ist möglich. Dafür spricht der aktuelle Trend, dass im Zuge der Krise die Bereitschaft der Emittenten sinkt, die üppigen Gebühren, hier gilt vor allem S&P als sehr teuer, zu zahlen und nach Alternativen zu suchen. So brachten die jüngsten Kündigungen gegenüber S&P, die als besonders einflussreich und regierungsnah gelten, zugunsten der kleineren Agentur Fitch eine weitere Stärkung, das Gefälle besteht aber im Prinzip weiter fort.

Mitte April 2012 hatten sich elf DAX-Unternehmen bei S&P nach einer Preiserhöhung über die hohen Kosten beschwert, die Deutsche Post zum Beispiel hat S&P inzwischen gekündigt und Fitch beauftragt. Die üblichen

Kosten eines Ratings beginnen ab circa 20000 Euro als Fixum und zusätzlichen variablen Vergütungen in Abhängigkeit vom Emissionsvolumen und den jährlichen Folgekosten[85]. Es könnte aber auch mehr sein, wie die folgende Aufstellung zeigt[86]:

	S&P	Moody's	Fitch
Für Emittenten von vorrangig unbesicherten Papieren			
• Erstrating	50-125	43,5	55-80
• Jährliche Überwachungsgebühr	n.v.	43,5	40-65
CP-Programm			
• Erstrating	50-125	43,5	n.v.
• Jährliche Gebühr (erstes Programm)	47,5	33,9	35
Langfristige Schulden, Vorzugsaktien und Privatplatzierungen			
• Erstrating	50-125	43,5	n.v.
• Jährliche Überwachungsgebühr	40-90	25,3	n.v.

Gebührensätze für Ratings in Tsd. Euro (2007)[87]

Wie sich zeigt, handelt es sich bei solch üppig hohen Gebührensätzen um ein äußerst lukratives Geschäft. Beim Wettbewerb der »Großen Drei«, der strukturell durch ihre Lizenzierungsmacht ohnehin begrenzt ist, geht es um die bestzahlenden und durch langjährige Kontrakte mit den Agenturen besonders eng verbundenen Kunden. Nach Schätzungen können Bewertungen auch mal mehrere Millionen Euro kosten. So ist das Rating mancher Staaten von besonderer Bedeutung für die Unternehmen, die dort auch ihren Sitz haben, das Rating bildet dann auch de facto die Obergrenze für ihre eigene Bewertung[88].

Nicht verwunderlich ist, dass die Nr. 1, S&P, besonders hohe Gebühren verlangt, man könnte hier sogar fast von einer Art Schutzgeldern sprechen. Denn das Rating von S&P oder den beiden anderen Agenturen schützt vor allzu kritischen Nachfragen von Investoren und sichert eine gute Refinanzierung. Dieser offiziell abgesicherte Schutz kommt daher einem Freischein gleich. Für die Schutzgebühr gibt es also Vorteile ganz handfest finanzieller Art, aber auch für das Image wird etwas getan, wenn eine Zertifizierung durch ein dem TÜV gleichgeartetes Rating stattfand.

Dass die Ratingagenturen alles tun, um dieses Geschäftsmodell zu sichern und ihre vermeintlich hohe Reputation, Erfahrung und Treffsicherheit bei den Prognosen ins Spiel bringen, verwundert nicht. Die Realität sieht anders aus. Die Ratingagenturen haben sich damit angesichts der fehlerhaften Regulierung (zugunsten der Großen und der Bezahlung durch die Emittenten) eine komfortable Möglichkeit zum Abzocken geschaffen. Dieses Geschäftsmodell zulasten Dritter ist bislang noch wenig umstritten, sodass der eigentlich beabsichtigte und dringend benötigte Schutz vor Wettbewerb bis heute faktisch nicht besteht.

Die wesentlichen Eintrittsbarrieren für Dritte und damit auch die kleineren Ratingagenturen, die international keine Marktmacht besitzen, sind in der folgenden Übersicht dargestellt:

	S&P, Moody's, Fitch	Weitere, kleinere Ratingagenturen
Brand Value (ist der Kunde bereit, aufgrund des Namens der Gesellschaft für die Dienstleistungen der Gesellschaft mehr zu zahlen?)		
	Vorhanden: Es handelt sich um Namen, die in der vordersten Reihe stehen (wie die führenden angelsächsischen Investmentbanken und Wirtschaftsprüfungsgesellschaften). Das Zertifikat oder Gütesiegel durch die drei führenden Agenturen sichert formal ab und ist ökonomisch vorteilhaft (niedrigere Zinsen für Kredite).	Schwach ausgeprägt: Allenfalls in lokalen Märkten
Economic Value		
Größenvorteile	Vorhanden: Bei der Analyseproduktion sind bei größeren Einheiten Synergieeffekte möglich. Vorteile bieten sich durch Netzwerkbildung bei ausreichender Diversifizierung auch bei ersten Adressen. Große, gut zahlende Topkunden werden begünstigt (dieses lukrative Franchisesegment kann von kleinen, nicht registrierten Anbietern nicht bedient werden). Großer, historisch gewachsener Datenpool und besonders breite Expertise. Eine wesentliche Positionsverbesserung für die »Großen Drei« lieferte auch die Internationalisierung der US-Ratingregulierung vor allem ab den 1990er-Jahren.	Nicht vorhanden (allenfalls z. B. in lokalen Nischenmärkten)
Weltweiter Marktanteil	Hoch (dies verbessert die Fähigkeit, gegenüber den zahlenden Kunden hohe Preise durchzusetzen). Die publizitätswirksame Veröffentlichung der Ratings soll noch mehr Investoren anziehen und die Marktliquidität vergrößern, die Top-Ratingadressen sind dafür die erste Wahl, vor allem für die zahlenden Emittenten.	Vernachlässigbar (i.d.R. besteht keine Möglichkeit, höhere Preise durchzusetzen)

	S&P, Moody's, Fitch	Weitere, kleinere Ratingagenturen
Kundenbindung	Hoch (das Zusammenspiel mit den zahlenden Emittenten ist gefestigt, meist in Form eines marktwidrigen Duopols von S&P und Moody's, und von Insiderinformationen geprägt, wodurch für Dritte der Eindruck einer Blackbox entsteht. Positive Informationen werden intern weitergereicht, negative aus geschäftlichen Gründen eher verschwiegen. Zu der engen Bindung über langjährige Kontrakte mit lukrativen Gebühren, die von wichtigen Schlüsselkunden gezahlt werden, tragen auch gestaltende Beratungsdienstleistungen bei, um das Rating der zahlenden Emittenten entsprechend günstig ausfallen zu lassen). Die Wechselkosten sind durch die langjährig aufgebauten Beziehungen daher per saldo sehr hoch.	
Regierungsschutz	Sehr hoch durch vom Staat versehene Regulierungsmacht (Schutz durch den Staat: Besonderen Schutz für die Agenturen schuf die Zwei-Rating-Norm. So brachte die SEC bereits 1930 und verstärkt ab 1975 die großen Ratingagenturen als Testierer für eine ausreichende Bonität von Anlagen ins Spiel. Aufgrund dieser Regulierungslizenz wurde die wirtschaftliche Bestätigung von Finanzinstituten und der finanzierenden Industrie geregelt, auch die Preise für die Finanzierung wurden von den Ratingagenturen festgelegt).	Weniger hoch, da die USA weltweit die Ratingstandards setzen und die Eintrittsbarriere im Wesentlichen darin besteht, dass die Gesellschaften als NRSRO in den USA, dem wichtigsten Finanzmarkt weltweit, anerkannt werden.
Intransparenz	Hoch: Das Mysterium wird von den Agenturen gepflegt. Mit der gezielten Intransparenz bekommen die Urteile den Charakter eines Orakelspruchs. Damit ist keine echte Qualitätskontrolle durch Dritte möglich. Eine hohe Reputation kann so, auch mithilfe der langjährigen Marktpräsenz, trotz eingeschränkten Wettbewerbs inszeniert werden.	Geringer: Transparenz ist ein mögliches Einstiegstool für kleinere Ratingagenturen.

	S&P, Moody's, Fitch	Weitere, kleinere Ratingagenturen
Recht-licher Schutz	Hoch: Nach wie vor keine Gefahr einer zivilrechtli-chen Haftung. Die Bonitätsnoten inkl. ihrer Begrün-dung gelten rechtlich gesehen als Meinungsäußerun-gen. Inhaltlich falsche Ratings können so zu einem wirkmächtigen Phänomen werden, das einen Alarm an den Finanzmärkten auslöst, mit schädlichen Folge-effekten für die Realwirtschaft.	Hoch durch weitgehende Nichteinklagbar-keit bei falschen Testaten, damit keine Gefahr einer zivilrechtlichen Haftung. Extrem geringe Markt-relevanz, da sich die Wirkungs-macht allenfalls in Nischen (lokal/ Branche) entfalten kann.
Eigner-struktur	Finanzinvestoren/Hedgefonds und Verlage: Sie ha-ben ein Interesse an Kurzfriststorys und hohen Um-sätzen, die ihre hohen Gewinne sichern. Sie bemühen sich um eine enge Verzahnung mit der Finanzindust-rie, um die Spielmacherfunktion der Ratingagenturen weiter zu erhalten.	Diverse: Eine weltweite Ver-zahnung der Eigner ist kaum vorhanden oder ohne größere Bedeutung. Sie reichen jedenfalls nicht aus, um die Agenturen zu internationalen Spielmachern zu machen.

Wesentliche Eintrittsbarrieren der übrigen Ratingagenturen gegenüber den »Großen Drei«

Die kleineren Konkurrenten der »Großen Drei«, die sich den Markt weitge-hend aufteilen, haben kaum eine Chance. Neben der Lizenzierungsmacht schaffen auch die langjährige Erfahrung und Expertise nachhaltige Wettbe-werbsvorteile. Vor allem bei der Bewertung von Staatsanleihen haben S&P,

Moody's und Fitch die Nase vorn. Versuche zur Neugründung einer weiteren internationalen Ratingagentur, die weltweit in der Lage ist, mit den »Großen Dreien« zu konkurrieren, gab es immer wieder. Sie sind bislang regelmäßig gescheitert.

Auch ein EU-Rating hätte je nach Ausgestaltung nur eine geringe Glaubwürdigkeit, wenn die Schuldnerstaaten im Hintergrund versuchen, das Rating positiv zu beeinflussen. Letztlich müsste es bei einer Reform um eine Regulierung gehen, die wieder echten Wettbewerb zwischen den Ratingagenturen ermöglicht. Dazu müsste der ungerechtfertigte Schutz für die »Großen Drei« entfallen, zum Beispiel durch eine Neuanpassung des Bezahlmodus der Ratings. Dazu an anderer Stelle später mehr.

Fazit

Die heutige Machtstellung der Ratingagenturen ließ sich in den Anfangsjahren ihrer Entwicklung, zum Beispiel als Henry Varnum Poor seine Handbücher für interessierte Anleger herausgab, kaum erahnen. Noch in den 60er-Jahren des letzten Jahrhunderts war auch in den großen Agenturen nur eine Handvoll Analysten tätig. Die explosive Machtentfaltung ist jüngeren Datums und begann mit der veränderten Regulierung in den 70er-Jahren und dem massiven Ausbau der Finanzmärkte, das Oligopol der Großen Drei wurde dabei noch verfestigt.

DAS SPIELFELD: KAPITALMÄRKTE, STAAT, UNTERNEHMEN UND DIE RATINGAGENTUREN

Die Teilnehmer auf dem Spielfeld

Keine Beschwerde wird häufiger geäußert als der Mangel an Klarheit darüber, was die Ratings aktuell messen. Während die Ratings von den Agenturen die relative Kreditqualität bewerten sollen, ... wie solche Faktoren gewichtet werden – und warum –, bleibt die endgültige Ratingentscheidung unklar.[89]
John E. Peterson (The Rating Game 1974)

Das Mysterium rund um die Ratings wird von den Agenturen gepflegt. Mit der gezielten Intransparenz bekommen die Urteile den Charakter eines Orakelspruchs. Diese Inszenierung der Macht ist institutionell abgesichert. Während Ratings nach Sinclair im engeren Sinne lediglich ein technisches Unterstützungssystem bilden, sind sie seines Erachtens im weiteren Sinne eine neue Form der institutionalisierten Koordination bei der Entwicklung der finanziellen Globalisierung[90]. Sie profitierten als private Gesellschaften von der Liberalisierung der Kapitalmärkte, mit der der Fokus auf kurzfristige Gewinnmaximierung verschoben wurde. Mit der Lizenzierungsmacht, die ihnen von den Regierungen verliehen wurde (durch das Erfordernis, Mindestratings der Agenturen einzuhalten), wurde das lukrative Geschäftsmodell zusätzlich gestützt. Es wird der Eindruck bester Reputation auf der Vorderbühne im Sinne von Erving Goffman (»Wir alle spielen Theater«, 1959) für die Kapitalanleger und die Öffentlichkeit nur vorgetäuscht.

Es soll der Eindruck entstehen, dass die Ratings akkurat erstellt und qualitativ hochwertig sind. Auf der Hinterbühne spielt sich das politische Prozedere mit den zahlenden Emittenten ab, das vor der Öffentlichkeit gänzlich verborgen bleibt oder allenfalls erahnt werden kann.

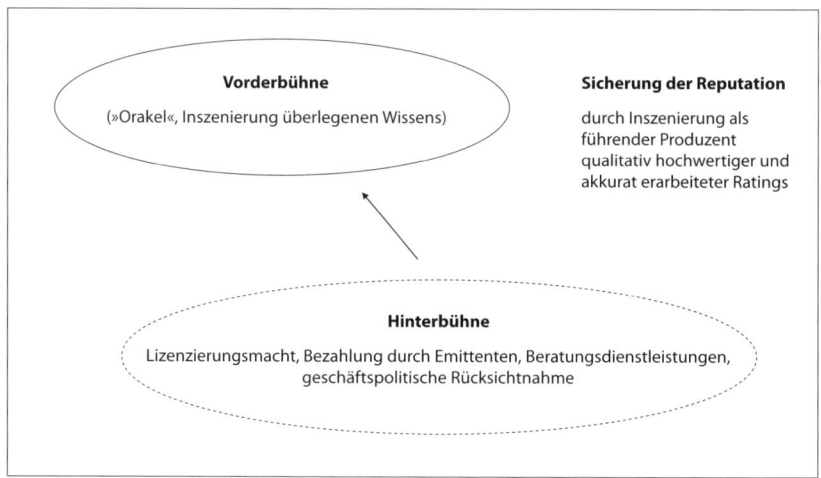

Vorderbühne

(»Orakel«, Inszenierung überlegenen Wissens)

Sicherung der Reputation

durch Inszenierung als
führender Produzent
qualitativ hochwertiger und
akkurat erarbeiteter Ratings

Hinterbühne

Lizenzierungsmacht, Bezahlung durch Emittenten, Beratungsdienstleistungen,
geschäftspolitische Rücksichtnahme

Inszenierung des Ratings durch die Ratingagenturen, um ihre Reputation zu sichern

Die Ratingagenturen sind indes keine glaubwürdigen Torwarte oder Torwächter, um ein gebräuchliches Bild zu benutzen. Sie wollen zwar nicht, dass die Bälle ins Tor geschossen werden (=»Zahlungsausfall«). Dafür werden sie von ihrem Verein gut bezahlt, aber ansonsten ist ihr Agieren gänzlich anders strukturiert.

Die Torwächterfunktion wird nicht fair ausgeübt, sondern nur inszeniert. Der Torwart ist ein systematischer Foulspieler und steckt mit dem Schiedsrichter (Staat) und seinem zahlenden Verein (Emittent) unter einer Decke. Der Verein zahlt für die Illusion eines glaubwürdigen Abwehrkampfes, damit er selbst mehr finanziellen Spielraum (weniger Eigenkapitalhinterlegung) hat. Auf der Vorderbühne findet das Spiel statt, das lärmend in den Medien übertragen wird (für die Öffentlichkeit und die Kapitalmärkte). Auf der Hinterbühne wird für den Schaukampf gezahlt. Der verdeckte Spielmacher profitiert von der Dynamik des Geschehens, den Eckbällen, den Balleinwürfen. Hauptsache, das Spiel bleibt spannend und für die Außenstehenden glaubwürdig.

So ganz passend ist das Beispiel also nicht, da es sich bei einem Fußballspiel um zwei rivalisierende Mannschaften handelt, auch geben die Torwarte über das Fußballspiel keine Noten ab. Letztlich selektieren Ratingagenturen als »Gatekeeper«, das heißt als Pförtner oder Schleusenwärter vor, welche Papiere oder Produkte marktfähig sind oder nicht. Damit bilden sie den Engpass oder die Mautstelle für das insgesamt gewinnbringende Spiel. Die Maut für die Privilegien (Sicherung des Investment-Grades und diesbezüglich gestaltende Beratung) haben die Anleihenemittenten zu entrichten.

Nach Werner Rügemer sind Ratings auch etwas »für das öffentliche Schauspiel und das Schüren von Angst auf der Vorderbühne«. Er verweist auf Entscheidungen in den Topetagen der Finanzindustrie, die weitreichende finanzielle Entscheidungen treffen, die sich womöglich auf die Weltwirtschaft und Staaten auswirken können, ohne dass Ratings eine Rolle spielen[91]. Ratings werden nur für das Spiel auf der Vorderbühne eingesetzt. Hinter den Kulissen werden auch Staaten im Rahmen ihrer Möglichkeiten den Agenturen drohen, wenn eine für die Politiker erniedrigende Herabstufung droht. Dabei sind die Ratingagenturen Vertreter von Kapitalinteressen, sowohl ihrer Eigner als auch der zahlenden Emittenten. Maximierung des kurzfristigen Gewinns zur Steigerung der Aktienkurse folgte statt der stärker konsensorientierten Stakeholder-Value-Lehre die Shareholder-Value-Lehre, die der frühere General Electric-Chef Jack Welch später geißelte *(»Genau genommen ist Shareholder Value die blödeste Idee der Welt«[92])*.

Während die Mitarbeiter mit dem internationalen Lohndruck durch Outsourcing konfrontiert wurden, wodurch die Deindustrialisierung in den entwickelten Staaten beschleunigt wurde, profitierten Finanzinvestoren und führende Manager, die sich üppige Boni für ihr fragwürdiges Tun auszahlen ließen. Die institutionell abgesicherten Orakelsprüche der Ratingagenturen halfen bei der Globalisierung der Finanzmärkte, sie avancierten zu einem unauffälligen Spielmacher im Hintergrund. Diese Spielmacherfunktion fand weitgehend ohne demokratische Kontrolle statt, da über die Lizenzierungsmacht die Regulierung de facto an die Ratingagenturen outgesourct wurde. Dieser Vorgang erfolgt geräuschlos, die Bevölkerung erfährt davon weitgehend nichts, nur ein direkt fachlich eingebundener Personenkreis ist damit befasst.

Reformen werden durch die Interessenlage der gut mit den Emittenten und führenden Banken vernetzten Ratingagenturen blockiert oder abgeschwächt (wie die derzeitigen Reformbemühungen in der EU zeigen). Die Ratings erhalten durch ihre abgesicherte Autorität Bedeutung für die Kapitalmärkte unabhängig von der Frage, ob sie richtig oder falsch sind. Die Intransparenz der Ratings trägt in Verbindung mit Ratingfehlern (Verzerrung durch die Emittentenbezahlung mit der Folge eines sinkenden Informationswerts) und dem Ketten der Investoren an die Mindestratings zur Instabilität bei. Positive und negative Marktschwankungen werden so verstärkt. Aber die Instabilität, die sich im Zuge der Finanzkrise und der sich ausweitenden Banken- und Schuldenkrise neu manifestierte, hat mehrere Ebenen: Sie betrifft vor allem die Kapitalmärkte mit den Finanzinstitutionen (Geldmanager), die Ratingagenturen und den Schulden ausweitenden Staat. Die Bürger sind hier ausgeklammert, da sie nicht als Gestalter integrierbar sind, sondern als Betroffene des Machtgeflechts aus politischen Entscheidungsträgern (dem Staat) und den Kapitalmärkten eingestuft werden. Der Staat tritt in der Finanzkrise seit 2007 als vermeintlicher Stabilisator mithilfe der nationalen Notenbank auf. Er kann dies nur solange durchhalten, bis das Vertrauen erschöpft ist.

Für die Erklärung des Funktionsversagens des Verbundes Finanzinstitutionen – Ratingagenturen – Staat ist eine Alternative zur Modellwelt der Neoklassik vonnöten. Es geht darum, das real erfahrbare Scheitern politischer und wirtschaftlicher Systeme besser abzubilden. Ohne Rückgriff auf philosophische, psychologische und kulturelle Aspekte greifen die Erklärungsansätze der Ökonomen dabei meistens zu kurz.

Zur Ergänzung der fehlenden kulturellen Aspekte, die bei Ratingagenturen kaum gewürdigt werden (dies erfordert besonderes Know-how der kulturellen Gegebenheiten in den einzelnen Ländern, daher ist der Schematismus so beliebt), passt meines Erachtens folgende »Anekdote zur Senkung der Arbeitsmoral« von Heinrich Böll:

In einem Hafen an einer westlichen Küste Europas liegt ein ärmlich gekleideter Mann in seinem Fischerboot und döst. Ein schick angezogener Tourist legt eben einen neuen Farbfilm in seinen Fotoapparat, um das idyllische Bild zu fotografieren: blauer Himmel, grüne See mit friedlichen schneeweißen Wellenkämmen, schwarzes Boot, rote Fischermütze. Klick. Noch einmal: klick. Und da aller guten Dinge drei sind und sicher sicher ist, ein drittes Mal: klick. Das spröde, fast feindselige Geräusch weckt den dösenden Fischer, der sich schläfrig aufrichtet, schläfrig nach einer Zigarettenschachtel angelt; aber bevor er das Gesuchte gefunden hat, hat ihm der eifrige Tourist schon eine Schachtel vor die Nase gehalten, ihm die Zigarette nicht gerade in den Mund gesteckt, aber in die Hand gelegt, und ein viertes Klick, das des Feuerzeuges, schließt die eilfertige Höflichkeit ab. Durch jenes kaum messbare, nie nachweisbare Zuviel an flinker Höflichkeit ist eine gereizte Verlegenheit entstanden, die der Tourist – der Landessprache mächtig – durch ein Gespräch zu überbrücken versucht. »Sie werden heute einen guten Fang machen.« Kopfschütteln des Fischers. »Aber man hat mir gesagt, dass das Wetter günstig ist.« Kopfnicken des Fischers. »Sie werden also nicht ausfahren?« Kopfschütteln des Fischers, steigende Nervosität des Touristen. Gewiß liegt ihm das Wohl des ärmlich gekleideten Menschen am Herzen, nagt an ihm die Trauer über die verpaßte Gelegenheit. »Oh, Sie fühlen sich nicht wohl?« Endlich geht der Fischer von der Zeichensprache zum wahrhaft gesprochenen Wort über. »Ich fühle mich großartig«, sagt er. »Ich habe mich nie besser gefühlt.« Er steht auf, reckt sich, als wolle er demonstrieren, wie athletisch er gebaut ist. »Ich fühle mich fantastisch.« Der Gesichtsausdruck des Touristen wird immer unglücklicher, er kann die Frage nicht mehr unterdrücken, die ihm sozusagen das Herz zu sprengen droht: »Aber warum fahren Sie dann nicht aus?« Die Antwort kommt prompt und knapp. »Weil ich heute Morgen schon ausgefahren bin.« »War der Fang gut?« »Er war so gut, dass ich nicht noch einmal auszufahren brauche, ich

*habe vier Hummer in meinen Körben gehabt, fast zwei Dutzend Makrelen ge-
fangen ...« Der Fischer, endlich erwacht, taut jetzt auf und klopft dem Touristen
beruhigend auf die Schultern. Dessen besorgter Gesichtsausdruck erscheint ihm
als ein Ausdruck zwar unangebrachter, doch rührender Kümmernis. »Ich habe
sogar für morgen und übermorgen genug«, sagt er, um des Fremden Seele zu erleichtern. »Rauchen Sie eine von meinen?« »Ja, danke.« Zigaretten werden in
die Münder gesteckt, ein fünftes Klick, der Fremde setzt sich kopfschüttelnd auf
den Bootsrand, legt die Kamera aus der Hand, denn er braucht jetzt beide Hän-
de, um seiner Rede Nachdruck zu verleihen. »Ich will mich ja nicht in Ihre persönlichen Angelegenheiten mischen«, sagt er, »aber stellen Sie sich mal vor, Sie
führen heute ein zweites, ein drittes, vielleicht sogar ein viertes Mal aus, und Sie
würden drei, vier, fünf, vielleicht gar zehn Dutzend Makrelen fangen – stellen
Sie sich das mal vor.« Der Fischer nickt. »Sie würden«, fährt der Tourist fort,
»nicht nur heute, sondern morgen, übermorgen, ja, an jedem günstigen Tag
zwei-, dreimal, vielleicht viermal ausfahren – wissen Sie, was geschehen würde?« Der Fischer schüttelt den Kopf. »Sie würden sich spätestens in einem Jahr
einen Motor kaufen können, in zwei Jahren ein zweites Boot, in drei oder vier
Jahren vielleicht einen kleinen Kutter haben, mit zwei Booten und dem Kutter
würden Sie natürlich viel mehr fangen – eines Tages würden Sie zwei Kutter haben, Sie würden ...«, die Begeisterung verschlägt ihm für ein paar Augenblicke
die Stimme, »Sie würden ein kleines Kühlhaus bauen, vielleicht eine Räuche-
rei, später eine Marinadenfabrik, mit einem eigenen Hubschrauber rundflie-
gen, die Fischschwärme ausmachen und Ihren Kuttern per Funk Anweisungen
geben. Sie könnten die Lachsrechte erwerben, ein Fischrestaurant eröffnen, den
Hummer ohne Zwischenhändler direkt nach Paris exportieren – und dann ...«,
wieder verschlägt die Begeisterung dem Fremden die Sprache. Kopfschüttelnd,
im tiefsten Herzen betrübt, seiner Urlaubsfreude schon fast verlustig, blickt er
auf die friedlich hereinrollende Flut, in der die ungefangenen Fische munter
springen. »Und dann«, sagt er, aber wieder verschlägt ihm die Erregung die
Sprache. Der Fischer klopft ihm auf den Rücken, wie einem Kind, das sich ver-
schluckt hat. »Was dann?«, fragt er leise. »Dann«, sagt der Fremde mit stiller
Begeisterung, »dann könnten Sie beruhigt hier im Hafen sitzen, in der Sonne
dösen – und auf das herrliche Meer blicken.« »Aber das tu' ich ja schon jetzt«,*

sagt der Fischer, »ich sitze beruhigt am Hafen und döse, nur Ihr Klicken hat mich dabei gestört.« Tatsächlich zog der solcherlei belehrte Tourist nachdenklich von dannen, denn früher hatte er auch einmal geglaubt, er arbeite, um eines Tages einmal nicht mehr arbeiten zu müssen, und es blieb keine Spur von Mitleid mit dem ärmlich gekleideten Fischer in ihm zurück, nur ein wenig Neid.[93]

Die Anekdote von Böll zeigt die unterschiedlichen Lebensphilosophien eines allzu fleißigen oder sogar arbeitssüchtigen Bürgers und eines zufriedenen Lebenskünstlers oder besser neudeutsch »Minimalisten«. Die Rolle des deutschen Touristen ähnelt der von EU-Beratern in Griechenland, die wie die Touristen ungefragt – und zumindest zuerst »ohne Auftrag« – beratend tätig wurden. Pointiert ausgedrückt und auf die derzeitige Situation in Europa übertragen, stehen sich Workaholics in Nordeuropa und Lebenskünstler in Südeuropa gegenüber. Sollten solche kulturellen Unterschiede durch Sozialtransfers ausgeglichen werden?

Ökonomen stellen sich selbst in der Regel andere Fragen. Als Volkswirte konzentrieren sie sich auf geschlossene Modellwelten, die perfekt funktionieren, aber die Realität nicht unbedingt abbilden. Betriebswirte lassen sich durch Kennzahlen fesseln. Alle »zähl-, mess- und wiegbaren« Daten haben oberste Priorität, Umfeldbetrachtungen finden allenfalls am Rande statt. Sie operieren in jeweils geschlossenen Welten, deren Erklärungsgehalt für gewöhnlich innerhalb ihres Systemdenkens diskutiert werden.

Das von Ökonomen im Falle des Systemscheiterns herangezogene Politikversagen greift zu kurz, da sowohl Politiker als auch Manager für ein Versagen infrage kommen. Innerhalb ihrer Zielfunktionen können Manager (Erfüllung ihrer vertraglichen Verpflichtungen) und Politiker (Stimmenmaximierung) rational agieren und dennoch einen großen Systemschaden anrichten.

Hyman P. Minsky wies schon vor vielen Jahren auf die Instabilität des Finanzsektors hin, möglicherweise ohne zu ahnen, welche Sprengkraft fehlgeleitete Finanzmärkte inzwischen aufweisen. Die organisierte Instabilität mit Chancen für wenige bei vergemeinschafteten Risiken war für die Regelsetzer wie auch die Akteure solange vorteilhaft, bis der Lasten tragende Dritte glaubwürdig zahlungsfähig blieb. Die Instabilität des Finanzsystems wirkte als Eskalator. Ein aufgeblähtes Schneeball-Finanzsystem, das nach dem Betrüger Charles Ponzi auch als Ponzi-Spiel bezeichnet werden könnte, beschleunigte die Destabilisierung durch Kettenreaktionen[94], obwohl die Manager rational handelten (wenn auch häufig amoralisch).

Die sich seit mehreren Jahren hinziehende Finanzkrise ist eine neue Herausforderung für die Staatshaushalte. Finanzderivate machen inzwischen das Fünffache des Weltsozialprodukts aus[95]. Die Finanzwirtschaft hat sich von der Realwirtschaft »abgekoppelt«. Die Finanzkrise begann nicht erst mit der Lehman-Bank-Pleite im September 2008, sondern bereits 2007 mit dem Platzen der US-Immobilienblase, die durch die allzu freizügige Vergabe zweitklassiger Hypothekenkredite im Privatimmobilienbereich entstand.

Die Finanzkrise zeigt, dass bei einer künftigen »Theorie des Funktionsversagens«, die das real erfahrbare Scheitern politischer und wirtschaftlicher Systeme besser erklärt, auch kulturelle und gesellschaftspolitische Aspekte mit zu berücksichtigen sind. So gehörte in den USA der Besitz eines eigenen Wohnhauses auch aus Sicht der Politiker zum Bestandteil eines menschenwürdigen Daseins, das auch für finanziell schwach gestellte Mitbürger möglich sein musste. Die Wertsteigerung wurde beim Kauf schon mit einkalkuliert. Da diese wundersame Geldvermehrung bereits seit vielen Jahren zu beobachten war, wurde dies gern von den Kreditverkäufern als Zusatzargument genutzt.

Heute zahlen die sozialen Unterschichten in den USA einen hohen Preis für ihr Häuserabenteuer[96]. Hinzu kommt die sogenannte »Weiße-Kragen-Kriminalität« im Zusammenhang mit den falschen Manageranreizen. Sie werden auch durch steuerlich begünstigtes Fremdkapital zu ihren Untaten verleitet. Während vor 140 Jahren die Eigenkapitalquote noch bei 30 bis 40

Prozent lag, sind es in Deutschland derzeit nur noch besonders niedrige fünf Prozent. Ein riesiger Hebel für Bankmanager, der auch zum Schaden der Steuerzahler genutzt wurde. Krisen entstehen dann durch eine massive Kreditvergabe, die die Notenbanken neben der Inflation (und dem Ausmaß gehebelter Finanzprodukte) als Crash-Frühwarnindikator nutzen sollten[97].

Solche Krisen zeigen laut Akerlof, dass es sich nicht lohnen darf, auf Kosten der Gesellschaft pleitezugehen. Der profitable Bankrott findet bei schwacher Bilanzierungspraxis, lascher Regulierung und wenig Strafen statt[98]. Hochintelligente Täter verhalten sich bei Durchführung ihrer Verbrechen zulasten gutgläubiger Dritter völlig rational, wenn auch amoralisch. Im internationalen Vergleich wurde der Niedergang deutscher Banken, der sich auch auf die inländischen Finanzplätze auswirkte, durch zu wenig Eigenkapital und zu risikoreiche Geschäfte ohne kompetente Steuerung beschleunigt.

Im Gegensatz zu Hyman P. Minsky, der einen starken Staat zum Ausgleich der finanziellen Instabilität fordert, sollten institutionelle Regeln dafür sorgen, dass die Bürger nicht verleitet werden, zu hohe finanzielle Risiken einzugehen. Nach Minsky ist die Stabilität eines Finanzsystems abhängig vom Anteil einer abgesicherten Finanzierung an der gesamten privaten Finanzierungsstruktur[99]. Die mit Schulden handelnden Banken destabilisieren.

Eine abgesicherte private Finanzierung weist stabile Einnahmen und einen fixierten Zinssatz bei einer maßvollen Verschuldung auf. Dies entspricht auch den Anforderungen an ein konservatives Investment. So ist die deutsche Immobilienfinanzierung im Gegensatz zu den variablen Sätzen in angelsächsischen Ländern durch die Festzinsvereinbarungen stabiler. Banken erhöhen die Systemrisiken durch ihre spekulative Finanzierung, dabei kommt es in Abgrenzung zu den »betrügerischen« bei den »ehrlichen« Ponzi-Finanzierungsarrangements nach Minsky nicht zu dem ursprünglich erwarteten Ergebnis. »Betrug ist daher häufig ein nachträglicher Befund und nicht immer von vornherein intendiert«[100]. Solange die Bonität des Staates die der Kreditinstitute übertrifft, die wiederum zweifelsfrei über eine höhere Bonität als die zu finanzierenden Unternehmen der Realwirtschaft verfügen, ist ein Kredit leicht zu vermitteln und die Finanzinstitute verdienen gutes Geld damit.

Zur Not könnte der Staat einspringen. Falls aber die Finanzinstitutionen und die »Ersatzfinanzierer« Staat und Notenbank ebenfalls als unsolide gelten, braucht die Industrie, die unter Umständen über ein höheres Rating verfügt, die schlecht beleumundeten Finanzierer nicht mehr. Wenn die Bonität der Finanzierer schlechter ist als die kapitalaufnehmenden Industrie, ist eine ernste Schieflage eingetreten. Die Grundlage der Arbeitsteilung zwischen Banken und Produktionswirtschaft mit einer soliden Finanzierung zugunsten von wagemutigen Unternehmen wäre dann nicht mehr vorhanden. Die Fehllenkungen aus der Vergangenheit, zu der auch zu gute Ratings für schlecht wirtschaftende Finanzinstitute beitrugen, werden dann offenbar und führen zu Verwerfungen, die die Funktionsfähigkeit des Finanzsystems beeinträchtigen. Die Finanzinstitute erkennen dann, dass die Wachstumsfokussierung mit einem hohen Fremdkapitalanteil erkauft wurde, der sie selbst destabilisiert. Die Finanzierung wird zu einer Wette auf eine erfolgreiche Zukunft.

Die Ansicht, Macht mit der Fähigkeit, Schulden aufzunehmen gleichzusetzen, ist fragwürdig. Sie wirkt sich vor allem dann destabilisierend aus, wenn die Risiken an Dritte weitergegeben werden können. Wenn Ratinginstitute sich an der geschickten Verschleierung der Risiken im Rahmen ihrer Beratung beteiligen, ist das schlimm genug. Ihre Marktmacht scheint aber inzwischen ausreichend groß zu sein, dass die finanziell angeschlagenen Banken, die die hohen Preise nicht mehr zahlen wollen, sozusagen abprallen. So konnte der Oligopolist S&P die Beschwerden deutscher Banken, die sich schriftlich auch an den globalen S&P-Chef Douglas Petersen wandten, sehr gelassen nehmen, ein deutliches Zeichen für mangelnden Wettbewerb in der Ratingbranche[101].

Leidtragende sind auch die Bürger, die Opfer der Vertriebspolitik der Banken sind. Eine hohe Verschuldung mit niedrigen Kreditzinsen fördert es, wenn Bürger systematisch über ihre Verhältnisse leben, und steigert die Systeminstabilität auf der Ebene der Individuen beziehungsweise der Einzelhaushalte, denen die Kredite aufgedrängt werden. Medienbeeinflussung (»Konsumterror«) und die vermeintliche Verpflichtung, mit den Nachbarn mitzuhalten, führt zu einer Kreditexpansion. Solche negativen Verbundeffekte durch aggressives Vermarkten von kreditfinanzierten Immobilien durch die Banken erfolgten wie bereits gesehen zum Beispiel in den USA im Einklang mit der staatlichen Politik, die das »eigene Heim« breiten Bevölkerungsschichten ermöglichen wollte. Bis die Blase platzte.

Aus dem entstandenen Schaden sollten die richtigen Lehren gezogen werden. So sollte jede Finanzierung kritisch hinsichtlich ihrer Tragfähigkeit im Fall von unvorhergesehenen Belastungen überprüft werden. Dabei sollten mehr private Stabilitätsanker gesetzt werden. Der Kreditnehmer sollte bestehende Alternativen prüfen und sich selbst wappnen. Er sollte zum Beispiel Arbeitgeber bevorzugen, die ihm ein stabil planbares Fixgehalt statt eines hohen Anteils variabler Entgelte anbieten.

Die Systeminstabilität wurde durch absatzfördernde Maßnahmen der Staaten für Staatsanleihen erhöht. Im Gegensatz zu anderen Vermögenswerten müssen Banken und Versicherer für Staatspapiere kein Eigenkapital hinterlegen, da die Papiere regulatorisch als absolut sicher eingestuft werden. Trotz der derzeitigen Krisenerfahrungen sehen auch die aktuell geplanten Reformen dies weiter so vor (z. B. die EU-Harmonisierungsregelungen im Zusammenhang mit Solvency II für Versicherungen: Im Zuge der EU-Harmonisierungsregelungen sollen die bilanziellen Risiken bei den Versicherern stärker berücksichtigt werden).

Mit diesem Fehlsignal werden die Versicherer von möglichen Rettungsmaßnahmen der Staaten aber nur abhängiger. Letztlich ist das zudem ein weiterer Schritt zur destabilisierenden Vergemeinschaftung der Finanzinstitutionen. Die Problematik der steigenden Instabilität durch den fehlgelenkten Verbund aus Kapitalmärkten, Staat und Ratingagenturen zeigt der folgende Überblick:

Handelnde	Zielsetzung	Chancen und Gefahren	Charakterisierung des Beziehungsgeflechts
Kapitalmärkte (Kapitalgeber)	Gewinnmaximierung bei noch vertretbarem Risiko (Mindestbonitätsanforderungen)	Banken mit Kasinospielen und fehlender EK-Unterlegung für Staatsanleihen: Maximale Chancennutzung zulasten Dritter (des Staates bzw. des Steuerzahlers)	Symbiotische Beziehung von Regierungspolitikern und Bankvertretern. Rainer Hank: »Banker wissen, dass Politiker Geld brauchen, um den Wohltäter zu spielen, und dass ihnen selbst im Zweifel nichts passiert.« Die Banken brauchen die Politiker, um ihr Geschäftsmodell, das die Risiken auf Dritte abwälzt, fortzuführen[102].
Ratingagenturen	Gewinnmaximierung unter der Nebenbedingung, dass der gute Ruf auf den Kapitalmärkten erhalten bleibt	Gut abgesichertes Geschäft von den Großen Drei S&P, Moody's und Fitch durch den Regierungsschutz. Durch die Eignerstruktur (u.a. Hedgefonds und Verlage) Präferenz für kurzfristig und aktionsgetriebene Märkte.	Gefahr des Moral Hazard durch die Fehllenkung, dass die Emittenten (hier insbesondere der Staat als Schuldner) für ihr Rating bezahlen und im Zweifel ein positiver Bias besteht. Da die Ratingagentur den zahlenden Kunden nicht verlieren will, wird sie eher positive interne Daten verwenden.
Staat (Regierungspolitiker)	Stimmenmaximierung	Vermeintlicher Stimmenkauf zulasten Dritter (und zwar zulasten des noch nicht geborenen Wählers von morgen, der für die aktuellen politischen Fehler aufkommen muss, aber der dann im Zweifel nicht mehr »sein« Wähler ist: ein Denken nur im Jetzt)	Symbiotische Beziehung von Regierungspolitikern und Bankvertretern. Rainer Hank: »Politiker wissen, dass Banken ihnen immer Geld leihen, solange sie damit nur ihren Reibach machen.«[103] Fehlanreize für Finanzinstitutionen durch fehlende Eigenkapitalunterlegung für Staatsanleihen

Zusammenspiel der Finanzmärkte, Ratingagenturen und des Staates

Politik bewegt sich vor diesem Hintergrund im Rahmen von »runden Tischen« im Kreis, und ihre Hilflosigkeit in der Eurozone führt nicht immer zu Unrecht zu Herabstufungen durch die Ratingagenturen. Zu wenige Lösungen werden gesucht, Probleme stattdessen ausgesessen, wodurch die »Müllhalde« der ungelösten Probleme immer größer wird, wenn man auch zugeben muss, dass sich die Themen in den letzten zwanzig Jahren vervielfältigt haben und vor allem ein vollkommen irrealer Zeitdruck besteht, zum Beispiel wegen ständig anstehender Wahlen. So haben inzwischen auch nichtdeutsche Wahlen in der EU durch die verstärkte Kooperation (Negativbeispiel Großbritannien mit dem alles blockierender Parlamentsbeschluss bezüglich des EU-Haushaltes etc.) mehr Bedeutung erlangt. Das komplette politische Handeln wird von diesem Kreislauf bestimmt, neben Kriegen und Katastrophen wie Fukushima.

Aus eigener Sicht gehen die Politiker rational vor: Durch den Versuch einer tief greifenderen Lösung kann es zu gesellschaftlichen Konflikten mit Einschaltung der immer involvierten Lobbyisten kommen, wenn es um die Bewahrung von Pfründen geht, die die Wiederwahlchancen verschlechtern. Nicht zuletzt deshalb wirken Politiker oft so »beratungsresistent«, denn an Reformvorschlägen aus der Wissenschaft mangelt es nicht. Keine nachhaltigen Reformen, sondern der kurzfristig zur Schau gestellte Interventionismus wird so systemimmanent.

Wenn dennoch tief greifende Reformen erfolgen, sind die Folgen für die Bürger auch nicht unbedingt besser: Die führenden Politiker in den Parteien, die oft aufgrund des zunehmenden Konsensdrucks faule Kompromisse aushandeln, produzieren Entscheidungen, die Bürger bei Anwendung des gesunden Menschenverstandes oft nicht mehr nachvollziehen können. Bürgerfeindliche Kompromisse nehmen mit dem Mehrparteiensystem zu, wenn autokratische Führer in den Parteien sich an bestimmten Positionen festbeißen und im Ringtauschverfahren Interessenverbänden nachgeben.

Problem	Motive der Politiker	Folgen für die Wähler, Kapitalgeber und Ratingagenturen
Mangelnder Lösungswille	Wiederwahlinteresse, Machtsicherung durch Seilschaften Medien	Der institutionelle Rahmen fördert machtorientierte »*Berufspolitiker*«. Ein Lösungswille wird zwar den potenziellen Wählern suggeriert, aber durch das Motiv der eigenen Machtsicherung verdrängt.
	Gefälligkeiten ggü. den politischen Gegnern, Bürgern sowie Verbänden, Lobbyisten, die in die Parteien hineinregieren	Die Banken leihen dem Staat Geld, solange die Bonität ausreichend ist, z. B. ein Investmentgrade besteht. Die Ratingagenturen laufen den Interessen der Politiker zuwider, fehlende Sparbemühungen führen zu Ratingherabstufungen.
Mangelnde Lösungskompetenz	Wiederwahlinteresse Einholen von Expertengutachten Verlagerung in Ausschüsse Ablenken von den Problemen durch Verharmlosen oder Setzen anderer Themen zur »Chefsache« erklären, wenn der Problemdruck zu hoch ist, um die Deutungshoheit/Führung zurückzuerlangen	Der generalisierende Politiker setzt auf einfache bzw. schnelle Erfolge. Falls er die Kompetenz nicht besitzt oder sich absichern will, spielt er im Zweifel auf Zeit. Dabei werden Fachleute instrumentalisiert oder verunglimpft, je nach persönlicher Interessenlage. Die Finanzinstitute und die Ratingagenturen sind hier als Berater grundsätzlich sehr gefragt, bis in das Gesetzgebungsverfahren hinein. Im Zuge der sich verschärfenden Finanzkrise seit 2007 geht es auch um die Verschleierung von Verantwortung. Auch die Ratingagenturen haben dabei geholfen, Zeit zu kaufen und durch maßgeschneiderte Finanzprodukte mit möglichst günstigen Ratings den Interessen aus Politik und Wirtschaft zu dienen (bis das Kartenhaus, das auf manipulierten Daten beruht, zusammenbricht).

Teufelskreis der Politik[104]

Das Wiederwahlinteresse fördert das Einlenken der Politiker und der sie tragenden Parteien auch bei befremdlichen Zumutungen durch Lobbyisten.

Das stärkste Motiv des Politikers ist der Machterhalt, dafür werden auch gute Grundsätze oder Grundregeln des Gesellschaftslebens beiseitegeschoben. In der Bevölkerung stoßen Rettungsaktionen für Opel und die Banken oder sogar anderer maroder Staatssysteme durch Politiker – außer bei den Betroffenen – auf Unverständnis (»Den Großen wird geholfen!«). Zur Sicherung der Ordnungspolitik muss auch das Scheitern zugelassen werden, um die Selbstheilungskräfte des Marktes zur Entfaltung zu bringen. Hilfen schaffen erfahrungsgemäß einen systemsprengenden Dauerinterventionismus.

Ein Politiker wird sich ohnehin bei unternehmerischen Fragestellungen durch sein Wiederwahlinteresse spendabler und populistischer verhalten als ein Unternehmer. Allein die unterschiedlichen Anreizstrukturen erklären das abweichende Verhalten bei der gleichen wirtschaftlichen Fragestellung. Ein Unternehmer, der sich dem Wohlergehen seines Betriebes (und damit vor allem seinen Kunden und Mitarbeitern) verpflichtet fühlt und nicht wiedergewählt werden muss, würde den Betrieb nur dann erweitern, wenn es sich betriebswirtschaftlich rechnet.

Durch das systematische Einbrechen der Politiker gegenüber den Interessenverbänden wird das System mit 1800 Einflüsterungsgruppierungen in Berlin inzwischen nur noch spöttisch als »Lobbykratie« bezeichnet. Auf einen Bundestagsabgeordneten kommen in Berlin schon sechs dieser Lobbyisten[105]. Es ergibt sich so ein Teufelskreis in der Politik, bei dem vermeintliche »Machertypen mit Sozialkompetenz« und gleichzeitig nicht ausreichender Problemlösungskapazität übrig bleiben.

Daneben gibt es auch noch den Typ Parlamentarier, der nur noch im Parlament ist, weil sich aus dem Mandat heraus exzellente Verbindungen und Strukturen nutzen lassen, die sich ansonsten nach dem Ausscheiden aus dem Ministeramt nur schwer aufrechterhalten ließen (siehe unter anderem Riester und Riesenhuber). Andere wollten lieber gleich ernten, bevor es zu spät ist (siehe unter anderem Merz oder Hildegard Müller). Wiederum andere scheinen ihr Abgeordnetenbüro ohnehin nur noch als Anlaufstelle für Eventagenturen, die wiederum selbstverständlich für pure Lobbyisten tätig sind, zu nutzen und verdienen statt mit Parlamentsreden lieber ein Vielfaches mehr mit externen Reden. Wiederum andere wandern ohne »Schamfrist« nach ihrem politischen Ende und dem Motto »solange das Eisen noch heiß ist« in die Wirtschaft ab (siehe unter anderem Gerhard Schröder).

Allen ist gemein, dass sie ohne Skrupel die parlamentarischen Grundtugenden der Demokratie dadurch mit Füßen treten und sich dem Lobbyismus gemeinmachen. Dies alles schafft ein negatives Selektionsproblem und eine tiefe Vertrauenskrise.

So ist auffallend, dass nicht mehr die vielen, emsig bemühten Berufspolitiker das parlamentarische Bild prägen und Vertrauen schaffen, sondern diejenigen, die sich zunehmend selbstreferenziell ohne Außen- und Lösungsbezug – oftmals auch noch als Dauergäste in Talkshows – bewegen. Ganz dramatisch und rechtspolitisch wie verfassungsrechtlich bedenklich ist dabei die sich in den letzten zehn Jahren zunehmend abzeichnende Entwicklung, dass Politiker ihre Beratungsaufträge oftmals auch noch an die »eigenen Leute« vergeben[106] oder zum Beispiel Rechtsanwaltskanzleien an Gesetzen »aus den Ministerien heraus« mitgestalten lassen, obwohl diese Kanzleien selbstverständlich wiederum auch Mandanten betreuen, die bestimmte Interessenlagen gewahrt sehen wollen. Dies erhält den Status quo, die Berufspolitiker entfernen sich von der Welt draußen. Scheuch spricht in diesem Zusammenhang von einer »Feudalisierung der Berufspolitik«[107], Helmut Schelsky kritisierte bereits 1982 die neue Funktionärsmacht.[108]

Feudalistische Systeme stehen aber im scharfen Gegensatz zur Sozialen Marktwirtschaft. Auch die westliche Führungsmacht USA ist als Vorbild ungeeignet. Dort ist der Einfluss großer Konzerne und ihr Lobbying besonders ausgeprägt. Ebenso wenig hat das kommunistische China aufgrund der staatlichen Lenkung durch die kommunistische Partei Vorbildcharakter.

Eine Geldmanagerherrschaft im Verbund mit den Ratingagenturen ist ebenfalls abzulehnen. Nach M. Roubini und S. Nihm hat der Aufstieg einer Clique mächtiger und undurchsichtiger Finanzunternehmen ein bedrohliches Problem für das internationale Finanzsystem und deren Stabilität geschaffen. »Dank verzerrter Vergütungsstrukturen, korrupter Ratingagenturen und anderer Missstände war das globale Finanzsystem von innen heraus verfault.«[109] Die Ratingagenturen sind selbst Bestandteil dieses Kasino-ähnlichen Systems, in dem sie die Spielmacher im Auftrag ihrer Eigner sind. Ihnen (unter anderem Hedgefonds und Verlage) kommen die Herauf- und Herabstufungen in möglichst schneller Folge mit zusätzlicher Beratung zur Optimierung der Finanzierungsstruktur (hohes Honorar für die Finanzierungsgestaltung, die zu niedrigeren Zinskosten führen) zugute.

Nach Peter Sloterdijk leben wir in einer neofatalistischen Religion unter anderem mit einer Göttin der Börse, mit zufallsbedingten Siegern und Verlierern. Er beobachtet eine Refeudalisierung auf überterritorialem Niveau. Die neue Feudalklasse, die Wohlhabenden, verfügen über Unternehmen samt der Menschen. Sie wandern im Zweifelsfall aus und sind kosmopolitisch geprägt, wie früher der Adel, und nicht mehr an Staaten und Systeme gebunden.[110] Dies begrenzt Abschöpfungsambitionen von Staaten bei den Reichen.

Die Bundesrepublik weist derzeit einerseits einen nicht mehr finanzierbaren Sozialstaat, andererseits Fehlanreize für die neuen Feudalherren, die Manager internationaler Konzerne, auf. Wenn es nicht rund läuft, zahlt möglichst unbemerkt der Steuerzahler. Damit sind die Rahmenbedingungen nicht mehr passend. Wenige gewinnen zulasten der anonym bleibenden Steuerzahler. Die modernen Lehensherren – Finanzkonzerne oder Großinvestoren – vergeben Rechte an treue Vasallen zur Ausbeutung. Teil dieses Systems sind auch die Ratingagenturen, die so reguliert sind, dass sie ihre starke Marktstellung dauerhaft nutzen können. Eine Lizenz zum Gelddrucken. Dabei wird sogar der Staat selbst zur Beute, wenn interessengeleitet Druck ausgeübt wird.

Wenn aber schon die Gesetzgebung wie gesehen in »gewissem Maße« von Politikern outgesourct wird, kommt das einer Bankrotterklärung des Staates gleich.[111] Durch das Bedienen von Klientelinteressen wird die Demokratie beschädigt und verliert an Glaubwürdigkeit für die Bürger. Es besteht zwar weiterhin Meinungsfreiheit, aber der wachsende Problemdruck erzwingt einheitliche Festlegungen in der Politik.

Marcus Jauer thematisiert die akute Alternativlosigkeit der Demokratie anhand einer eurokritischen Rede von Georg Milbradt auf dem Leipziger Parteitag der CDU:

> »Eine Diktatur hätte wohl versucht, jemandem wie ihm umständlich den Mund zu verbieten, aber eine Diktatur hat auch Angst davor, dass die Alternative offenbar wird. In einer Demokratie unter Druck ist das kein Problem, hier gibt es die Freiheit, sich nicht mit ihr zu beschäftigen.« …

> »Es ist der Eindruck scheinbarer Ausweglosigkeit, den man bisher von der Demokratie nicht gewohnt war. Die Probleme zu komplex, sie zu verstehen, die Lösungen zu fragil, sie zu hinterfragen, die Alternativen ignoriert« …

> »Es ist, wie es ist, und weil es so ist, kann es nicht anders sein.«[112]

Eines inzwischen äußerst überblähten Staatsapparates bedarf es nicht, um wirtschaftliche Effizienz, gesellschaftliche Gerechtigkeit und persönliche Freiheit sicherzustellen.[113]

Angesichts der neuerdings um sich greifenden Bevormundung durch die Politik, die wiederum von Verbänden und Lobbyisten bedrängt wird, verliert der Bürger seine Freiheitsrechte, er ist ein Getriebener von Interessengruppen und der ausführenden Politik. Die Politiker müssten als »Volksvertreter« selbst in der Lage sein, einen angemessenen Ordnungsrahmen zu setzen, Verbände und Lobbyisten werden dann nicht mehr benötigt. Echte Bürgernähe der Politiker geht verloren, sie wird allenfalls noch inszeniert. Aufgrund der Anreizstrukturen – das Hauptmotiv ist meines Erachtens zuvorderst das Wiederwahlinteresse – besteht beim Politiker oftmals kein »wirklicher« Problemlösungswille, auch wenn er dazu beitragen könnte. Dies ist zum Beispiel dann der Fall, wenn ein berechtigtes und wichtiges politisches Anliegen den eigenen Wiederwahlinteressen entgegensteht.

Es reicht unter Umständen, wenn die eigene Seilschaft, von der sich der Politiker abhängig fühlt, in einer Fachfrage anders denkt. Selbst wenn der Politiker das Problem ernsthaft lösen will, treten Schwierigkeiten wie fachliche Inkompetenz und Fraktionszwänge und die Notwendigkeit, sich das Parteiwohlwollen zu erhalten, auf. Wenn er persönlich den Sachverstand nicht besitzt, wird er die Problemlösung delegieren, zum Beispiel an Experten, die aufwendige – und sehr, sehr teure – Gutachten erstellen, wodurch dazu viel Zeit verloren geht. Oder es wird ein Ausschuss gebildet. Auch dies wirkt sich auf der Zeitachse aus.

Es ist daher durchaus politisch rational, die Dinge auszusitzen. Vieles löst sich dann von selbst. Reformmüdigkeit ist bequem und erleichtert das Langzeitregieren, das selbst zum Problem geworden ist: Denn egal, welchen Anteil man dem »einzelnen« Politiker durch sein Agieren an Schuld beimessen mag, die derzeitige »Spezialisten-Vielthemen-Undurchschaubar-Situation« all dieser Themenstellungen von der Außen- über die Sozial- bis zur Finanzpolitik führt dazu, dass trotz der formal weiter bestehenden Wahlen die Bürger faktisch an der Politikgestaltung immer weniger beteiligt sind. International operierende Unternehmen haben dagegen an Bedeutung gewonnen, so nehmen sie Einfluss auf die Gesetzgebung und nutzen – notfalls als letztes Mittel – den Standortwettbewerb als Druckmittel. Mit der weltweiten Vernetzung der Finanzmärkte sind auch die großen drei Ratingagenturen S&P, Moody's und Fitch in eine globale Position gerückt. Mit ihren Ratingherabstufungen sind sie sogar in der Lage, große Volkswirtschaften in schwere Bedrängnis zu bringen. Die Herabstufungen treffen in der Europäischen Union Länder, die seit Jahren chronisch überschuldet sind, und dabei die künftigen Probleme einer überalterten Bevölkerungsstruktur stemmen müssen.

Ob und inwieweit die derzeitige Finanzkrise in Verbindung mit den modernen Finanzierungsformen und dem Aufstieg der Ratingagenturen zum zentralen Lizenzierer zu bringen ist, ist umstritten. In Kombination mit der Niedrigzinspolitik spricht viel dafür, dass mit den Blasenbildungen eine Krisenverschärfung und -verlängerung eintrat. Angesichts der internationalen Finanzverflechtungen, die unregulierte Hedgefonds zulasten von regulierten national gesteuerten Banken mächtiger werden ließen, waren auch die Korrekturspielräume von Politikern begrenzt.

Bei der traditionellen Finanzierung, die in der folgenden Darstellung aufgeführt ist, leiht eine Hausbank einem Schuldner, den sie gut kennt und einschätzen kann, Geld. Diese als Intermediation bezeichnete Beziehung zwischen Bank und Schuldner prägte bis weit nach dem Zweiten Weltkrieg die Finanzierung.

Erst seit den siebziger Jahren setzten sich moderne abstraktere Finanzierungsformen vor allem in den USA durch und durchlöcherten zunehmend das traditionelle Verhältnis von der Bank zu ihren Kunden. Die zunehmende Verbriefung ließ die Bedeutung der Kapitalmärkte ansteigen und damit den Bedarf eines Ratings, um als Anleger noch die Übersicht zu behalten. Die Disintermediation galt als innovativ und modern und wurde an den konkurrierenden Finanzplätzen New York und London immer weiter mit der Deregulierung vorangetrieben.

Die Nachteile der Disintermediation liegen aber auf der Hand. Die zu hohe Abstraktion führt zu Intransparenz. Dies nutzt den Ratingagenturen, die sich als Meinungsführer in einem Informationsdschungel leichter durchsetzen können. Man schuf mit der Disintermediation und der Aufgabenübertragung als Lizenzgeber erst die Bedingungen, dass die Ratingagenturen heute über so viel Macht verfügen. Sie wirkt »künstlich« erzeugt und ist ein hochwertiges »Abfallprodukt« der gestiegenen Macht der Akteure an den Finanzmärkten, die mit der Verzahnung als Lizenzgeber Kritik an dem fehlgeleiteten System aushebeln oder zumindest begrenzen konnten. Private Investoren verdienen gut daran, vor allem wenn sie finanzielle Lasten an Dritte weitergeben können (Steuerzahler).

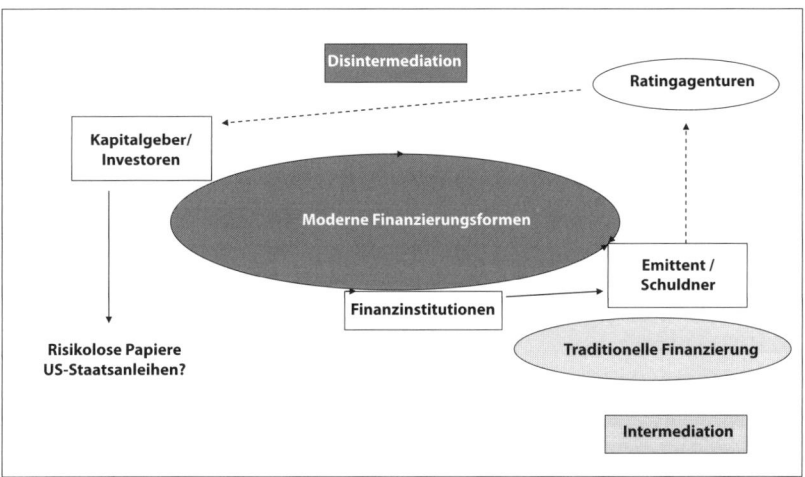

Finanzierungsmethoden (Intermediation und Disintermediation) und die Rolle der Ratingagenturen[114]

Im modernen, fehlgeleiteten Finanzkapitalismus stehen die Handelbarkeit und die Veränderung von Spreads im Vordergrund, statt der Schuldentilgung, die das Grundgeschäft zwischen Bank und dem Schuldner eigentlich prägte. Es geht dann immer mehr um die Aufrechterhaltung auch funktional gestörter Märkte (durch eine Regulierung, die Fehlanreize produziert) mit der Gefahr, dass immer neue »schwarze Schwäne« durch mathematische Fehlkalkulationen entstehen.

Allein schon die Vergangenheitsbezogenheit der Daten ist ein Problem. In der realen Welt kommt es ohne Reformen daher zu immer größeren Verwerfungen. In einer vorgeschädigten Welt mit überschuldeten Staaten durch

Politiker à la Berlusconi, die sich allzu skrupellos Wählerstimmen kaufen, ist eine weitere Krisenverschärfung ohne Reformen (neue Finanzregulierungen, Schuldenschnitte) de facto vorprogrammiert. So führen die Sozialsysteme der europäischen Wohlfahrtsstaaten in ihrer heutigen Form in den Bankrott, die Zukunftsversprechen der Politiker müssen von den Nachfolgern gebrochen werden. Das Sparen erfolgt dann unter Umständen in einer Kontraktionsphase, und dies wirkt krisenverstärkend, wie wohl derzeit in Griechenland.

Interventionistische Eingriffe, zum Beispiel eine angeordnete Niedrigzinspolitik oder andere dirigistische Eingriffe, destabilisieren zusätzlich, Ludwig von Mises dazu:

> »Der Wirtschaftsinterventionismus kann nicht als ein System von Dauer betrachtet werden. Er ist lediglich eine Methode, um allmählich und stufenweise vom Kapitalismus zum Kommunismus überzugehen.«[115]

Der Interventionismus kann durch automatische Regeln, die zwingend anzuwenden sind, durchbrochen werden. In wirtschaftlich guten Zeiten muss der Staat zum Sparen gezwungen werden. Bislang fehlen derartige automatische Stabilisatoren, die zunehmend in den Euro-Staaten verfassungsrechtlich verankerte Schuldenbremse kann nur ein erster Schritt sein, um den riesigen Schuldenberg wieder abzutragen.

Der Machtspielraum von Geldmanagern und Politikern ist zu begrenzen. Beide wirken auf den Bürger desinformierend und manipulierend. Banken verleiten die Bürger zu fehlerhaften Entscheidungen aus kommerziellen Gründen, der Staat animiert die Bürger zu Fehlentscheidungen durch steuerliche Förderungen, die sich oft als fatal erwiesen haben (z. B. Abschreibungsmodelle, Investitionen in der Ex-DDR). Es kann nicht im Interesse der Bürger sein, das Systemversagen immer wieder neu zu alimentieren. Dazu sollten auch die Ratingagenturen beitragen, indem sie in die Lage gebracht werden, wirklich objektive Urteile über die Bonität der Schuldner zu erstellen. Dazu sind mehr Wettbewerb und eine Änderung des Bezahlmodus durch die Emittenten erforderlich.

Eigentümerstruktur und das Prinzipal-Agent-Problem

Bevor am Ende des Buches noch genauer die Reformvorschläge erörtert werden, hier noch eine systematische Aufbereitung des Beziehungsgeflechts zwischen Kapitalmärkten (Kapitalgeber), Staat und den Ratingagenturen.

Kapitalmärkte

Die Kapitalmärkte werden hier in ihrer Rolle als Kapitalgeber betrachtet. Um die unsicheren Anlagen beurteilen zu können, benötigen sie Informationen, zum Beispiel von Ratingagenturen.

Staat

Ein wesentlicher Akteur an den Finanzmärkten ist der Staat. Die USA haben beispielsweise als zentrale Benchmark durch die Rolle als Führungsmacht de facto eine unbegrenzte Schuldentragfähigkeit. Es gilt weiter der Grundsatz: Wenn Amerika finanziell nicht mehr weiterkommt, dann ist das Weltfinanzsystem zusammengebrochen. Das ist das zentrale »Anchoring« der Weltfinanzmärkte, andere Staaten haben diese Möglichkeiten nicht und werden vor diesem Hintergrund unvorteilhafter bewertet. Grundsätzlich nehmen Staaten Schulden auf, um aktuelle Vorhaben mit künftig zu erwartenden Erträgen (oder durch Schuldenerlasse) zu finanzieren. Politiker agieren als Stimmenmaximierer und haben die Neigung, Wählerstimmen zulasten späterer Generationen durch Schuldenaufbau zu erkaufen. Dies ist zumindest in westlich-demokratischen Staaten der Fall. Der Kapitalgeber ist als Prinzipal bestrebt, dass der Staat als Agent seinen finanziellen Verpflichtungen vertragsgemäß nachkommt. Um dies zu gewährleisten, kann er die Überprüfung der staatlichen Bonität selbst übernehmen. Er kann dies aber auch an professionelle Ratinggesellschaften delegieren. Für den Kapitalgeber schafft das den Vorteil, dass die Kontrollkosten reduziert werden können.[116]

Ratingagenturen

Die Ratingagenturen sind als Ersteller von Urteilen als Agent für die Kapitalgeber (Kapitalmärkte) tätig, die diesem Intermediär die lästige Aufgabe übertragen, die Informationen aufzubereiten und daraus Ratingergebnisse abzuleiten. Im Idealfall sollten Ratingagenturen »unabhängig, objektiv, neutral, transparent und einheitlich sein, kontinuierlich arbeiteten und einen Überblick über den gesamten Markt haben«, woran es häufig mangelt, da sie doch keine neutralen Verkäufer sind und nur den Anschein der Expertise vermitteln.[117]

Zur Sicherung ihres guten Rufes und damit auch des künftigen Geschäfts haben die Agenturen ein Interesse an einer sorgfältigen Analyse. Wenn eine Staatsanleihe geratet wird, ist die Ratingagentur gegenüber dem Staat in der Rolle des Auftraggebers (Prinzipals). Es geht darum, den Informationsvorsprung des Staates (Beauftragter oder Agent) durch die sorgfältige Analyse zu verringern. Da der Staat wiederum die Ratingagentur als Emittent der Anleihe bezahlt, kann bei den Kapitalmärkten der Eindruck entstehen, dass die Transparenz eingeschränkt beziehungsweise ein zu gutes Urteil über den zahlenden Schuldner erstellt wird. Dieses moralische Versagen senkt wiederum die Reputation der Agentur, die Kapitalmärkte haben dann weniger Vertrauen in das Rating oder machen sich ein eigenes Bild, gegebenenfalls mit Abschlägen des von der Ratingagentur erstellten Urteils.

Auch zwischen den Kapitalmärkten (Kapitalgeber) und den Ratingagenturen besteht eine Prinzipal-Agent-Beziehung, das heißt ein Verhältnis von Auftraggeber zum Beauftragten.

Moralisches Fehlverhalten tritt zum Beispiel bei einer Vertragsbeziehung auf, bei der der Auftraggeber (Prinzipal) einen Partner beauftragt, in seinem Sinne (als Agent) zu handeln. Durch Anreize, zum Beispiel in Form von Boni, oder durch Kontrollen kann der Auftraggeber dafür Sorge tragen, dass der Agent bestmöglich in seinem Sinne handelt. Hat der Agent aber sogenannte hohe Freiheitsgrade bei der Geschäftsführung und kann persönlichen Nutzen aus den hohen Gewinnchancen ziehen, und gleichzeitig die Risiken auf Andere abwälzen, wird das Spiel schon gefährlich – zumindest für die risikotragenden Dritten. Steht der Agent mit dem Rücken zur Wand, wie zum Beispiel Nick Leeson bei Barings, und es ist schon zu viel Geld im Spiel und die bankinterne Kontrolle versagt dazu, kann das Desaster seinen Lauf nehmen. Mit einem noch höheren Spieleinsatz, dem »Alles-auf-eine-Karte-setzen«, sollen die bestehenden Verluste wieder ausgeglichen werden. Die Risikobereitschaft nimmt zu, um die aufgelaufenen Verluste zu vertuschen und wieder in die Gewinnzone zu gelangen (vergleichbar mit einem Kasinospieler, der nicht aufhören kann, bis er sein letztes Hemd verspielt hat).

Die Folgen sind bekannt. Während Barings ein Betriebsunfall war, war die Pleite der US-Sparkassen in den USA Anfang der 80er-Jahre ein Systemfehler. Die Savings & Loans-Manager konnten auf die Verlustübernahme durch den Staat vertrauen.[118] Insgesamt ergibt sich folgendes Beziehungsgeflecht zwischen Kapitalgeber, Staat und den Ratingagenturen als Intermediär[119]:

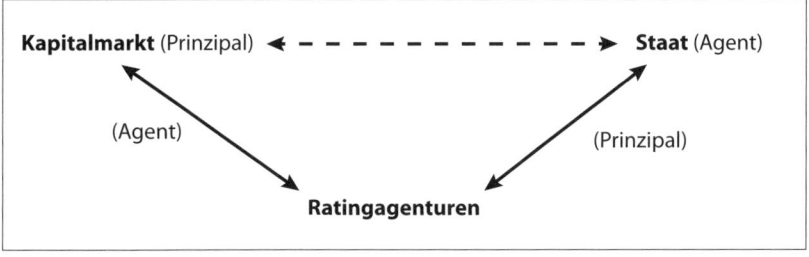

Diese Prinzipal-Agent-Beziehungsrelationen zeigen auch die Macht der Ratingagenturen in dem System. Als Teil des Regulationssystems bestimmen sie mit, welche Wertpapiere von welchen Investoren noch gekauft werden dürfen. So ist die Voraussetzung für Käufe zum Beispiel von Investmentfonds oder Versicherungen häufig ein Investmentgrade-Rating durch die führenden Agenturen. Vor diesem Hintergrund sind sie kein neutraler Vermittler, sondern »embedded« in einem fehlgelenkten Finanzsystem, das enorme Verdienstmöglichkeiten für die Eigner schafft. Insbesondere die Hedgefonds schätzen die hohe Volatilität von Märkten. Für sie ist das Herabstufen rein kommerziell betrachtet eine gute Nachricht, da die Märkte dadurch zu hohen Umsätzen veranlasst werden.

Übertreiben darf die Ratingagentur allerdings auch nicht. Der zahlende Staat könnte den Vertrag kündigen, was dafür spricht, dass eher zu positive Ratings vergeben werden. Dies ist insbesondere bei Auftragsratings der Fall. Allerdings benötigt andererseits der Staat aber auch das Testat für den Vertrieb seiner Anleihen, sodass eine Kündigung eine »ultima Ratio« darstellt. Die Verzahnung von Staat und Ratingagenturen ist vor diesem Hintergrund viel enger als vielfach unterstellt (siehe Schaubild):

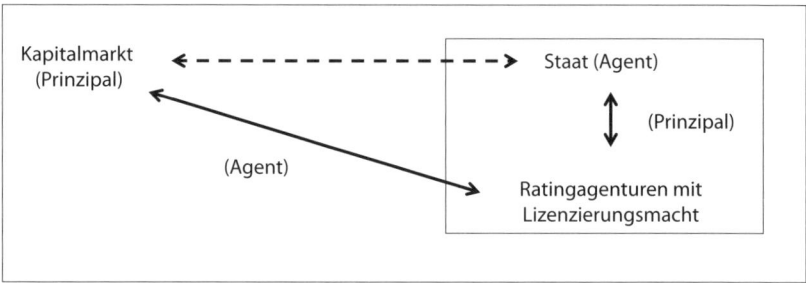

Mit der Lizenzierungsmacht wurde den Ratingagenturen als privat geführten Unternehmen eine sichere Einnahmequelle geschaffen. Der moderne Finanzkapitalismus beruhte auf der Absicherung durch staatliche Stellen, die sie erst zu Spielmachern werden ließ. Wie der kaiserliche Daumen bei der Beurteilung des Spiels der Gladiatoren konnten sie festlegen, wer mit noch bezahlbarem Schuldendienst weitermachen kann oder wer vor dem finanziellen Bankrott steht.

Durch die staatlich sanktionierte Machtgewährung verlor der Informationswert der Ratings insbesondere dann an Bedeutung, wenn es sich um Auftragsratings handelt. Für die Emittenten ist das Rating solange ökonomisch vorteilhaft, bis der Nutzen durch das Rating (verringerte Kosten für den Schuldendienst) die Kosten dafür (laufende Ratingerstellung) übersteigt.[120] Der Unternehmenswert steigt, während die Glaubwürdigkeit des Ratings beziehungsweise der Informationswert sinkt. Ansonsten hätte der Emittent ein Kündigungsinteresse, das sich besonders dann zeigt, wenn das Rating eher ungünstig ist und sich durch geschönte Nachrichten nicht verbessern lässt. Dies ist dann am Ende der Kette der Fall, wenn die Ratingagentur ohne größeren Reputationsverlust zu gute Ratings nicht mehr aufrechterhalten konnte.

Unabhängig davon können sich Ratingagenturen schlichtweg auch irren und völlig zu Unrecht einen Staat herunterstufen, weil sie die falschen Kriterien herangezogen beziehungsweise auch falsch interpretiert haben. Das moralische Versagen im Finanzsektor betrifft die Ebene der Kapitalgeber, der Ratingagenturen und des Staates. Die Bürger sind gut beraten – dies zeigt die sich ausweitende Finanzkrise – den Heilsversprechen von Politikern, den Bonitätsurteilen der Ratingagenturen und den Vertretern von Finanzinstitutionen nicht zu glauben und die eigene Verschuldung möglichst gering zu halten.

Wie arbeiten eigentlich Ratingagenturen, und auf welche Daten stützen sie sich?

Der Ratingprozess bei den Agenturen ist mehr oder minder deren Betriebsgeheimnis und daher für Außenstehende eine »Blackbox«. Das Mysterium wird von den Agenturen bewusst gepflegt. Der mentale Rahmen für den Glauben an die Ratingagenturen ist von zwei verschiedenen Sichtweisen geprägt, wobei die synchron-rationale Sicht eher in den angelsächsisch geprägten Ländern, vor allem den USA und Großbritannien, vertreten wird. Die synchron-rationalen Prinzipien vermitteln eine rational-technokratische Sicht, danach ist alles rechenbar und allenfalls ein mathematisches Problem.

Bewertungen erfolgen anhand von Modellverfahren, die vermeintlich die Wirklichkeit abbilden. Mit der Finanzkrise ist diese idealtypische Sichtweise, die der Mainstream-Ökonomie in den USA entsprach und dem aktionsgetriebenen Marktgeschehen an den Finanzmärkten quasi eine wissenschaftliche Absolution verlieh, zunehmend infrage gestellt worden, ohne dass sich wesentliche Änderungen ergeben hätten. Im Gegensatz dazu steht die Annahme von im Zeitablauf veränderlichen sozialen und politischen Leitbildern, solche diachronisch-konstruktivistischen Prinzipien werden eher mit den nicht Englisch sprechenden europäischen Staaten und Entwicklungsländern in Verbindung gebracht.[121]

Dies ist kritisch zu hinterfragen, denn diese Sichtweise erscheint grundsätzlich realitätsnäher, da so auch temporär irrationale Märkte unterstellt werden können. Bei Märkten, die vollständig rational sind und damit jegliche Neuigkeit sofort verarbeiten (Annahme vollkommener Märkte), gäbe es auch kein Informationsproblem, das von Ratinggesellschaften zu lösen wäre.

	Synchron-rationale Prinzipien (Orthodoxie)	Diachronisch-konstruktivistische Prinzipien (Heterodoxie)
Investieren	• Ratings sind das Ergebnis rational-professioneller Prozesse. • Betonung kurzfristiger Erträge und Spezifizierung von Verbindlichkeiten (Verbriefung). • Bewertung der Gewinnpotenziale für die Rückzahlung.	• Ratings sind das Ergebnis von Entscheidungen. • Betonung des nachhaltigen Wachstums in einem Umfeld kollektiver Risikoabdeckung • Bewertung der Gewinnerzielung und der Besteuerung für die Rückzahlung bei Betrachtung der Umfeldbedingungen
Wissen	• Wissen ist über alle Kulturen hinweg objektiv und verwendbar. • Märkte reagieren logisch und spontan, stellen kein soziales Phänomen dar. • Technische Expertise ist wichtig und Voraussetzung für Wissen. Alle Wissensproduzenten sind wettbewerbsbedingt gleich gut.	• Soziale Dynamiken sind wesentlich für das Wissen. • Märkte sind soziale Phänomene. • Reputation, die auf Erfahrungswissen beruht, unterstreicht die epistemische Autorität, die durch Netzwerke abgesichert ist. Die Produktion von Wissen unterliegt keinem fairen Wettbewerb und erfolgt daher ungleich.
Unternehmensführung/Governance	• Ratings sind nicht politisch. • Effiziente Ressourcenallokation ist möglich ohne Regulierung. • Selbstregulierung privatisierter Einheiten, die politisch neutral agieren.	• Ratings sind politisch. • Einfluss der Eigner und soziale Umverteilung des Nutzens (privat) und der Lasten (Staat/Steuerzahler). • Einfluss der Ratingagenturen ermöglicht (staatlich abgesichertes) Ausüben von Macht.

Mentaler Rahmen für die Arbeit der Ratingagenturen[122]

Die Institution »Ratingagentur« erfordert daher unvollkommene Märkte, wie hier unterstellt. Sie bilden eine zentralisierte Informationsmacht, sodass die diachronisch-konstruktivistische Sicht auch für die USA und Großbritannien zutreffend ist. Die Machtentfaltung der Ratingagenturen ist ohnehin nur global zu greifen, da die Finanzmärkte bereits seit Jahrzehnten weltweit vernetzt sind. Außerdem wurde in Kooperation mit den Regierungen ein wirtschaftlicher und sozialer Rahmen geschaffen, der den Privatgesellschaften zu hohen stabilen Erträgen verhalf. Mit der Regulierungslizenz wurde erst die Bedingung dafür geschaffen, dass die Ratingagenturen so viel Macht erhielten.

Ratings sind daher auch politisch, und die großen Ratingagenturen haben sich eine Autorität verschafft, die auch Rückwirkungen auf die Ratingprozesse selbst hat. Durch die Bezahlung durch Emittenten stehen die Ratingprozesse unter dem Makel, dass nicht unbedingt am Ende die Richtigkeit der Bonitätsnote zählt, sondern die Bindung eines gut zahlenden Kunden. Dies verringert die Innovationsbereitschaft (richtige/angemessene Kriterien, die auch einem Backtesting standhalten), der Informationswert sinkt, da der Reputationswettbewerb so nicht zustande kommt.

Nun zu dem eigentlichen Vorgehen: Die Ratingagenturen schließen zunächst mit dem Emittenten, das können Staaten oder Unternehmen sein, einen Vertrag ab. Damit werden sie beauftragt, anhand öffentlich zugänglicher, aber auch vertraulicher Informationen die Bonität des Schuldners zu ermitteln, die seine Finanzierungskosten bestimmen. In einem weiteren Schritt des Ratingprozesses geht es um die Beschaffung der notwendigen Informationen, um die Analyse durchzuführen. Dabei ist in der Regel eine Top-Down-Vorgehensweise üblich. So wird zum Beispiel bei einem Unternehmen der relevante Markt abgegrenzt, in dem sich dieses bewegt.

Darüber hinaus ist die Frage zu klären, wie abhängig die Gesellschaft von der Entwicklung bestimmter Märkte oder Volkswirtschaften ist. So könnte ein gut positioniertes Unternehmen, das in einem Land mit erheblichen

Standortnachteilen zu kämpfen hat, bereits auf dieser Ebene schlecht eingestuft werden.

Weiter ist zu fragen, wer die relevanten Wettbewerber sind. Diese als »Peer Group« bezeichnete Vergleichsgruppe wird dann analytisch aufbereitet und die wesentlichen betriebs- und finanzwirtschaftlichen Kennzahlen miteinander verglichen. Um die Schuldentragfähigkeit des Unternehmens zu ermitteln, sind unter Umständen noch tief greifendere bilanzielle Prüfungen nach Rücksprache mit dem Management erforderlich. Im Zuge der Kontaktaufnahme präsentieren die Gesellschaften meist zunächst ausführlich ihre Vorzüge.

Zusätzlich werden auch Werksführungen oder Produktdemonstrationen angeboten. Üblicherweise unterhalten sich die Vertreter der Ratingagenturen angesichts der hohen Bedeutung des Bonitätsurteils für den Emittenten mit der oberen Leitungsebene der Gesellschaft. Meist handelt es sich dabei um die Finanz- oder Produktionsvorstände, die im Vorstand über den besten Gesamtüberblick verfügen. Manchmal ist das Rating sogar gleich »Chefsache«, das heißt, der Vorstandsvorsitzende nimmt von Anfang an aktiv an dem Informationsaustausch teil. Gegebenenfalls werden weitere Personen, die unternehmensintern besonders hohes Vertrauen genießen, zu den Gesprächen mit hinzugezogen.

Je nach Bedeutung des Kunden werden nur einer oder mehrere Finanzanalysten, die dann meist in einer Juniorposition sind und die Hauptarbeit bei der Datenaufbereitung und -analyse zu bewältigen haben, von der Ratingagentur zu dem Unternehmen geschickt. In einem weiteren Schritt werden die wesentlichen Determinanten, die die Unternehmensbonität ausmachen, erarbeitet und nach qualitativen und quantitativen Kriterien mit der Konkurrenz (»Peer Group«) verglichen.

Die quantitativen Faktoren können direkt gemessen werden, während die qualitativen oder weichen Faktoren erst noch in eine messbare Form überführt werden müssen. Die Unternehmensbilanz wird bereinigt interpretiert, das heißt, verzerrende Sonderfaktoren werden ausgeklammert. Dies macht auch mehrjährige Vergleiche der Unternehmensentwicklung notwendig, um die typische finanzwirtschaftliche Situation des Unternehmens herauszuarbeiten. Also alles in allem ein großes Programm, das pro Emittent abzuarbeiten ist, und einen großer Aufwand für die beteiligten, meist jüngeren Analysten bedeutet. Durch Modularisierung und vielfältige Schematismen ergeben sich Effizienzvorteile.

Den Peer-Group-Vergleich kann die Ratingagentur zum Beispiel schon von dem bereits analysierten Unternehmen der gleichen Branche weitgehend übernehmen. Je größer die Coverage der Ratingagentur ist, desto geringer sind daher die Kosten für neue zahlende Kunden. Nach getaner Analysearbeit kommt die große Stunde für die beteiligten Analysten, die die Studie oft unter großem Zeitdruck erstellen mussten.

Der sogenannte »Lead-Analyst« muss das Ratingergebnis, das er mit seinem Team erarbeitet hat, vor dem Komitee präsentieren und gegebenenfalls bei kritischen Einwänden durch den Vorstand verteidigen. Nach der Präsentation und unter Umständen eingehender Diskussion stimmt der Vorstand über den Vorschlag ab. Der Vorstandsvorsitzende besitzt zusätzlich ein Vetorecht. In der Regel werden die Präsentationen, die durch den Lead-Analysten erfolgen, einfach nur durchgewunken. Oft sind sie im Vorfeld bereits mehrfach quergelesen und sachlich inhaltlich überprüft worden. Bei der Bonitätseinstufung ist zum Beispiel darauf zu achten, dass sie in den Kontext anderer hausinterner Analysen hineinpasst, das heißt, die Kriterien sollten im ganzen Haus homogen angewendet werden.

Über das Ergebnis des Rating-Komitees wird das emittierende Unternehmen informiert. Es kann noch einmal Widerspruch gegen die Bewertung einlegen. Innerhalb von 24 Stunden erfolgt in der Regel eine Pressemitteilung. Einige Wochen später wird die umfassendere Studie veröffentlicht. Zu den typischen Serviceangeboten der Ratingagentur gehört dann die laufende Markt-, Branchen- und Unternehmensbeobachtung. Darüber hinaus erfolgen üblicherweise Hinweise durch die Ratingagentur bei möglichen Fehlentwicklungen. Dies kann zur Aufnahme des Unternehmens in die Watchlist führen, wenn sie ratingrelevant sind, und dann auch eine Ratingänderung nach sich ziehen.

Für die Bonitätseinstufung benutzen die Ratingagenturen Skalen, die die Risiken für die Finanzmärkte markieren. Sie sind sehr ähnlich konfiguriert, was die Vergleichbarkeit auch zwischen den drei großen Ratingagenturen S&P, Moody's und Fitch erleichtert. Wesentliches Entscheidungsmerkmal für die Anleger ist, ob es sich um ein Investment-Grade, das heißt ein sicheres Rating von AAA oder Aaa bis BBB beziehungsweise Baa3, das eine geringe Ausfallwahrscheinlichkeit anzeigt, oder ein High Yield handelt.

Eine High-Yield-Anlage ist spekulativ und weist bei einem Maximalrating von BB+ beziehungsweise Ba1 darunter zunehmend hohe Ausfallwahrscheinlichkeiten auf, die Anlagen entsprechend riskant erscheinen lassen. Anbei eine Übersicht der Langfrist-Ratings von S&P, Moody's und Fitch (siehe folgende Tabelle).

Mit diesen Ratingklassen wird die voraussichtliche Ausfallwahrscheinlichkeit des Schuldners angegeben. Statt einer Ratingnote könnte aber auch eine statistische Angabe zur Ausfallwahrscheinlichkeit gemacht werden. Mithilfe von statistischen Verfahren kann eine bessere Einschätzung der Bonität eines Kunden erreicht werden als mit subjektiven Einschätzungen. Ein diszipliniertes Vorgehen hilft, subjektive Verzerrungen des Bewerters zu verringern. Während externe Ratings vor allem von den Marktführern Standard & Poor's, Moody's oder Fitch Rating über einen großen, historisch gewachsenen Datenpool verfügen, müssen sich die Finanzinstitutionen oder die Schuldner selbst diese Daten erarbeiten.

S&P	Moody's	Fitch	Invest-ment-Grade oder High Yield	Bonität
AAA	Aaa	AAA		Höchste Bonitätsstufe, extrem gerin-ges Ausfallrisiko: sehr gut
AA+ AA AA-	Aa1 Aa3 Aa3	AA+ AA AA-		Hohe Zahlungswahrscheinlichkeit: sehr gut bis gut
A+ A A-	A1 A2 A3	A+ A A-	Investment-Grade	Angemessene Zinsdeckung, auch die Tilgung ist nicht gefährdet. Trotz guter Investmentaspekte besteht das Risiko einer Schieflage bei einer ne-gativen Veränderung der wirtschaftli-chen Lage: gut bis befriedigend.
BBB+ BBB BBB-	Baa1 Baa2 Baa3	BBB+ BBB BBB-		Angemessene Zins- und Tilgungsde-ckung, spekulative Anlageaspekte und mangelnder Schutz bei wirtschaftli-chen Veränderungen: befriedigend
BB+ BB BB-	Ba1 Ba2 Ba3	BB+ BB BB-		Nur sehr mäßige Zins- und Tilgungs-deckung, sogar in einem guten wirt-schaftlichen Umfeld (Subinvestment Grade): ausreichend
B+ B B-	B1 B2 B3	B+ B B-	High Yield	Geringe Sicherheit bei Zinszahlung und Tilgung: mangelhaft
CCC+ CCC CCC-	Caa (1-3)	CCC+ CCC CCC-		Niedrigste Qualität, akute Zahlungs-verzugsgefahr: ungenügend
CC C - D	Ca C	CC C DDD-D		In Zahlungsverzug

Einteilung der Investment-Grade- und High-Yield-Ratingklassen bei den »Großen Drei«

Aus der Historie heraus lässt sich zum Beispiel eine Ausfallwahrscheinlichkeit bei US-Unternehmensanleihen, die Triple A geratet sind, von 0,9 Prozent nach zehn Jahren und 1,32 Prozent nach 15 Jahren darstellen. Bei einer entsprechenden Anleihe, die nur mit B geratet wurde, liegen die Werte bei 30,61 Prozent beziehungsweise 35,06 Prozent (siehe unten in der folgenden Tabelle).

Global betrachtet liegen die kumulierten Ausfallraten von Investment-Grade-Anleihen nach zehn Jahren beziehungsweise 15 Jahren bei 2,57 Prozent beziehungsweise 3,69 Prozent, von Speculative-Grade-Anleihen bei 24,08 Prozent beziehungsweise 28,03 Prozent.

Die Gefahr eines Zahlungsausfalls, die die Sicherheit der Anlage markiert, war der zentrale Aspekt der fundamentalwertorientierten Wertpapieranalyse, die in dem 1934 veröffentlichten Buch »Security Analysis« von Benjamin Graham und David Dodd zum ersten Mal öffentlichkeitswirksam präsentiert wurde. Bei dem sogenannten Value Investing geht es darum, Verluste zu vermeiden. Das war die Grundidee, die sich dann auch auf Aktien erstreckte. Anleihen oder Aktien sollten unter den Marktpreisen mit einer Sicherheitsmarge (Margin of Safety) erworben werden.

Moody's operierte bereits vor 1930 im »Manual of Investments« mit einer Sicherheitsmarge, die die Ertragskraft zur Deckung des Schuldendienstes berücksichtigte.[123] Mit einer derartigen Sicherheitsmarge lassen sich Marktpreise und die eigene Anleihenbewertung verbinden, die Anleihenspreads sind angesichts der nur begrenzten Effizienz der Märkte daher nur ein Indikator für das Risiko. Dass die Ratings der großen Agenturen selbst ein schlechter Frühindikator sind, sei hier nur nebenbei bemerkt und wird noch später in diesem Buch thematisiert.

Im Folgenden wird noch auf die Bewertung von Staats-, Unternehmensanleihen sowie von komplexeren Produkten eingegangen. Zunächst zur grundsätzlichen Vorgehensweise bei der Bewertung von Staatsanleihen.

Vergleich der durchschnittlichen kumulierten Ausfallraten von Unternehmensanleihen 1981–2011 in %

Rating	--Zeithorizont (Jahre)--														
	1	2	3	4	5	6	7	8	9	10	11	12	13	14	15
U.S.															
AAA	0.00	0.04	0.17	0.30	0.43	0.56	0.61	0.70	0.80	0.90	0.96	1.01	1.07	1.19	1.32
AA	0.04	0.09	0.19	0.34	0.48	0.64	0.78	0.90	0.99	1.10	1.20	1.29	1.38	1.45	1.54
A	0.08	0.23	0.41	0.62	0.84	1.08	1.36	1.62	1.90	2.19	2.44	2.64	2.84	3.02	3.25
BBB	0.27	0.71	1.18	1.81	2.48	3.16	3.76	4.38	4.99	5.58	6.16	6.63	7.09	7.58	8.07
BB	0.96	2.93	5.31	7.53	9.50	11.46	13.13	14.65	16.03	17.23	18.21	19.08	19.82	20.43	21.14
B	4.59	10.29	15.22	19.06	22.02	24.41	26.37	27.94	29.31	30.61	31.75	32.67	33.51	34.28	35.06
CCC/C	27.58	38.13	44.28	48.19	51.09	52.43	53.59	54.47	55.66	56.51	57.34	58.23	59.18	60.00	60.00
Investment grade	0.14	0.37	0.64	0.98	1.34	1.71	2.06	2.41	2.74	3.08	3.39	3.64	3.89	4.13	4.39
Speculative grade	4.49	8.91	12.81	15.95	18.47	20.60	22.37	23.88	25.23	26.46	27.50	28.39	29.19	29.88	30.58
All rated	1.83	3.66	5.30	6.69	7.83	8.84	9.68	10.42	11.10	11.73	12.27	12.73	13.15	13.52	13.92
Global															
AAA	0.00	0.03	0.14	0.25	0.37	0.49	0.55	0.64	0.71	0.78	0.81	0.85	0.89	0.97	1.06
AA	0.02	0.07	0.14	0.26	0.37	0.49	0.60	0.69	0.77	0.86	0.94	1.01	1.09	1.17	1.23
A	0.08	0.18	0.32	0.48	0.66	0.86	1.10	1.31	1.53	1.77	1.97	2.14	2.30	2.45	2.66
BBB	0.24	0.67	1.13	1.71	2.30	2.88	3.38	3.88	4.38	4.88	5.41	5.85	6.30	6.76	7.22
BB	0.90	2.70	4.80	6.80	8.61	10.34	11.85	13.21	14.49	15.59	16.49	17.29	17.97	18.55	19.24
B	4.48	9.95	14.57	18.15	20.83	23.00	24.76	26.19	27.46	28.70	29.77	30.65	31.47	32.22	33.01
CCC/C	26.82	35.84	41.14	44.27	46.72	47.82	48.79	49.66	50.77	51.65	52.42	53.28	54.24	55.13	55.13
Investment grade	0.12	0.33	0.57	0.86	1.17	1.47	1.76	2.03	2.30	2.57	2.82	3.04	3.25	3.46	3.69
Speculative grade	4.21	8.23	11.74	14.56	16.82	18.72	20.31	21.68	22.93	24.08	25.06	25.89	26.65	27.33	28.03
All rated	1.57	3.10	4.47	5.62	6.58	7.41	8.12	8.73	9.30	9.83	10.29	10.68	11.05	11.38	11.74

Kumulierte Ausfallraten von Unternehmensanleihen 1981–2011, Quelle: Standard & Poor's Global Fixed Income Research and Standard & Poor's CreditPro®, Tabelle 13.

Grundsätzliche Vorgehensweise bei der Bewertung von Staatsanleihen

In der heutigen Form hat die Bewertung von Länderrisiken durch die Ratingagenturen noch keine sehr lange Tradition. So hat S&P 1975 lediglich die USA und Kanada, Moody's zusätzlich Australien bewertet. Durch die Globalisierung auch der Kreditbeziehungen in den 1990er-Jahren ist die Zahl der gecoverten Staaten auf heute 126 (S&P), 109 (Moody's) beziehungsweise 103 (Fitch) angestiegen. Sieben Faktoren sollen für die Veränderung der Rating-Urteile hauptsächlich verantwortlich sein: das BIP pro Kopf, das BIP-Wachstum, das staatliche Budgetdefizit, die Effizienz des öffentlichen Sektors, die Auslandsverschuldung, die Währungsreserven und die Kreditgeschichte.[124]

Bei der Entscheidung des Anlagekomitees in den Ratingagenturen wird zum Beispiel das Budgetdefizit berücksichtigt und darf nicht über 100 Prozent (Schuldenstand/BIP) liegen, um eine AAA-Bewertung zu erhalten, aber nicht allein und isoliert, sondern zum Beispiel in Verbindung mit der Schuldentragfähigkeit (»debt affordability«).[125] Hierbei geht es um die Kosten der Verschuldung, die zum Beispiel mit der sogenannten Zinslastquote ermittelt werden. Dabei werden die Schuldendienstausgaben eines Landes zu allen Einnahmen, einschließlich der aus den Sozialkassen, ins Verhältnis gesetzt. Bis zu zehn Prozent gilt für das Spitzenrating AAA als akzeptabel.[126]

Während in Ländern mit einer ungünstigen Demografie und schwachem Wachstum, zum Beispiel in den hoch entwickelten westlichen Industriestaaten, die Zinslastquote eher höher, das heißt ungünstiger ausfällt, schneiden Schwellenländer mit hohem Wirtschaftswachstum günstiger ab. Wie bereits oben aufgelistet, kommen auch andere Faktoren, wie die Effizienz des öffentlichen Sektors, die Kredithistorie und vorrangig qualitative Aspekte bei der Ratingentscheidung der Agenturen zum Tragen.

So werden weitere Fragen geprüft, wie zum Beispiel: Lebt das Land wirtschaftlich über seine Verhältnisse, importiert es mehr als es exportiert, und muss dieser Staat die gegebenenfalls immer weiter steigende Lücke mit immer neuen Schulden finanzieren (bedeutet auch: nach diesem Kriterium würden die USA seit Jahren zunehmend schlecht abschneiden). Die Beachtung von Eigentumsrechten, das Ausmaß an Transparenz, an Korruption und die Berechenbarkeit politischer Entscheidungen sind weitere Kriterien, die berücksichtigt werden.

Über die Makrodaten eines Landes hinaus ist auch noch zu prüfen, ob das Land gegebenenfalls ein effektives Sparprogramm in die Wege zu leiten hat und dies auch nachhaltig umsetzen kann. Korrupte Systeme mit hoher Streikbereitschaft der Bevölkerung müssten hier negativer abschneiden, möglicherweise auch gerade dann, wenn die Gefahr besteht, dass die Regierung, die mit den Missständen aufräumt, nach vier oder fünf Jahren wieder abgewählt wird. Die Prüfung, ob die Gesellschaft belastbar genug ist, notwendige Reformschritte mitzutragen, ist wichtig und bedarf einer näheren Kenntnis der Kultur des Landes. Möglicherweise besteht auch traditionell eine hohe Bereitschaft der Regierungen, Auslandsschulden nicht zurückzuzahlen. Neben der kulturellen und sozialstrukturellen Analyse ist damit auch noch zu beurteilen, ob Regierung und Land nicht nur wirtschaftlich in der Lage sind, die Schulden zu bedienen, sondern ob sie das auch wollen. Nehmen sie den Reputationsverlust in Kauf oder ist es ihnen wichtiger, das Kreditstanding als glaubwürdiger und verlässlicher Schuldner zu halten? Dieser gute Ruf muss über Jahrzehnte oder sogar Jahrhunderte erarbeitet werden, wichtige Schuldner wie die USA oder Großbritannien profitieren zum Beispiel von dem tadellosen Image, lange keinen Zahlungsausfall mehr gehabt zu haben und damit aus Sicht der Investoren besonders kreditwürdig zu sein.

Während Unternehmensratings eher harte Fakten wie etwa Jahresabschlüsse oder Produktportfolios zugrunde liegen, ist das Rating von Staaten subjektiver und damit deutlich riskanter. Neben den verlässlicheren Daten (z. B. Wirtschaftswachstum, Einnahmen und Ausgaben eines Staates), hängt ein großer Anteil der Bewertung an weichen Faktoren wie der politischen Stabilität oder den Kosten einer möglichen Reform, die viel schwerer zu beziffern und außerdem schwankend sind.

Um sich nicht zu stark in die Karten schauen zu lassen, wird die Gewichtung der Faktoren zur Einschätzung der staatlichen Bonität von den Ratingagenturen nicht offengelegt. Ohne den Zugang zu zusätzlichen nicht öffentlich zugänglichen Informationen sind die Daten auch von jedem fachlich versierten Datensammler und -auswerter erstellbar. Dieses Exklusivrecht müsste aber vertraglich vereinbart sein.[127]

Fallbeispiel Herabstufung von Frankreich durch Moody's am 19. November 2012

Die Ratingagentur stufte am 19. November 2012 die französischen Staatsanleihen von Aaa auf Aa1 herab, der Ausblick bleibt negativ. Die Ratingagentur begründete die Herabstufung damit, dass sich erstens die langfristigen wirtschaftlichen Wachstumsaussichten eingetrübt hätten. Das Land habe an Wettbewerbsfähigkeit eingebüßt. Zweitens sei der finanzielle Ausblick unsicher und außerdem drittens auch immer weniger berechenbar, wie das Land künftige Schocks in der Eurozone verkrafte. Das Bankensystem sei zu groß, und außerdem hätten die Verpflichtungen gegenüber anderen Staaten in der Eurozone zugenommen.[128]

Damit gerät die gerade frisch installierte sozialistische Regierung unter Präsident François Hollande, der im Mai den Konservativen Sarkozy abgelöst hat, weiter unter Druck. Frankreich könnte vor diesem Hintergrund immer mehr in den Abwärtsstrudel geraten, zumal weitere Herabstufungen drohen. Alle drei großen Agenturen haben ihre Benotung mit einem negativen Ausblick versehen. Standard & Poor's hatte Frankreich schon Anfang des Jahres die Bestnote aberkannt und von AAA auf AA+ abgestuft. Lediglich Fitch, die über die Fimalac-Holding zu 60 Prozent mehrheitlich dem französischen Geschäftsmann Marc Ladreit de Lacharrière gehört, hält an dem AAA-Rating fest. Hier könnte man das Motto des traditionsreichen englischen Hosenbandordens zitieren: »Honi soit qui mal y pense!« (Ein Schuft, der Böses dabei denkt). Wie dem auch immer sei, ob unabhängig erarbeitet oder doch nicht so ganz, problematisch ist die mit den sonstigen Abstufungen und dem Negativausblick eingeläutete Abwärtsdynamik. Da viele Investmentfonds nur AAA-Anleihen kaufen dürfen, droht eine Verkaufswelle. Außerdem dürften sich die Zinsen für französische Staatsanleihen weiter erhöhen.

Fallbeispiel Heraufstufung Griechenlands am 18. Dezember 2012 durch Standard & Poor's

Am 18. Dezember 2012 stufte die US-Ratingagentur S&P überraschend die Kreditwürdigkeit Griechenlands gleich um sechs Stufen auf die Note B-/B herauf mit der Begründung, dass die Euroländer fest entschlossen seien, Griechenland in der Währungsunion zu behalten. Woher dieser plötzliche Sinneswandel kommt, bleibt eher unklar, zumal die finanzielle und politische Lage eher instabil bleibt. Auch der internationale Bankenverband IIF erkennt nach wie vor trotz der teilweise an Griechenland ausgezahlten Kredite der internationalen Gläubiger beträchtliche Risiken.[129]

Einen Tag nach S&P gab auch die EZB bekannt, dass sie aufgrund der positiven Bewertung der Reformen durch die Troika aus EZB, EU-Kommission und IWF wieder griechische Staatsanleihen als Sicherheiten bei geldpolitischen Operationen mit Geschäftsbanken akzeptiert.[130] Diese deutlich günstigere Einstufung als bisher von S&P sowie auch der EZB zeigt im Gegensatz zu der negativen Dynamik bei der oben erwähnten Herabstufung Frankreichs den gegenteiligen Effekt. Die Märkte lassen sich dadurch beruhigen und die Spreads gehen zurück, zumindest kurzfristig. Die Hoffnungen nehmen wieder zu, dass Griechenland ein »ungeordneter« Austritt aus der Eurozone erspart bleibt.

Für griechische Banken ist positiv, dass seit dem 21. Dezember 2012 griechische Staatsanleihen und vom Staat garantierte Anleihen wieder als Sicherheiten für Refinanzierungsgeschäfte akzeptiert werden, wobei der Haircut bis zu 81 Prozent betragen kann. Dem überraschend günstigen Troika-Bericht sei Dank. Auch die Heraufstufung durch S&P half, auch wenn die Begründung fragwürdig ist und letztlich nur auf das Problem einer fehlgesteuerten EU verweist, die die Verantwortung auf andere Länder verschiebt. Die Probleme bleiben, sie vergrößern sich eher noch, da echte Reformen verschleppt werden. Ob die Geberländer in der EU, zum Beispiel Deutschland, noch glaubwürdig genug bürgen können, bleibt die offene Flanke.

Fallbeispiel Herabstufung Zyperns am 21. Dezember 2012 durch Standard & Poor's

S&P senkte für Zypern die Bonitätseinstufung um zwei Stufen von B auf CCC+. Bereits im Oktober 2012 hatte S&P die Kreditwürdigkeit des Landes um drei Stufen gesenkt. Der Ausblick wurde mit negativ angegeben, das heißt, es droht eine weitere Verschlechterung der Einschätzung der Kreditwürdigkeit für das Land, das auch durch die Probleme griechischer Banken in die Rezession geriet. Im Sommer 2012 hat das Land bereits Notkredite in Höhe von 17,5 Milliarden Euro beim Euro-Rettungsschirm ESM beantragt, wovon circa zehn Milliarden Euro in den völlig überdimensionierten Bankensektor fließen sollen.[131]

Begründet wurde die Herabstufung Zyperns von S&P damit, dass sich die Situation des Landes verschlechtert habe. Das Risiko eines Zahlungsausfalls sei weiter gestiegen, da ein erfolgreicher Ausgang der Verhandlungen mit den internationalen Geldgebern aus der Eurozone und dem IWF noch nicht in Sicht sei. Durch seine niedrigen Steuern und lasche Finanzaufsicht gilt Zypern als wichtige Drehscheibe für Geldwäsche mit vermögenden Osteuropäern.[132]

Moody's zog im Januar 2013 nach und stufte die Kreditwürdigkeit des Landes um drei Noten von B3 auf Caa3 herab. Da auch hier der Ausblick negativ blieb, droht eine weitere Herabstufung. Als Begründung für die Herabstufung wurden die Probleme des Bankensektors genannt. Dies wirft noch stärker als bei den finanziellen Nothilfen für Griechenland die Frage auf, ob solche Staaten Geld vom Steuerzahler bekommen sollten. Selbst im Fall Griechenlands wurde heftig diskutiert, ob die Hilfen nicht die Korruption im Land eher noch begünstigen. Im Fall Zyperns wird jetzt noch offener als bisher öffentlich erörtert, ob das Rettungsgeld nicht mangels ausreichender Kontrollmöglichkeiten die falschen Personen, zum Beispiel Superreiche aus Drittstaaten außerhalb der EU, erhalten. Der vom IWF geforderte Schuldenschnitt für Zypern wird von europäischen Politikern nur zum Teil unterstützt, zur Diskussion stand auch eine Überweisung Russlands an den IWF in Höhe von fünf Milliarden Euro, angesichts der riesigen Guthaben ihrer Bürger.[133]

Allerdings geht es beim Steuerparadies nicht nur um reiche Russen, sondern auch um Unternehmen und Bürger anderer Staaten. Innerhalb der EU hat sich unter einer kommunistischen Regierung ein Steuerparadies herausgebildet. Während zum Beispiel reiche Banker auf der Insel Golf spielen, führt Regierungschef Dimitris Christofias die sogenannte Fortschrittspartei des werktätigen Volkes. Das allzu steuerfreundliche Umfeld, das Superreiche anzieht, passt wenig zu einer Diktatur der Arbeiterklasse.[134]

So lockt die Insel mit ihrem hohen Freizeitwert und bietet Bankern, Steuerberatern, Rechnungsprüfern und Anwälten einen angenehmen Aufenthalt. Die Diskussion über finanzielle Hilfen gefährdet den Fortbestand der Privilegien. So warnte S&P bereits: »Ein vorteilhaftes Steuerumfeld zu schützen, könnte sich als schwieriger erweisen als gedacht.«[135]

Auch ein Schuldenschnitt stößt auf Bedenken. So erklärte Eurogruppenchef Juncker: »Ich möchte das meinerseits auch ausschließen«. Es sei aus seiner Sicht ungesund, darüber zu spekulieren. Griechenland sei eine Ausnahme gewesen.[136]

Hier ist die Glaubwürdigkeit der EU insgesamt gefährdet, die seit Jahren marktwirtschaftssystemwidrig die Gläubiger, meist Banken, entlastet und die immer größeren Lasten den Steuerzahlern in den Geberländern der EU aufbürdet. Darauf liefe dann auch die vom IWF erwogene Lösung hinaus, die zypriotischen Banken direkt mit den Mitteln des ESM zu rekapitalisieren. Der Vorteil dieser Lösung ist aus Sicht des IWF, dass so eine Überschuldung des Landes vermieden werden könnte.[137] Im Zuge der geplanten Bankenunion sind die potenziellen finanziellen Lasten noch weit höher als durch die Vergemeinschaftung durch die Staatsverschuldung in der Eurozone.[138] Die potenziellen Billionenlasten durch die maroden Banken in Südeuropa inklusive Zypern werden aber derzeit noch verdrängt und führen bislang erstaunlicherweise noch zu keinem größeren Unmut bei den Steuerbürgern in den Geberstaaten, die für die Gläubiger einspringen müssen.

Die gegenläufige Bonitätseinstufung von S&P für Griechenland und Zypern ist nur durch die Einschätzung der sicheren finanziellen Alimentierung durch Dritte erklärbar. In dem einen Fall (Griechenland) ging der Daumen hoch, im anderen Fall (Zypern) herunter. Und dies, obwohl die finanzielle Lage bei einer Stand-Alone-Betrachtung (ohne mögliche Hilfen durch andere Staaten) vergleichbar schlecht ist, und das nicht erst jetzt, sondern zumindest seit einigen Jahren. S&P reagiert damit derzeit besonders schnell auf Veränderungen im Politikumfeld unter den großen drei Anbietern. Mit ihrer Position als Nr. 1 beeinflusst sie Politiker noch am ehesten und gilt als besonders politisch agierende Agentur, was mögliche Rücksichtnahmen nicht ausschließt. Auch hier zeigt sich der Interessenkonflikt, insbesondere wenn die Ratings von Regierungen oder regierungsnahen Banken bezahlt werden.

Grundsätzliche Vorgehensweise und Fallbeispiel zur Bewertung von Unternehmensanleihen

Die Bewertung von Unternehmensanleihen hat noch mehr Facetten als die Staatsanleihenanalyse und bedarf daher einer detaillierteren Darstellung. Zu den allgemeinen Aspekten des Researchs gehört zunächst die strategische Analyse mit dem Planungsprozess und einer Unternehmensmission, die mehr oder minder konkret ausfallen kann, zum Beispiel: »Wir wollen das führende Unternehmen der Branche XY werden«. Anhand solcher allgemein formulierter ambitionierter Ziele, die »Mission Statements« genannt werden, kann ein kritischer Analyst bereits prüfen, ob das Management in der Lage ist, realistische Ziele zu formulieren oder eher nebulöse Worthülsen produziert. Falls bereits auf dieser allgemeinen Ebene unrealistisch verschleiernde Ziele genannt werden, ist dies ein deutlicher Malus.

Stärker in den analytischen Handwerkskasten muss bei der sogenannten Positionsanalyse gegriffen werden. Hier kommen seit Jahren etablierte Verfahren zum Zuge, zum Beispiel die Porteranalyse, die PEST (politisch/ rechtliche, ökonomische, sozio-kulturelle und technologische Faktoren)- Analyse oder die Stärken/Schwächen und Chancen/Risikenanalyse (SWOT). Diese Verfahren dienen der Überprüfung des Wettbewerbsumfelds, wozu aber auch die genaue Analyse bestehender Eintrittsbarrieren gehören sollte.

Die Porteranalyse zeigt zwar ebenfalls die Position im Wettbewerbsumfeld anschaulich, ist aber ein eher kompliziertes Konzept mit divergierenden Treibern (Intensität des Wettbewerbs, Verhandlungsmacht der Lieferanten beziehungsweise der Käufer, Bedrohung durch Substitute oder neue Wettbewerber), die noch gewichtet werden müssen.

Etablierte Gesellschaften sind in der Lage zu tun, was potenzielle Wettbewerber nicht können, dabei stehen drei Hauptquellen von Wettbewerbsvorteilen im Vordergrund:[139]

1. Angebot (Kostenvorteile bei der Erstellung)
2. Nachfrage (Kundenbindung)
3. Größenvorteile (Fixkostendegression) und weitere unbedeutendere Quellen (Regierungsschutz, besserer Informationszugang)

Diese drei Wettbewerbsvorteile schaffen dem Unternehmen wirtschaftliche Freiheitsgrade. Unternehmen mit stabilen Eintrittsbarrieren sind in der Lage, dauerhaft Überrenditen zu erwirtschaften und ihre Kapitalkosten zu verdienen. Bestehen solche Eintrittsbarrieren dagegen nicht, sind die Unternehmen nur in der Lage, über die Anpassung ihrer betriebswirtschaftlichen Strukturen den beinharten Wettbewerb zu bestehen. Für die Beurteilung der wirtschaftlichen Stabilität und damit der Bonität ist dies ein meines Erachtens ganz entscheidender Aspekt. Ohne Eintrittsbarrieren ist das Unternehmen gefährdet. Das Management müsste über außerordentliche Fähigkeiten verfügen, betriebswirtschaftlich nachhaltig erfolgreich zu sein oder gegebenenfalls sogar Marktanteile zu gewinnen.

Die Agenturen haben für einzelne Branchen eigene Beurteilungsverfahren entwickelt, die für das Rating als relevant erachtet werden, wobei den Eintrittsbarrieren nur eine untergeordnete Bedeutung zugemessen wird. So sieht Moody's beispielsweise für den Sektor »Global Aerospace and Defense« drei Schlüsselfaktoren, die untersucht und mit folgenden Gewichtungsfaktoren versehen werden:[140]

➤ Größe und Umfang (25 %)
➤ Geschäftsprofil, Nachhaltigkeit des Umsatzes und Effizienz (25 %)
➤ Finanzielle Hebelwirkung und Flexibilität (50 %)

Als weitere Rating-Subfaktoren werden zur Einschätzung von Größe und Umfang der Gesamtumsatz mit zehn Prozent und der gesamte operative Gewinn mit 15 Prozent gewichtet.

Das Geschäftsprofil, Nachhaltigkeit des Umsatzes und Effizienz werden anhand von folgenden Kriterien eingestuft:

➤ Erwartetes Geschäftsprofil (10 %)
➤ Einschätzbarkeit des Umsatzes, die anhand der Kennzahl Auftragsvolumen/Umsatz beurteilt wird (5 %),

➤ Schutz des Umsatzes (Eintrittsbarrieren, 5 %) und die
➤ Effizienz anhand der Kennzahl Ebita/Durchschnittsvermögen (5 %).

Von besonderer Wichtigkeit für Moody's ist die finanzielle Hebelwirkung und Flexibilität. Zur Messung werden fünf Kennzahlen herangezogen, mit einer Gewichtung von jeweils zehn Prozent: Schulden/Ebita, Free Cashflow/Nettoschulden, einbehaltener Cashflow/Schulden, Cash und marktfähige Wertpapiere/Schulden, Ebit/Zinsen.

Wie bereits kritisiert, wird der entscheidende Faktor für stabile Umsätze und Gewinne, das Vorhandensein nachhaltiger Eintrittsbarrieren, hier nur unterrepräsentiert berücksichtigt. So bleibt auch die Umsatzrendite (operativer Gewinn/Umsatz) unberücksichtigt. Eine höhere Marge als bei den Konkurrenten könnte einen validen Hinweis auf eine bessere Wettbewerbsposition des Anbieters liefern. Die schuldenorientierten Kennzahlen erscheinen übergewichtet, letztlich entscheiden auch die Eintrittsbarrieren darüber, ob Überrenditen erzielbar sind, die die Fähigkeit, Schulden wieder abzubauen, wesentlich bestimmen. Über diese Faktoren hinaus sind auch qualitative Aspekte von Bedeutung, so die schwer zu messenden Fähigkeiten der Unternehmensleitung, die über die Einschätzung des Schutzes vor Wettbewerb hinaus neben den betriebs- und finanzwirtschaftlichen Daten zu checken sind. Folgende Herausforderungen sind dabei beispielsweise prüfenswert:

Herausforderungen für das Management:

1. Schnelles Wachstum
2. Marktkonzentration – Cost Cutting, Lagerabbau, Abspaltungen
3. Internationale Entwicklung
4. Aufbau und Pflege des Firmennamens und von eigenen Marken
5. Integration und Optimierung des Vertriebsnetzwerks
6. Verkauf von Vermögensteilen

7. Risikomanagement – Abhängigkeit von Rohstoffen
8. Neue Produktentwicklungen und deren Einführung
9. Integration von Unternehmenskäufen
10. Integration neuer Systeme
11. Akquisitionen (als grundsätzliche Herausforderung, gegebenenfalls international oder transformierend)
12. Entwicklung neuer Verkaufskanäle
13. Diversifikation
14. Optimierung des Umlaufvermögens
15. Sicherung und Ausbau des Humankapitals[141]

Mit der Sicherung und dem Ausbau von Humankapital wurde ein wesentlicher weicher Faktor für die Herausforderungen genannt, der erstaunlicherweise erst an letzter Stelle aufgeführt wurde. Die Ratings, die zu stark auf Vermögen und Schuldenrelationen basieren und zu moralisch absoluten Größen avancieren, berücksichtigen zu wenig immaterielle Wirtschaftsgüter, zu denen die Managerfähigkeiten, strategisches Denken und Innovation zählen.[142]

Diese Wirtschaftsgüter stärker zu integrieren, erscheint sinnvoll. So gibt es bereits für das Verhalten des Managements anscheinend genauere Kriterienkataloge bei den Ratingagenturen, die einen guten Überblick über die nicht bilanziell erfassten Führungsaspekte vermitteln. Für S&P stehen folgende gute und schlechte Verhaltensweisen im Vordergrund, die auch Ausdruck über die Wertestruktur der Ratingagenturen selbst geben.

Gut	Schlecht
Integrität	
Anpassung an veränderte Rahmenbedingungen	
Den Überblick behalten	Kopf-in-den-Sand-Mentalität
Auf die Kernkompetenzen setzen	
Hervorragende Leistungen bei der Geschäftsdurchführung	Mangel an Expertenwissen
Offene Kulturen mit der Fähigkeit, neue Fähigkeiten und Personen von außen zu integrieren	Keine Kenntnisse, was draußen vor sich geht; das geht uns nichts an, es wurde »nicht hier erfunden«.
Vision	Managementdominierte Firma mit autokratischen Top-down-Strukturen
Gute Unternehmensführung (naheliegend, aber nicht immer vorhanden)	
Aktives Unterstützen von Prozessabläufen	
Fokus auf die betrieblichen Prozesse und die Risiken	Risikoempfänglich, gelangweilt und sich nicht um neue Aufgaben kümmernd
Klarheit – in der Kommunikation, Offenheit auch gegenüber der Bank und den Partnern, nicht nur die Aktionäre zählen	
Aufgeschlossen für Probleme	
Proaktiv	Reaktiv
Kundenfokussiert	
Bescheidenheit	Undankbarkeit gegenüber den Leistungen von Mitarbeitern, die das Unternehmen durch »dick und dünn« mitgetragen haben
Ausgeglichene Fähigkeiten im Managementteam mit Respektierung der jeweiligen Zuständigkeiten	Alle sind nur Ingenieure oder nur Händler etc.
Nachfolgeplanung	

Management-Verhaltensweisen[143]

Insgesamt wirken die genannten guten und schlechten Beispiele für Managementverhalten plausibel. Einzelne Punkte sind aber zu hinterfragen. So kann eine Vision für ein Unternehmen äußerst negativ sein, wenn sie wirtschaftlich nicht tragfähig ist. Andererseits kann die als schlecht eingestufte managementdominierte Firma mit autokratischer Top-down-Struktur auch ganz adäquat sein, wenn zum Beispiel ein betagter Mittelständler seine Firma einem Verwalter seines vollen Vertrauens überlässt, der in seinem Sinne als Managementnachfolger agiert, während er selbst Eigner bleibt.

Grundsätzlich ist diese angelsächsische Managementsicht auch international passend. Hier finden sich meines Erachtens generell anwendbare Beispiele guter Unternehmensführung. Trotzdem wirkt die oben dargestellte Übersicht nicht besonders detailliert und wenig operationalisierbar. Bereits Philip A. Fisher nannte hier[144] managementbezogen bessere Prüfkriterien. Zu dem Fragenkatalog gehörte beispielsweise:

➤ Ist das Management entschlossen, kontinuierlich Produkte oder Prozesse zu entwickeln, die das Umsatzpotenzial insgesamt weiter steigern, auch nachdem das Wachstumspotenzial gegenwärtig attraktiver Produktlinien zum größten Teil erschöpft ist?

➤ Sind die industriellen Beziehungen und die Personalführung des Unternehmens hervorragend?

➤ Ist das Klima in der Führungsetage des Unternehmens optimal?

➤ Ist das Management eines Unternehmens ausreichend tief gestaffelt?

➤ Äußert sich das Management in guten Zeiten freimütig gegenüber Investoren, wird aber verschlossen, wenn es zu Schwierigkeiten und Enttäuschungen kommt?

➤ Ist das Management des Unternehmens integer?

Zwar sind dies auch schwammige Faktoren, aber in den Erläuterungen dazu finden sich klare Hinweise, die »Gebilde« wie Vetternwirtschaft (oder sogar Korruption, wenn eine Bereicherung des Managements zulasten

Dritter stattfindet) in Unternehmen erkennen lassen, wobei solche Fakten relativ wertlos sein können, weil sie heute oft geschäftsüblich geworden sind.

So werden Neueinstellungen weniger aus innovativen Gesichtspunkten als zur Seilschaftsabsicherung initiiert, denn das Rekrutieren dieser »Neuen« diente nur dazu, dass sich das Management verbunden fühlt. Der Aufstieg innerhalb des Unternehmens wurde einmal als positiv erachtet, während dies im heutigen angelsächsisch geprägten Management eher unüblich geworden ist (ein Vorstand, der von Anfang an im Unternehmen war, sozusagen »von der Pike auf«, ist – schaut man sich allein bei den DAX-Unternehmen um – offensichtlich selten geworden).

Die Bilanz-, GuV- und Cashflow-Analyse erfolgt anhand von Kennzahlen, wie zum Beispiel den Relationen »Free Operating Cashflow/Debt« (Debt = Schulden) oder »Debt/Ebitda« oder »Debt/Gesamtkapital«.

Anhand des Fallbeispiels einer S&P-Analyse vom 21. November 2012 bezüglich EnBW Energie Baden-Württemberg soll die Vorgehensweise erläutert werden. Der drittgrößte deutsche Energieversorger wurde mit dem Rating A-/Stable/A2 versehen, das unverändert blieb. Danach ist, wie bereits weiter oben aufgeführt, die angemessene Zins- und Tilgungsdeckung von EnBW nicht gefährdet. Trotz guter Investmentaspekte besteht das Risiko einer Schieflage bei einer negativen Veränderung der wirtschaftlichen Lage, das Rating ist nach Schulnoten gut bis befriedigend. Neben der Stärken-/ Schwächenanalyse wurde in der Studie das Rating begründet und das unterstellte Szenario bis 2013 und der in diesem Fall stabile Ausblick für das Unternehmen präsentiert. Nach der Unternehmensbeschreibung wurde näher auf das Geschäfts- und das Finanzrisikoprofil eingegangen. Im statistischen Teil wurden die Unternehmenskennzahlen der Gesellschaft mit der Peer Group, das sind Vattenfall AB, Verbund AG, die E.ON AG und die RWE AG, verglichen. Das Rating der EnBW ist genau das gleiche wie das der meisten Wettbewerber.

Im Kennzahlenvergleich (Geschäftsjahr 2011) schneidet EnBW auch in etwa wie die Wettbewerber ab. Das Verhältnis »Free Operating Cashflow/Schulden der Gesellschaft« lag bei 4,4 Prozent, die Relation »Debt/Ebitda« bei 3,8 und die Quote der »gesamten Verschuldung zur Bilanzsumme« bei 59,1 Prozent.

Herauf- oder Herabstufungen bedürfen einer stichhaltigen Begründung. Hierzu das Fallbeispiel der Herabstufung des europäischen Luft- und Raumfahrtkonzerns EADS durch Moody's um eine Stufe von A1 auf A2 bei stabilem Ausblick vom 6. Dezember 2012. Begründet wurde dieser Schritt von Moody's mit der neuen Aktionärsstruktur und den neuen Kontrollverhältnissen, wozu keine Veto-Rechte mehr gehören, und eine Beschränkung der Anteile der drei Staatsaktionäre auf 15 Prozent.

Zum Hintergrund der Ratingherabstufung: Deutschland stieg als dritter Staat in den Kreis der Großaktionäre von EADS ein. Deutschland und Frankreich werden jetzt mit jeweils zwölf Prozent am stimmberechtigten EADS-Kapital beteiligt sein. Hinzu kommt Spanien mit einer Beteiligung von vier Prozent. Trotz der Stimmrechtsbeschränkung auf 15 Prozent kommen sie auf eine Anteilsquote von zusammen knapp 30 Prozent.

Kanzlerin Angela Merkel zeigt sich zufrieden. In einer Erklärung der Bundesregierung heißt es: »Die Bundeskanzlerin begrüßt die heutige Verständigung über eine neue Aktionärspartnerschaft für die EADS«. Die deutschfranzösische Partnerschaft im Konzern könne damit in Balance weitergeführt werden. Kanzlerin Merkel sprach von einer zukunftsweisenden Entscheidung. Die Ratingherabstufung durch Moody's wurde – im Zusammenhang mit der Stimmrechtsbegrenzung und der Aufgabe des Vetorechts – auch mit einer voraussichtlich stärkeren Betonung kommerzieller Ziele und einer geringeren Unterstützung durch die Regierungen begründet. Aber, und das wäre meines Erachtens hier zu kritisieren, die beim Börsengang vor über zehn Jahren angestrebte Privatisierung ist offensichtlich gescheitert. Dass sich Deutschland direkt an einem Großunternehmen beteiligt, ist ein »Sündenfall« und seit Jahrzehnten nicht mehr Regierungspolitik gewesen. In Medienberichten wurde EADS im Zuge der Abhängigkeit von der Politik bereits als »VEB Flugzeugbau«[145] gescholten.

Das Rating wäre daher aus meiner Sicht eher unverändert geblieben, weil die deutsche Staatsbeteiligung zur Rücksichtnahme auf deutsche Standorte führen wird und das politische Gezerre um das Unternehmen durch die Anteilsparität von Deutschland und Frankreich nicht überwunden wurde. De facto könnte der Regierungseinfluss beziehungsweise -schutz sogar gestiegen sein. Letztlich entscheiden weiter die Regierungen darüber, ob sie Einfluss auf die Unternehmensführung ausüben oder nicht. Nach der durch Regierungen blockierten Fusion von EADS mit der britischen BAE Systems ist meines Erachtens nicht davon auszugehen, dass eine wirkliche Lockerung der staatlichen Kontrolle erfolgt.

Über diese EnBW- und EADS-Beispiele hinaus ließen sich viele Beispiele dramatischer Unternehmensherabstufungen aufzeichnen, die es für bislang als Blue Chip geltende Unternehmen schwer macht, sich noch zu vernünftigen Konditionen zu refinanzieren.

In aller Kürze, gar stellvertretend für viele andere seien an dieser Stelle nur die jüngsten Herabstufungen (am 22. November 2012) der japanischen Unterhaltungselektronikgiganten Sony und Panasonic auf Ramschniveau durch die Ratingagentur Fitch genannt. Bereits Anfang November war Sharp so tief gesunken. Mit den Abstufungen wird es für die Unternehmen nun schwerer, sich mit billigem Geld am Kapitalmarkt zu versorgen. Fitch senkte das Rating von Sony um drei Stufen von BBB- auf BB-. Fitch erwartet nur eine langsame Unternehmenserholung, weil Sony die technologische Führerschaft an starke Rivalen verloren habe und die Märkte in etablierten Ländern sich schwach entwickeln. Selbst eine deutliche Erholung zum März 2015 wurde als »Herausforderung« eingestuft.

Panasonic wurde um zwei Schritte von BBB- auf BB herabgestuft. Hier war die Begründung von Fitch die geschwächte Wettbewerbsfähigkeit des Konzerns. Die Finanzlage wird sich nach der Ratingagentur auf mittlere Sicht nicht verbessern, mit der laufenden Sanierung sei das Unternehmen aber auf dem richtigen Weg, trotz Risiken bei der Umsetzung.[146]

Wie gehen die Ratingagenturen mit komplexen Produkten um?

Hinter den manchmal seltsamen Kürzeln strukturierter Finanzprodukte verbirgt sich viel Finanzalchemie, die großes Expertenwissen erfordert. Das Rating von strukturierten Produkten und das dafür eingesetzte Investmentvehikel (Structured Investment Vehicles – SIV) ist zu einem besonders lukrativen Geschäft für die Ratingagenturen avanciert. Strukturierte Investmentvehikel sind ein juristisches Konstrukt, mit dessen Hilfe Investmentbanken, aber auch Hedge- und Investmentfonds, strukturierte Finanzprodukte wie CDOs und CDS aus ihren Bilanzen auslagern und völlig legal vor dem Aufsichtsrat, der Finanzaufsicht und der Öffentlichkeit »verstecken« können.[147]

Mit dem Aufteilen der Forderungen nach unterschiedlichen Tranchen wurde es den Investoren ermöglicht, je nach Risikoneigung bei Anlagen nur die Teile zu berücksichtigen, die den eigenen Wünschen entsprachen. Während die Beurteilung des zugrunde liegenden Risikos für die Analysten in den Ratingagenturen eine besondere Herausforderung darstellte, war die zunehmende Komplexität der Produkte wiederum ein wesentlicher Anlass, dass sich die Anleger schließlich wegen der fehlenden sonstigen Orientierungsmöglichkeiten zunehmend auf die Ratings verließen.

Die Refinanzierung der Hypothekenkredite erfolgte im Zuge der Finanzialisierung immer stärker über Investmentbanken, die sich selbst auch zunehmend über die Verbriefung von Krediten refinanzierten. Der Markt für strukturierte Produkte war von Anfang an ein »Rated Market«, bei einer Verbriefung erfolgt die Beteiligung der Ratingagenturen über drei Zeitabschnitte:

Zunächst erfolgt nach dem Aufbau der Geschäftsbeziehung die Klärung des Auftrags durch den Originator, im zweiten Abschnitt wird das formale Ratingverfahren eröffnet mit dem Ergebnis einer Publizierung am Kapitalmarkt. Danach, im dritten Zeitabschnitt, wird die Bonität während der Laufzeit der Transaktion überprüft, bei wesentlichen Veränderungen der Einschätzung erfolgt eine Aufnahme in die Watchlist.[148]

Quantitativ		Qualitativ
Analyse der Herkunft und Qualität des Forderungspools, Modellierung des gemeinsamen Ausfallverhaltens	Analyse des Asset-Pools	Analyse des Kreditmanagements, der Kreditvergabepraxis, des Services und allgemeiner ökonomischer Risiken
Instrumente: Kreditportfoliomodelle	⬇	Instrumente: spezialisierte Analystenteams
Modellierung der Cashflows in betragsmäßiger und zeitlicher Hinsicht, Analyse einzelner Ausfallszenarien	Analyse der Transaktionsgestaltung und der Tranchenstruktur	Beurteilung der Risiken bzgl. der Behandlung im Handels-, Steuer- und Aufsichtsrat, Risiken der Drittparteien
Instrumente: Cashflow-Modelle, Stresstesting, Worst-Case-Szenarien	⬇	Instrumente: spezialisierte Analystenteams
Finales Rating, Tranchierung und Festlegung der Enhancements	Ratingkomitee	Diskussion aller Faktoren, Benchmarking und finale Beurteilung

Ratingerstellungsprozess bei Kreditverbriefungen[149]

Die Ratings stellen Indikatoren für das in den Schuldeninstrumenten eingebettete Ausfallrisiko dar und basieren auf Verlusterwartungen oder Ausfallwahrscheinlichkeiten, wobei die Schätzung vom Volumen und von der Position der Tranche in der Verlustverteilung des unterlegten Asset Pools abhängt.[150] Im Vergleich zu traditionellen Anleihen ist das Rating bei strukturierten Finanzprodukten weit komplexer, da (häufig überbewertete) mathematisch statistische Verfahren bei einer unter Umständen begrenzten Datenbasis verwendet werden[151]:

Rating	Strukturierte Finanzprodukte	Traditionelle Anleihe
Rating-Prozess	Rating durch die Analysten und Entscheidung durch das Rating-Komitee	
Rating-Konzept	Ausfallwahrscheinlichkeit oder erwarteter Verlust	
	Tranchieren kann Wertpapiere mit gleichem erwarteten Verlust, aber auch unterschiedlichem unerwarteten Verlust schaffen	Erwarteter Verlust, möglicherweise sinnvolle Schätzung des Kreditrisikos
Strukturelle Elemente	Komplex erfordert eine umfassende Analyse	Kann strukturelle Elemente enthalten, erfordert weniger aufwendige Analyse
Kreditrisiko-Analyse	Modellorientierte, quantitative Analyse des Asset-Pools, die auf erwartete Cashflows aus dem verbrieften Vermögen ausgerichtet ist	Geringeres Gewicht der quantitativen Analyse, die auf erwartete Cashflows aus dem laufenden Geschäft ausgerichtet ist
Interessenkonflikte	Bestehen zwischen Originatoren, Investoren und dritten Parteien, wodurch strukturelle und vertragliche Vorkehrungen erforderlich werden.	Bestehen zwischen Eigentümern, Gläubigern und dem Management
Natur des Ratings	Stärker modellbasierte Ex-ante-Ausrichtung; der Emittent kann das Rating vor dem Beschluss über die endgültige Struktur durch Anpassungen kurzfristig beeinflussen.	Ex-post-Ausrichtung mit ex-ante-Elementen; mehr subjektive Einschätzung; kaum Möglichkeiten für Emittenten, das Rating kurzfristig zu beeinflussen
Rating-Verlauf	Stabil, bei Änderungen stärkere Ausschläge	Weniger stabil, abhängig von dauerhafter Ertragskraft

Rating strukturierter Finanzierungen und traditioneller Anleihen[152]

Die viel zu günstige Bewertung komplexer Produkte durch die Ratingagenturen stand im Verlauf der Finanzkrise im Fokus. Dies betraf zum Beispiel Collaterized Debt Obligations (CBO), Residential Mortgage Backed Securities (RMBS) und die sogenannten »Subprimes«, die in der Frühphase der Finanzkrise zu einer großen Verärgerung bei den Anlegern führten. Marode Hypothekenkredite von teilweise nicht mehr zahlungsfähigen Schuldnern wurden gebündelt. Da es sich nicht um Prime-Kunden, sondern eher um Kunden handelte, die die Schuldenlast finanziell nicht mehr tragen konnten, wurden die verbrieften Anleihen als »Subprimes« bezeichnet.

Leider zeigte sich, dass die dabei abgeschlossenen Kreditversicherungen oft nur »symbolisch« waren, die US-Versicherung AIG hatte gar nicht genug Rücklagen dafür gebildet. Die Ratingagenturen empfahlen zum Beispiel für riskante Teile des Hypothekenbündels, die eine schlechtere Note erfordert hätten, eine Kreditversicherung abzuschließen.[153] Die Verzinsung war so deutlich höher, da es sich um ein risikobehaftetes Portfolio handelte, gleichzeitig erhielten die Papiere das begehrte AAA-Rating von den Ratingagenturen.

Die Kreditausfallversicherungen (Credit Default Swap – CDS) wurden zwischenzeitlich erneut kontrovers diskutiert, da sie die Krisenentschärfungsmöglichkeiten erschwerten. Auch die marktwirtschaftlich übliche Möglichkeit eines Schuldenschnitts durch die Gläubiger wurde erschwert. Es ging um die Frage, ob der private Forderungsverzicht von Gläubigern für Griechenland ein Kreditereignis darstellt. Falls dies so gesehen würde, hätten Käufer von griechischen Anleihen mehrere Milliarden US-Dollar von ihrer Kreditausfallversicherung erhalten. Nach wie vor ist die Wahrscheinlichkeit nach der Kreditausfallversicherung mit rund 20 Prozent sehr hoch, dass Griechenland seine Schulden nicht zahlt. Dies wird nach dem jüngsten optimistischeren Troika-Bericht und der Heraufstufung Griechenlands im Dezember letzten Jahres vermutlich wieder etwas besser beurteilt.

Das CDS-Ausfallrating lässt sich gut mit dem Rating der Staaten durch die Ratingagenturen vergleichen, wobei es häufig zu Ungereimtheiten kommt.

Aufgrund der Geldflutung durch die EZB wird die Wahrscheinlichkeit eines Kreditausfalls an den Märkten zum Beispiel für Italien oder Spanien jetzt viel geringer eingestuft, während die Ratings weiter rückläufig sind, das heißt im Gegensatz zu den Märkten höhere Risiken zeigen.

Fazit

Die Ratingagenturen können die ihnen zugewiesene Aufgabe, objektiv die Bonität zu beurteilen, unter den gegebenen Bedingungen nicht erfüllen. Die Interessenkonflikte durch die Bezahlung durch die sie beauftragenden Emittenten sind viel zu groß, schließlich werden sie von ihnen bezahlt. Vor diesem Hintergrund waren die Ratingagenturen der Schrittmacher einer unheilvollen Entwicklung zu Schönwettertestaten, denen viele Anleger vertrauten. Auf der Vorderbühne wird Kompetenz geheuchelt, auf der Hinterbühne wird abkassiert.

Die Ratingagenturen als Spielmacher des Finanzkapitalismus – Wie konnten sie so mächtig werden?

Der Auslöser: Das veränderte Umfeld für die Ratingagenturen durch die Finanzialisierung

Die Ausübung von Autorität braucht keine Argumente und dürfte auf der nackten Annahme beruhen, dass die Identität des Sprechers die Akzeptanz der Rede garantiert.
Bruce Lincoln[154]

Die von den Ratingagenturen vermittelte Wissensautorität brauchte mehrere Voraussetzungen, um sich entfalten zu können. Die Regulierungslizenz, die von den Regierungen an die Ratingagenturen übertragen wurde, sowie die Gewinnmaximierungsstrategie der führenden privatwirtschaftlich organisierten Agenturen waren wesentliche Vorbedingungen für die Zentralisierung der Meinungsmacht bei dem Oligopol beziehungsweise konkreter dem Triopol aus S&P, Moody's und Fitch.

Eine weitere war die explosiv gestiegene Bedeutung der Kapitalmärkte spätestens seit den 1980er-Jahren. Die Machtausweitung der Ratingagenturen ist daher im Wesentlichen verbunden mit der Ausweitung der Finanzialisierung – oder anders formuliert des angelsächsisch geprägten Geldmanagerkapitalismus, der die Instabilität erhöhte.

So beschreibt Susanne Schmidt, langjährige Börsenfachfrau und Analystin in London, in dem Buch »Markt ohne Moral« das zunehmende Selbstbewusstsein und den Wertewandel bei angelsächsischen Instituten. Der von ihr genutzte – und hier im Buch bereits als stehender Begriff vielfach verwendete – Kunst-Begriff »Finanzialisierung« drückt den zunehmenden Einfluss der Finanzmärkte nicht nur auf die Wirtschaft, sondern auch auf das Privatleben der Bürger aus.[155]

Die Bank gewinnt immer, genauso wie das Spielcasino! Michael Lewis beschrieb in seinem Buch »Wall Street Poker« die Mentalität der Händler entsprechend gewinnorientiert: »Man war sich hier (im Händlerraum) darüber einig, dass das rücksichtslose Verfolgen egoistischer Interessen ein Zeichen von seelischer Gesundheit sei.«[156] Die destruktiven Folgen durch fehlgeleitete Banken, deren Manager an kurzfristigen Boni ausgerichtet sind, wurden bislang oft ausgeblendet. Finanzprodukte, die die Kunden nicht brauchen und nur der Ertragsmaximierung dienen, sind ebenfalls ein Teil des Problems. Immer kurzatmigere Manager werden von »quartalsirren Analysten« getrieben.[157]

Kasinospiele wurden ermöglicht, deren Risiken auf den Schultern der Gesellschaft lasten, während wenige im Erfolgsfall ihre hohen Gewinne einstreichen. Finanz-Lobbyisten sicherten das ertragreiche Geschäftsmodell ab. Unter dem Druck ihres Einflusses missriet auch das Parlament zur »Filiale der Börse«.[158] Auch die Ratingagenturen selbst betätigten sich als Lobby für die komplexen Finanzprodukte, die sie gewinnmaximierend als weitere Ratingdienstleistung integrierten. Der frühere Standard & Poor's-Vizepräsident Vic Tillmann stellte 2004 stolz fest: »Wir haben eine unschätzbare Rolle für das Wachstum der Finanzmärkte gespielt.«[159] Da hatte Tillmann recht, ohne die allzu guten Ratings hätten die Transaktionen für CDOs und SIV-Tranchen gar nicht stattfinden können. Die viel zu hohen Preise durch das zu starke Vertrauen der Marktteilnehmer, dass die Ratings fair sind, wären daher auch nicht zustande gekommen.[160]

Der Geldmanagerkapitalismus florierte. Während sich für die mathematikgläubige Finanzwelt einschließlich der analysierenden Ratingagenturen nur noch Rechen- oder Rechnerprobleme, allenfalls Risikoumschichtungs- und ettiketierungsprobleme ergaben, warnte Hyman Minsky bereits 1991: »Im Gegensatz zur orthodoxen Quantitätsgleichung des Geldes, nimmt die finanzielle Instabilitätsthese Bankgeschäfte als eine gewinnorientierte Aktivität ernst.«[161] Selbst wenn die Bankaktivitäten und die Tätigkeit der Ratingagenturen ernst genommen worden wären, müsste allein die rasante Entwicklung zu Fragen Anlass gegeben haben.

Der Finanzsektor expandierte, während die eigene realwirtschaftliche Wertschöpfung durch die Deindustrialisierung zurückging. Die grenzüberschreitenden Finanztransaktionen nahmen zu und übertrafen zunehmend den reinen Finanzierungsbedarf der Industrie und nicht-finanziellen Dienstleister. Die Abkopplung der Finanzmärkte von der Realwirtschaft wurde zunächst noch gar nicht als Problem erkannt, die Wachstumseuphorie stand im Vordergrund und an der Wall Street wurde prächtig verdient. Dabei partizipierten die Emittenten wie Dienstleister, die großen Ratingagenturen, die Riege der Wirtschaftsprüfer, international tätige Investmentbanken und später auch die Hedgefonds.

Der globale Anleihenmarkt wuchs in den 1980er- und 1990er-Jahren auch durch die Expansion des Segments für Unternehmensanleihen und die steigende Staatsverschuldung kräftig. Mit der Disintermediation nahm die Bedeutung von Hausbanken als Kreditgeber ab. Der Bankkredit wurde durch Anleihen ersetzt. Der relative Bedeutungsverlust von Kreditinstituten als Geldverleiher ging einher mit der steigenden Bedeutung des Kapitalmarkts. Mit der Disintermediation und Liberalisierung rückten die Ratingagenturen immer mehr in den Fokus als privatwirtschaftliche Regulierer, unterstützt durch staatliche Lizenzen. Das öffentliche Rating ermöglichte es, noch mehr Investoren anzuziehen und die Marktliquidität zu vergrößern.

Die oft orientierungslosen Käufer mussten sich mangels Alternativen (eine eigene Ratingerstellung erschien oft zu aufwendig beziehungsweise zu kostenträchtig) auf die Urteile der großen, international tätigen Ratinghäuser verlassen. Für die zahlenden Emittenten war das Rating besonders wertvoll, es schuf ein besseres Absatzpotenzial bei günstigen Finanzierungskosten, nicht zuletzt in Verbindung mit einer förderlichen Bonitätsnote für die An-

GUTSCHEIN

Gratis für Sie

Jetzt unter **ebooks.kursplus.de** das **kostenfreie e-book**
„**Best of Trading**" im Wert von 12,90 € sichern.

Best of **Trading**

leihen. So konnten die beiden Marktführer S&P und Moody's über Wertpapiere im Wert von 30 Billionen US-Dollar jedes Jahr entscheiden. Von diesen 30 Billionen US-Dollar im Jahr 2001 kam es bei 196 Emittenten zu einem Zahlungsverzug, der ein Volumen von 107 Milliarden US-Dollar erreichte. Noch im Vorjahr waren nur 117 Emittenten mit einem Volumen von 42 Milliarden US-Dollar betroffen.[162]

Mit den Ratingherabstufungen nahmen die Kapitalkosten Anfang der 2000er-Jahre schlagartig zu. Und zwar nahmen die Schwankungen an den Anleihemärkten zu, während ein bisheriger Bankkredit mit festen Zinskonditionen einen verlässlicheren Rahmen für die Schuldner bildete. Die angelsächsisch geprägte Finanzialisierung steuerte im Zuge der einsetzenden Niedrigzinspolitik (zur Stabilisierung der Kapitalmärkte) durch die FED auf immer neue Höhepunkte zu, die insbesondere Hedgefonds zu immer gewagteren Finanzierungen veranlassten. Die Bewegungen an den Kapitalmärkten mit der Gefahr der Instabilität wurde in Kauf genommen und schien auch gewünscht zu sein. Die Banken und Entwickler neuer Finanzprodukte verdienten kräftig dabei.

Die zunehmend ungesunde Explosion der Kapitalmärkte zeigt sich insbesondere anhand des Bestands an ausstehenden Finanztermingeschäften (Derivaten). 1987 noch mit überschaubaren Volumina startend, hat die Entwicklung ein förmlich Märkte sprengendes Potenzial entwickelt, wie die folgende Übersicht auf der nächsten Seite zeigt:

Bestand an Zins-/ Währungsswaps, CDS und Aktienderivaten jeweils am Jahresende ...	Zins- und Währungsswaps, Zinsoptionen	CDS	Aktienderivate
1987	0,9	-	-
1988	1,7	-	-
1989	2,5	-	-
1990	3,5	-	-
1991	4,4	-	-
1992	5,3	-	-
1993	8,5	-	-
1994	11,3	-	-
1995	17,7	-	-
1996	25,5	-	-
1997	29,0	-	-
1998	51,0	-	-
1999	58,3	-	-
2000	63,0	-	-
2001	69,2	0,9	-
2002	101,3	2,2	2,5
2003	142,3	3,8	3,4
2004	183,6	8,4	4,2
2005	213,2	17,1	5,6
2006	285,7	34,4	7,2
2007	382,3	62,2	10,0
2008	403,1	38,6	8,7
2009	426,7	30,4	6,8

Explosion der Kapitalmärkte, ausstehender Bestand an Derivaten 1987–2009 in Bio. US-Dollar[163]

Mit 62,2 Billionen US-Dollar hatte der Bestand an CDS-Absicherungen Ende 2007 ein Zwischenhoch erreicht. In der Frühphase der Finanzkrise erreichten auch die Aktienderivate ihren höchsten Stand (rund zwölf Bio. US-Dollar am Ende des ersten Halbjahres 2008). Die Zinsswaps, Währungs- und Zinsoptionen konnten seit Beginn der Finanzkrise ihr hohes Niveau bei starker Volatilität halten. Noch am Ende des ersten Halbjahres 2010 lag der Bestand bei 434 Billionen US-Dollar.

Um sich die Sprengkraft der Kontrakte zu vergegenwärtigen, reicht schon der Hinweis, dass diese Summe den gesamten US-Staatshaushalt (etwa 3,5 Bio. US-Dollar im Jahr 2010) um mehr als das 120-Fache und sogar das des Welt-BIP (geschätzt rd. 67 Bio. US-Dollar) noch um mehr als das Sechsfache übertrifft. Eine sich überschlagende Dynamik, die historisch ohne Beispiel ist. Wie konnte es soweit kommen?

In der neuen finanzialisierten Welt hatte die schnellstmögliche Steigerung des Shareholder-Value Vorrang, die inländische Fertigung wurde zugunsten von preisgünstiger produzierenden Standorten (z. B. China) outgesourct. »Quartalsirre« Analysten feierten die steigenden Gewinne. Die Konsumenten profitierten von den niedrigen Preisen und erfreuten sich an der Wertsteigerung ihrer fast vollständig fremdfinanzierten Immobilien. Der neue Geldmanagerkapitalismus schien alle reich und glücklich zu machen, im Zweifel »auf Pump«. Ein feines Spiel für die Akteure, die ihrerseits nie für die Verluste aufkommen müssen.

Der Urvater des Kapitalismus, Adam Smith, lieferte bereits die psychologische Begründung für das Spiel: Er sah sie gegeben in der »eitlen und maßlosen Überschätzung der eigenen Fähigkeiten beim größeren Teil der Menschheit und dem absurden Glauben an das eigene Glück«. Obwohl Adam Smith der Ansicht war, dass der menschliche Drang zum Risiko den wirtschaftlichen Fortschritt fördert, hegte er als schottischer Moraltheologe doch die Befürchtung, dass die Gesellschaft Schaden erleide, wenn dieser Drang überhand nehme. Ihm lag deshalb daran, die Vorzüge der freien Marktwirtschaft durch moralische Gesittung in Schach zu halten.[164]

Mit der Finanzialisierung ist Moral keine wirksame Schranke mehr, nicht zuletzt durch den gestiegenen Abstraktionsgrad, der die schädlichen Wirkungen der Aktivitäten an den Finanzmärkten nicht mehr transparent werden lässt. Dazu bedarf es klarer Regeln, die das moralische Versagen in möglichst engen Grenzen hält. Derzeit betrifft das moralische Fehlverhalten Politiker, die wiedergewählt werden, Banker, die weiter ihre möglichst hohen Provisionen kassieren wollen, sowie Ratingagenturen, die sich bestmöglich für ihre Urteile und gegebenenfalls auch Beratung von den Emittenten bezahlen lassen möchten.

Auch hier wird, wie bei den Banken, eine Gewinnmaximierungsstrategie verfolgt, die insgesamt zu suboptimalen Ergebnissen führt, da die Risiken an Dritte transferiert werden (die fehlinformierten Anleger und die Steuerzahler). Der Emittent freut sich zwar über das schöngefärbte Urteil und die damit gegebenenfalls verbundene Rating gestaltende Beratung. Die Agenturen arbeiten aber eben wie ein Steuerberater die maximalen wirtschaftlichen Vorteile für ihre zahlenden Kunden (Emittenten/Originatoren) im Rahmen der Regelwerke heraus, die Bestnote wird gestaltet (wenn die Gestaltungskunst am Ende ist, bleibt als Alternative die Einflussnahme auf die Regulierung selbst), sodass letztlich die Leidtragenden dieser Informationsverzerrung die Kapitalmärkte und die Käufer der Emissionen sowie die Steuerzahler sind, falls Rettungsaktionen erforderlich werden. Das Rating verliert an Aussagekraft. Die Fehlsignale bestehen aber auch fort mit dem Ersetzen der Ordnungspolitik durch die Etablierung eines permanenten Rettungs- oder Krisenmodus in den entwickelten westlichen Staaten.

Sowohl in Europa als auch in den USA können die Banken auf die Hilfe ihrer Regierungen und der Notenbanken vertrauen. Mit dem Schlachtruf »Too big to fail« und den vermeintlichen Ansteckungsgefahren wird die Marktwirtschaft, zu der auch – selbstverständlich – Bankenzusammenbrüche gehören, außer Kraft gesetzt. Der Schulden treibende Dauerinterventionismus wird Systembestandteil. Mit der aktuellen Politik des »leichten Geldes« durch die FED und die EZB wurden – und werden – die Zinsen künstlich niedrig gehalten. Die Banken und der Staat profitieren: Bei den Banken steigen im Zuge der günstigen Refinanzierung die Gewinnchancen durch die Hebelungsmöglichkeiten (Leverageeffekt). Die hoch verschuldeten Vereinigten Staaten hatten eine niedrigere Zinslast zu stemmen.

Mit der Geldflutung wurde aber nicht nur Zeit gekauft, sondern die Lage weiter verschlimmert. Durch das instabilitätsfördernde Fehlsignal zu niedriger Zinsen wurden die ökonomischen Risiken des Gesamtsystems vergrößert. Erneut anziehende Zinsen sind für die Finanzinstitute und die hoch verschuldeten Staaten kaum verkraftbar. Daher muss das – fatale – Fehlsignal viel zu niedriger Zinsen fortbestehen. Vor diesem Hintergrund sind wir alle die Gefangenen einer dramatischen Fehlentwicklung, die Liberalisierung mündete in die heutige Finanzialisierung, die die Entwicklung an den Kapitalmärkten zur neuen Richtschnur des Handelns werden ließ. Es lässt sich inzwischen festhalten, dass mit der Liberalisierung nicht die Rückkehr zur Sozialen Marktwirtschaft erfolgte. Diese war bereits durch den seit den 1970er-Jahren etablierten Wohlfahrtsstaat verdrängt worden. Das angelsächsisch geprägte Gegenleitbild war der weitgehend ungeregelte Kapitalismus internationaler Banken und Großkonzerne.

Sie waren sogar in der Lage, Staaten gegeneinander auszuspielen, zum Beispiel, wenn es um Investitionen in neue Standorte ging. Um Fusionen zu erleichtern, wurden im Zweifel Ausnahmeregeln geschaffen. So hatten beispielsweise Manager freie Bahn und konnten verstärkt ihre Macht zulasten der Verbraucher und der Volkswirtschaften, die sie bei Standortfragen gegeneinander ausspielten, einsetzen. Diese Art von Oligopol- oder sogar Monopolkapitalismus war das Gegenteil des Leitbildes der Sozialen Marktwirtschaft von Ludwig Erhard, der in der Erhaltung der Wettbewerbsfähigkeit mithilfe des Bundeskartellamts ein Kernelement seiner Politik sah. Die zunehmende Lockerung bei Fusionsgenehmigungen, die auch die Ratingagenturen selbst für eine verstärkte Übernahmeaktivität nutzten, prägte die New-Economy-Ära. Auch die Übernahme des neuen angelsächsischen Geldmanagerkapitalismus mit seinem ostentativen Konsum trug zu den derzeitigen Fehlentwicklungen bei.

Die Spitzengehälter explodierten, immer mehr Unternehmensberater, Wirtschaftsprüfer und die Topanalysten bei den Ratingagenturen verdienten üppig, während kleinere Angestellte mit Zeitarbeitsverträgen konfrontiert wurden und das »Hartztum« diesen Entwicklungen in einer Art zugute kam und dabei »eine Richtung« vorgab, die so nicht gedacht war. Nach der Schöpferin des Begriffs Gucci-Kapitalismus, Noreena Hertz, beruht dieser Kapitalismus nicht auf realen Werten, sondern konzentriert sich auf bedeutungslosen Konsum mit der Absicht, das Geschäft zur wichtigsten Triebkraft der Gesellschaft zu machen.[165]

Während die rot-grüne Regierung – entgegen aller sozialdemokratischen Ideale – eine rigide Privatisierungspolitik betrieb, prägte der frühere SPD-Chef Franz Müntefering 2005 den Begriff »Heuschrecke« mit seiner Kritik am angelsächsischen Kapitalismus und an der Profitmaximierungsstrategie von Hedgefonds und Private-Equity-Gesellschaften: »Sie kommen im Verbund, unangemeldet, ohne Rücksicht auf Verluste, und fressen die Felder leer.« Später ergänzte er: »Da hat sich eine Mischung aus Dilettanten, Spielern und Gangstern verbündet. Sie versuchen, die Politik auszumanövrieren. Es geht um Verantwortungsethik und die Frage, ob man sich verantwortlich fühlt für ein Gelingen der Gesellschaft und der Welt insgesamt.«[166]

Eigentlich hätte er auch direkt seine Parteigenossen angreifen müssen, die den Weg durch übertriebene und damit destabilisierende Marktliberalisierungsschritte für zweifelhafte Geldmanager oder staatlich gelenkte ausländische Investoren frei gemacht haben. Statt stabiler inländischer Langfristaktionäre traten kurzfristig orientierte Hedgefonds verstärkt auf, die in einer Zeit des billigen Geldes gut geführte Unternehmen kreditfinanziert erwarben, den Fertigungsstandort nach Osteuropa verlagerten oder die Unternehmen regelrecht filetierten.

Die neue Plattform für das »Zocken« bildete der ab 1997 geschaffene Neue Markt der Deutschen Börse. Das Vorbild hierfür war der 1971 gegründete US-Wachstums- und Technologieindex NASDAQ Composite mit derzeit rund 5000 Unternehmen. Als Aktienindex (Performanceindex) sollte der Neue Markt das Segment der sogenannten »Neuen Technologien« widerspiegeln. Er bot jungen Unternehmen in den Branchen Neue Medien, Informations- und Biotechnologie und anderen Anbietern innovativer Produkte die Möglichkeit der Eigenkapitalfinanzierung über die Börse. Die am Neuen Markt gebündelten Zukunftsindustrien wurden als »New Economy« im Gegensatz zur verstaubten »Old Economy« mit ihren tristen Stahlwerken und anderen, vermeintlich überholten Herstellern von Standardprodukten für die Industriegesellschaften bezeichnet.

Eine sehr gängige Ansicht in der Zeit des Technologiehypes war: »*Jetzt wird der Markt verteilt*«. Das Finanzkasino bot eine gute Chancen-/Risikenverteilung für diejenigen, die dem elitären »Klub« der Manipulatoren angehörten. Für die Ratingagenturen war aus der Nische der CDOs eine »*riesige Maschine geworden, die alles antrieb*«. Es war nach Angaben des früheren zuständigen Abteilungsleiters Kolschinsky »*Fließbandproduktion*«.[167]

Die Ratingagenturen, aber auch viele Investmentbanker oder Aktien-Promotoren waren Gestalter der Märkte und damit nicht mal mehr den »*normalen*« Risiken des Kasinos ausgesetzt. Bei extrem niedrigem Eigenkapitaleinsatz nutzten die Manager ihre Chancen auf Extremgewinne und verstärkten die Spekulation mit asymmetrischer Risikoverteilung. Für das Glücksrittertum, eine Bezeichnung, die Hans-Werner Sinn in seinem Buch Kasino-Kapitalismus wählte (z. B. S. 84), müssen dann aber allein die Steuerzahler aufkommen. Die Fehlanreize durch die falschen Regeln für Finanzgeschäfte hatten weitere Destabilisierungen zur Folge.

Auch die börsennotierten Firmen selbst mutierten zu »quartalsirren Erfolgsmeldern« manipulierter »pro forma«-Zahlen. Die Vorstände berauschten sich an schnell steigenden Aktienkursen, wovon ihre Tantiemen abhingen. Unkritische Finanzanalysten hatten als »Verstärker« »Kauf-«Studien zu liefern. Ein deutlicheres Feedback erhielten Analysten in der Regel bei ungünstigen Beurteilungen: Dann wurde eine Analyse sogar zur Chefsache und das »*Fehlverhalten*« beispielsweise so kommentiert. »*Sie haben vermutlich unser aussichtsreiches Geschäftsmodell nicht verstanden?*« Gleichzeitig wurde unternehmensseitig das Angebot unterbreitet, es noch mal dem Analysten detailliert zu erklären. Eine Kritik am Geschäftsmodell selbst galt schon fast als unzulässig.

Dieses Verhalten ähnelte dem von Politikern nach verlorenen Wahlen, die den Bürgern vorwarfen, ihre ach so erfolgversprechende Politik nicht richtig zu würdigen. Danach würde es sich allenfalls um ein Kommunikationsproblem handeln. Auf dem Höhepunkt der Spekulationsblase hatten Titel des Neuen Marktes höhere Börsenwerte als weit größere Industriekonzerne mit stabiler Geschäftsgrundlage.

Aktien wie Intel aus den USA oder in Deutschland die Deutsche Telekom, Mobilcom, EM.TV oder D.Logistics waren die überragenden Stars der New Economy, dem Pendant zur »New Era« 1924 bis 1929 mit den Highflyern US Steel, General Motors und Radio Corporation of America.[168] Kaum jemand stellte die Frage, ob sich hier eine Tech-Blase gebildet hatte. Auch die Gier von Anlegern, die sich bislang nicht für die Börse interessierten, war geweckt.

Alle waren nur noch auf der Suche nach »heißen Tipps«. Die Bild-Zeitung berichtete über die Börsenchancen auf der ersten Seite – ein Warnsignal.[169] Die neue Anleger-Herde, die nur an steigende Kurse glaubte, bot vielen eine vermeintliche Sicherheit. Auch einige Bankvorstände verloren ihre Zurückhaltung und wurden von der Hybris des Marktes erfasst. In Vorträgen wurden Aktien wie die T- oder die Infineon-Aktie als »*Witwen- und Waisen-*

papier« bezeichnet. Vor der Zeichnung der dritten Tranche der Deutschen Telekom, die von viel Werbung wie für ein Waschpulver und politischer Unterstützung begleitet wurde, verstieg man sich sogar zu der Aussage »*Die Telekom-Aktie ist sicherer als eine Bundesanleihe.*«[170]

Damals waren solche Ansichten auch in der Bevölkerung weit verbreitet, und unternehmensseitig wurde die allzu euphorische Sicht nicht korrigiert. Aber selbst bei an sich alarmierend hohen Bewertungen dominierten in den Medien nach wie vor enthusiastische Kaufempfehlungen mit oft utopischen Kurszielen. Es galt der Grundsatz »*The show must go on*«. Dazu der Fondsmanager Karl Fickel: »... – ob Fondsmanager, Kunden, Fondsgesellschaften, Banken, die Unternehmen, die an die Börse gingen, und auch die Journalisten – sie alle waren Täter, Opfer und Getriebene zugleich.«[171] Aktienresearcher galten als Spielverderber, wenn sie sich gegen den verrückt gewordenen Markt stellten. Es galt der Slogan vor dem IPO: »*Die Story und der Auftritt müssen stimmen, alles andere ist nicht so wichtig.*«

Der New-Economy-Hype war ein neuer Massenwahn, der mit einem Jugendkult verbunden war: Ihr Älteren versteht das nicht mehr: Alt = Old Economy. Es zählte die »Anzahl der Klicks« auf der Internetseite. Traditionelle Gesellschaften fühlten sich unter Druck gesetzt und präsentierten in größter Eile »E-Lösungen«, um wieder auf Investoreninteresse zu stoßen. Potenzielle Kundenerträge, die weit voraus lagen, wurden für die Bewertung der Unternehmen herangezogen, die Gegenwart zählte nicht mehr, sondern nur die Zukunft. Beliebt war dabei die Bewertung anhand von diskontierten, künftig erwarteten Free-Cashflows, die sich flexibel gestalten ließ. Falls das gewünschte Ergebnis nicht erzielt wurde, wurde das Langfristwachstum höher angesetzt.

Auch mit dem risikoadäquaten Kalkulationszins ließ sich gut herumspielen. John Kenneth Galbraith hätte das »Ökonomie des unschuldigen Betrugs« genannt.[172] Märchenerzähler hatten Hochkonjunktur. Wenn wie bei Enron dazu noch ein charismatischer Chef wie CEO Skilling auf der Bühne stand, gab es überhaupt kein Halten mehr.

Bedenkenträger wurden während des New-Economy-Booms als »Bremser« abgefertigt. Keiner, so schien es, wollte hören, dass die schöne Party jemals zu Ende gehen könnte. Als der S&P 500 Index im März 2000 sein Allzeithoch erreichte, lauteten 72,6 Prozent aller Analystenempfehlungen »Kaufen«, und nur 1,9 Prozent sagten »Verkaufen«.[173]

Die relative Anzahl der Kaufempfehlungen war während der Phase, als die Kurshöchststände erreicht wurden, besonders hoch. Umso heftiger erfolgte dann die Gegenbewegung des Marktes, das Segment »Neuer Markt« wurde sogar abgeschafft. Die schnelle Abschaffung des Index nach dem Kursdesaster war in der Rückbetrachtung genauso fragwürdig wie die vorherige bedenkenlose Promotionsmaschinerie, die von den Banken und den Medien durch entsprechend wohlwollende Berichterstattungen und bei letzteren begleitet von einem riesigen Anzeigenaufkommen damals unterstützt beziehungsweise befeuert wurden.

Politiker konnten die »Finanzialisierung«, das heißt, die immer stärkere Ausrichtung auf die Anforderungen der Kapitalmärkte, nicht stoppen, im Gegenteil: Politik ist nicht die Lösung, sondern das Problem, wie die liquiditätsflutende Notenbankpolitik (die mit dem sogenannten Greenspan-Put selbst zur »Finanzialisierung« beitrug) in den USA zeigte, die immer neue Vermögenspreisblasen erzeugte, und die Staatsverschuldung durch die Niedrigzinspolitik nicht bremste.

Außerdem, Politiker wollen in erster Linie wieder gewählt werden und überprüfen vor allem, wie ihre Maßnahmen an den Märkten – und insbesondere von ihren Wählern – honoriert werden, sie wirken wie Getriebene. Die größte Gefahr droht, wenn Politiker, auch um von ihrem ökonomischen Versagen abzulenken, Kriege führen. Denn um den Börsen zu gefallen, führen sie gegebenenfalls schnell und siegreich Kriege.[174] So gefährlich erscheinen noch nicht einmal die Manager, die den Staat allenfalls in Mithaftung nehmen, wenn etwas schiefläuft.

Der Erfolg der quartalsberichtenden Manager wurde immer stärker am Börsenkurs gemessen. Sie wurden selbst zu kurzfristig Getriebenen, der Aktienwert entwickelte sich zum Dreh- und Angelpunkt des neuen ungeregelten Kapitalismus, dessen neue Herren auch visionäre Märchenerzähler wurden. »Durch Beleuchtung, Kulissen und ausgefeilte Rhetorik wollen Banker und Autobosse ihr Publikum bei Hauptversammlungen, Presse- und Analystenkonferenzen in den Bann ziehen«, so die Theaterwissenschaftlerin und Dozentin Brigitte Biehl.[175] Zur Bühnenshow gehört, dass die für Investor Relations zuständigen Mitarbeiter den Vorstand vor den jeweiligen Analystenveranstaltungen genauestens briefen. Trotz dieser Bemühungen wurde der Bogen dann irgendwann überspannt.

Mit dem allgemein in der Öffentlichkeit diskutierten Versagen der Wirtschaftsprüfer und Ratingagenturen bei den Gesellschaften Enron, Worldcom und Parmalat gerieten die »Großen Drei«, S&P, Moody's und Fitch in eine Reputationskrise, die bis heute anhält und sich zuletzt mit der dramatischen Herabstufung wichtiger Volkswirtschaften erneut verstärkte. Trotz der vielfältigen Kritik geriet das fehlgeleitete Finanzsystem nicht ernsthaft ins Wanken. Die Ratingagenturen blieben in den Jahren vor dem Ausbruch der Finanzkrise aber mächtig genug, um vor allem die Unternehmen öffentlichkeitswirksam an ihre Restrukturierungsnotwendigkeiten zu erinnern, wenn sie ihre Hausaufgaben aus ihrer Sicht nicht machten.

Die stimmenmaximierenden Politiker ließen sich von den Ratingagenturen vor dem Ausbruch der Finanzkrise weniger beeindrucken. Einen Warnschuss erhielt aber bereits die Bundesregierung in den Jahren 2004/2005. In dieser (lähmenden) Phase der Stagnation mahnten die Agenturen bei der Politik einen Konsolidierungskurs an, damit der Bund als Schuldner sein Triple A nicht verliert.[176] Der Bund hätte dann mit höheren Zinskosten kalkulieren müssen. Natürlich erfolgte die Kritik wie auch in anderen Fällen nicht zu plakativ, da die Ratingagenturen ihre zahlenden Kunden, zu denen auch Staaten gehören, nicht verlieren wollten. Auch potenziell können Ratingagenturen neue Staaten als zahlende Kunden gewinnen und dies durch ein unbeauftragtes Rating auch provozieren, wenn sie den Bogen der Kritik nicht überspannen (bislang zahlt der Bund noch nicht für Ratings).

Nach dem Vorwurf von zu optimistischen und unkritischen Schönwetter-ratings (nach den Debakeln um Enron, Worldcom, Parmalat und anderen) förderten die Ratingagenturen als Teil der Financial Community den Trend zum Kostensenken, der dann auch die ganze Branche ergriff. Dabei zeigte sich die »Finanzialisierung« auch durch oft schillernde Namen für Kostenab-bau-, Restrukturierungs- oder Effizienzsteigerungsprogramme börsennotier-ter Gesellschaften. Statt von Sparmaßnahmen, Personalabbau oder Entlas-sungen zu berichten, standen meist angelsächsisch geprägte Kampfbegriffe wie »*Cost Cutting*«, »*Streamlinen*«, »*Fokussieren*« und »*Restrukturieren*« im Vordergrund. Ein paar Beispiele für manchmal fast plakativ wirkende Unter-nehmensprogramme in alphabetischer Reihenfolge der Gesellschaften:

Gesellschaft	Programmname	Jahr
Air Berlin	Jump	2009
	Accelerate 2012	2011
	Turbine 2013	2013
Arcandor, vormals KarstadtQuelle	Challenge	2003
BMW	Number ONE	2007
Commerzbank	Roadmap 2012	2009, im Zuge der Integration der aufgekauften Dresdner Bank
Daimler	»Core« – »Costs Down, Revenue Up, Execution«	2005
DASA (EADS-Vorläufergesellschaft)	Kostensenkungsprogramm »Dolores« – Dollar Low Rescue	Mitte der 1990er-Jahre
Deutsche Bahn	reACT09	2009

Gesellschaft	Programmname	Jahr
Deutsche Post	STAR	2002
	Roadmap to Value	2008
EADS	Power 8	2007
	Power 8 Plus	2008
E.ON	Perform-to-Win	2009
	E.ON 2.0.	2012
Fraport	WM (Wertmanagement) 2005	2002
	Wir machen Fraport fit!	2005
Infineon	Fitness-Programm »Smart Saving«	2004
	Kostenoptimierungsprogramm IFX 10+	2008
Lufthansa	Programm 15	1996
	D-Check	2001
	Aktionsplan	2003
	Climb 11	2009
	Score	2012
Mercedes Benz	»Go for 10«	2008
Siemens	Fit 4 2010	2007
	One Siemens	2011
	Siemens 2014	2013
ThyssenKrupp	impact	2011
TUI	»Get 2015«	2011
Volkswagen	ForMotion	2004

Beispiele für Unternehmensmanagementprogramme[177]

Die Ankündigung von »Cost Cutting« durch die Firmen hat in der Regel zur Folge, dass die Aktienkurse steigen. Das klingt zynisch, erklärt sich aber durch die erhofften, ertragssteigernden Effekte. Bei notwendigen Kostensenkungsmaßnahmen hat das Management in der Vergangenheit die Weichen oftmals falsch gestellt, wobei dieser Aspekt in den Hintergrund tritt. Die »Blender« fahren oft eine Doppelstrategie, die hellhörig machen sollte: Zum einen mit einer über einen enormen Zeitraum gehenden, alle Kräfte bindenden und zumeist überdimensionierten Unternehmensumbenennung und zum anderen werden – dazu mit abstrusen Begrifflichkeiten (siehe oben) – groß interne »wettbewerbsverbessernde« Aktionen angekündigt, die eigentlich Tagesgeschäft sind.

Sicher, es ist nicht leicht, solche unternehmerischen Manipulationen frühzeitig zu erkennen. Eine tief gehende Unternehmensanalyse und ein sorgsames Beobachten »bestimmter« Indizien helfen aber oft weiter. Wenn die Wettbewerbsanalyse Hinweise liefert, dass das Geschäftsmodell fehlerbehaftet ist, ernste Schwächen aufweist oder sich die Marktposition verschlechtert, ist äußerste Vorsicht geboten. Bei aggressiver Manager-Bezahlung mit üppigen Bonusanreizen nehmen leitende Angestellte gern zum Beispiel über Aktienverkäufe das »Geld vom Tisch«. Zu den Tricks gehört auch das Auslagern von Assets (Geschäftsimmobilien) mit überhöhten Mieten (Beispiel Arcandor), darüber hinaus ein langjähriger Unternehmensumbau (Beispiel TUI beziehungsweise früher Preussag), der die Managerleistung verschleiert. Die Langfristprojektionen wirkten zwischenzeitlich ermutigend, hielten der Realität jedoch oft nicht stand. Schwache und schnell fallende Gewinne, Liquiditäts- oder Bonitätsprobleme wie die Abhängigkeit von wenigen Hauptkunden oder Produkten liefern entscheidende weitere Warnhinweise.

Bei kritischer Analyse zeigen sich auch Widersprüche oder Anzeichen fundamentalen Drucks bei Telefonkonferenzen mit den Analysten oder bei Präsentationen. Generell nutzen Firmen solche Events zur Bindung ihrer Klientel. Diese Unternehmens(un)kultur mit gezielten Desinformationen wirkt besonders manipulativ auf jüngere und weniger berufserfahrene Analysten nicht zuletzt in den Ratingagenturen. Sie werden so leichte Beute und unter Umständen sogar zu Vasallen einer finanzialisierten Welt, deren vernetzte Strukturen offene Kritik relativieren oder gar nicht mehr zulassen. Dies fördert die Selbstbestätigung der Akteure und Lobhudelei auch dann noch, wenn die Mängel kaum mehr zu übersehen und die Schonung nicht mehr zu vertreten ist. Letztlich geht es darum, einen zahlenden Emittenten dauerhaft an sich zu binden. Daher ist die Ratingagentur allein schon aus geschäftlichen Gründen kompromissbereit.

Für die Analysten in den Ratingagenturen ist die Aufgabe doppelt schwierig. Sie müssen auch vor dem Hintergrund der Pressionen ihrer Arbeitgeber eine eigene Position finden. Der Ethikaspekt des Handelns wird durch die Zielstrukturen de facto organisatorisch ausgeklammert. In dem fehlgeleiteten Finanzsystem zählt nur der schnelle Profit, der zumeist nur durch ein hohes Maß an Skrupellosigkeit erreicht werden kann. Es gilt im Zweifel »Wes Brot ich ess, des Lied ich sing«. Die veränderte Interpretation der Nachrichten ist auch durch die zunehmend kurzfristigere Orientierung der Marktbeobachter bedingt. Mit den niedrigen Zinsen traten vermehrt Private Equity-Gesellschaften und Hedgefonds auf. Da sie die Jagd auf die Unternehmen kreditfinanziert durchführten, standen sie unter einem großen Erfolgsdruck, der zu Ausplünderungsmaßnahmen, wie zum Beispiel überhöhten Dividendenausschüttungen oder dem Zerlegen des Unternehmens in mehrere Einzelteile führte. Der Verkauf von Segmenten oder die Verlagerung der Produktion an Billigstandorte, zum Beispiel mit der Folge einer geringeren Produktqualität, rundete das »schnelle Ausbeutungsprogramm« ab.

Der »mahnende« Ruf an die Analysten in den Ratingagenturen geht hier fehl, denn aus deren Sicht ist es allein sinnvoll, mit der Masse der Kollegen mitzuschwimmen. Scheren einzelne gegenüber dem Mainstream aus, setzten sie sich größeren »existenziellen« Risiken aus. Nicht nur die Kritik an der Macht der Finanzmanager und Analysten, sondern auch an den führenden Ratinginstituten eskalierte im Zuge der Finanzkrise. Inzwischen wurde im Zuge des regulativ abgesicherten Outsourcings der Verantwortung an die vermeintlich unabhängigen Experten dann doch die Frage gestellt, wie es soweit kommen konnte. Das eigene kritische Nachdenken über die Risiken einer Anlage bekam, so schien es zumindest, einen neuen Stellenwert.

Beginn des verhängnisvollen »Kettens« an die Ratingurteile

Das verstärkte Ketten der Anleger an die Ratingurteile hat mehrere Gründe. Einerseits beinhalten Emissionsbedingungen und Kreditverträge üblicherweise Anpassungs- und Kündigungsklauseln, die wiederum mit den Ratings der großen führenden Agenturen verknüpft sind. So können je nach den vertraglichen Klauseln oder (Neben-) Abreden (Covenants) Rating-Verschlechterungen als Auslöser (Trigger Events) von Vertragskündigungen durch die Gläubiger nach sich ziehen. Sogenannte Cross-Default-Klauseln können dann bereits zu einer Kündigung führen.

Dabei handelt es sich um eine Vereinbarung in Kreditverträgen oder in den Anleihebedingungen, wonach eine Vertragsstörung bereits dann eintritt, wenn der Kreditnehmer im Verhältnis zu anderen Gläubigern vertragsbrüchig wird, ohne dass der die Klausel beinhaltende Kreditvertrag selbst in irgendeiner Form verletzt wurde. Mit der Kündigung wird der Anleihe- oder Kreditbetrag dann sofort einforderbar. Die Agenturen können deshalb durch Herabsetzen des Ratings eine Unternehmenskrise schnell verschlimmern, wenn es dadurch zu ratingbedingten automatisierten Kreditkündigungen kommt.[178]

Andererseits ging die Übersicht für die Investoren angesichts der zunehmenden Komplexität der Finanzprodukte sukzessive verloren. Diese Problematik hat sich im Zuge der Finanzialisierung, das heißt der Ausweitung der Kapitalmärkte mit immer komplexeren Finanzierungsstrukturen und immer stärkeren Auswirkungen auf die Realwirtschaft, immer weiter verschärft. Die Explosion derivater Instrumente bedurfte zunehmend der Beurteilung Dritter, »echter« Experten, die sich mit der Materie auskennen. Der Wert einer Einschätzung durch vermeintlich unabhängige Prüfer stieg mit der Hilflosigkeit der Anleger. Das Gütesiegel oder Zertifikat gab dem Entscheider dann die Sicherheit, diese Investition auch zu tätigen, wenn die Bonität den vorgeschriebenen Mindestkriterien entsprach.

Wie bereits an anderer Stelle erwähnt, prüfte hier – im übertragenen Sinne – der TÜV die Autos, die er selbst gebaut hat, daher war das Gütesiegel nur scheinbar von Wert. Für den Entscheider hat dieses formal gültige Gütesiegel den Vorteil, dass er sich so anhand des Ratings rückversichern kann gegenüber Vorgesetzten beziehungsweise dem Aufsichtsrat. Den formalen Anforderungen musste auf jeden Fall entsprochen werden. Mit der Anforderung durch die Regulierer, dass zum Beispiel nur Investment-Grade-Anlagen oder auch nur AAA-geratete Papiere gekauft werden durften, war der Spielraum der Anlagedisponenten bei den Banken, Versicherern oder Fonds eingeschränkt.

Sie durften »andere« Papiere nicht erwerben, auch wenn sie selbst nach reiflicher und sachgemäßer Prüfung zum Beispiel zu einem viel günstigeren Urteil kamen. Dies kommt fast einer Entmündigung der Profis gleich. Das Knowhow wurde outgesourct durch ein strenges Regulativ, das sich inzwischen nicht als krisenrobust erwiesen hat. So waren die AAA-gerateten Subprimes gefährliche Mogelpackungen, auf die viele Investoren hereinfielen. Dieses Pseudo-Anchoring an Ratingurteilen verleitete zu Fehlentscheidungen, die sich in Einzelfällen für die Gesellschaften als ruinös erweisen konnten. Zum Beispiel haben deutsche Landesbanken in hohem Maße US-Subprime-Papiere erworben, die zu erheblichen finanziellen Belastungen führten.

In den USA erfolgte der Sündenfall der Übertragung von Macht an die Ratingagenturen bereits in den 1930er-Jahren, indem wesentliche Teile der Finanzaufsicht an die profitorientierten Gesellschaften übertragen wurden, die ihre staatlich eingeräumte Rolle als Lizenzgeber schnell nutzten. 1975 wurde von der SEC der privilegierte Status der drei führenden Ratingagenturen weiter verfestigt, indem sie zu NRSROs avancierten. Das Gütesiegel wurde formal immer wichtiger, der Informationswert fiel.

Das Ketten der Märkte an das Urteil der Ratingagenturen wurde damit weiter beschleunigt. Durch den Aufkauf von Konkurrenten stieg das Marktgewicht von S&P, Moody's und Fitch weiter. Auch in Europa wurde die Macht der Ratingagenturen verstärkt abgesichert. Mit dem im Juni 1999 gestarteten Basel-II-Projekt wurde vereinbart, dass die Eigenkapitalanforderungen im Kreditgeschäft der Finanzinstitute künftig über Ratings zu steuern seien.[179] Auch hier steht nicht mehr die Kenntnis über die Bonität des jeweiligen Schuldners im Vordergrund, sondern statistische Daten zu möglichen Kreditausfallraten. Steigen die so errechneten Kreditausfallraten, nehmen auch die Eigenkapitalanforderungen zu, wodurch sich eine prozyklische Wirkung ergibt.

Dieser vielfach kritisierte Automatismus wird durch Anlagerichtlinien verstärkt, die sofort Alarm auslösen, wenn ein Mindestrating nicht mehr erreicht wird. Das Ketten an die Ratingagenturen startete zwar in den USA und wurde zu einem wichtigen Nebenphänomen des angelsächsischgeprägten Finanzkapitalismus. In Europa (und auch weltweit, einschließlich der Schwellenländer) wurden die fragwürdigen Usancen und Normen relativ kritiklos übernommen. Dadurch konnten es sich die großen drei US-Ratingagenturen erlauben, eine koloniale Attitüde gegenüber den Europäern zu zeigen.[180]

Das lukrative Gebührenmodell wurde übertragen und Europa an den Destabilisierungsmechanismus durch das Ketten an die Urteile der Ratingagenturen angekoppelt. Während reiche Länder wie Deutschland nicht für ihr Rating bezahlen, zeigt sich die koloniale Attitüde auch dadurch, dass »insbesondere die ärmsten Länder« von US-Ratingagenturen mit sehr hohen Beträgen zur Kasse gebeten werden, weil gerade für sie das Rating von »existenzieller Bedeutung ist«.[181]

Das ist das Gegenteil von Entwicklungshilfe, nämlich nur das Nutzen einer marktbeherrschenden Stellung. Kritikern zufolge konnten Wall Street und die US-Regierung ihr Regulierungs- und Ratingsystem auch weltweit durchsetzen, unter anderem mithilfe von Organisationen wie der UNO und der Weltbank in den Entwicklungsländern, darüber hinaus über die BIS (Bank for International Settlements), die 1930 von US-Banken und westeuropäischen Zentralbanken gegründet wurde und heute als Zentralbank der Zentralbanken fungiert.

Mit den Neuregulierungen zur Eigenkapitalhinterlegung, »Basel I« (1988) und »Basel II« (2007) wurde das US-Ratingsystem, die ratingabhängige Regulierung für die übrigen westlichen Staaten über die USA hinaus verbindlich und findet sich in den Statuten auch der deutschen Finanzaufsicht Bafin und der Europäischen Zentralbank wieder.[182] Die vermeintlich hoch entwickelte Finanzindustrie zeigt sich inzwischen durch die falschen Anreizstrukturen fragil, die Fehlsteuerungen betreffen aber auch die Unabhängigkeit der Ratingmitarbeiter.

Fehlende Haftung für Fehlurteile

Analysten in Ratingagenturen werden angehalten, die Geschäfte zu stützen. Sie sollen im Zweifel nicht zu kundenkritisch agieren. Durch den Zugang zu vertraulichen Informationen der Emittenten wird in Insiderrichtlinien zwar geregelt, in welche Papiere die Analysten investieren dürfen. Die Gefahr des Nutzens dieser Informationen ist groß und die Problematik ungleich größer als bei Finanzanalysten, da das Rating einer führenden Agentur eine viel größere Marktbedeutung hat als die Kauf-, Halten- oder Verkaufsempfehlung eines Finanzanalysten, wenn er nicht gerade in einer der führenden US-Banken arbeitet. Während Researchdienstleistungen für Kunden häufig strengen Regulierungen unterworfen sind, zehren die Analysten in Ratingagenturen von einem gewissen Guru-Status (zwar im Schatten von prominenten Investmentbankingvertretern, aber immerhin), der mit der Ratingveröffentlichung zelebriert wird und auch institutionell abgesichert erscheint.

Die Agenturen betrachten ihre Ratingverfahren und die Bewertungs-grundsätze als »Betriebsgeheimnisse«. Die Ratingänderungen erscheinen oft als willkürlich und kaum nachvollziehbar. Dieses intransparente Verhalten von Ratingagenturen hat zur Folge, dass sie von Dritten nicht unmittelbar überprüft werden können und damit eine juristische Kontrolle erschweren.

Mangels Kenntnissen aufgrund von – wohl *»juristisch zwingend«* – nicht offenzulegenden Betriebsinterna und inhaltlichen Überprüfungsmöglichkeiten bezüglich des Ratingverfahrens können Gerichte dann allenfalls Mindestanforderungen nach der allgemeinen Verkehrsauffassung und dem gewöhnlichen Verwendungszweck überprüfen, wenn das Rating aus Sicht des gerateten Unternehmens oder des Anlegers *»fehlerhaft«* ist.[183]

Die juristische Kontrolle scheint aber ohnehin vonseiten der Gesetzgeber nicht vorgesehen zu sein, was allerdings auch an der Neuartigkeit der Materie liegen kann. Sie schaffen stattdessen – dabei vielleicht aus Unkenntnis, aber genauso denkbar aus gezielter Interessenwahrung – einen Schutzraum für die fragwürdige Tätigkeit der Ratingagenturen. So gelten die Ratingentscheidungen bislang nur als *Meinungsäußerungen ohne (nachteilige) zivilrechtliche Folgen.*

Bereits 1933 wurde in den USA ein Haftungsausschluss gesetzlich festgelegt.[184] Mit der Kreditratingagenturreform 2006 (CRARA – Credit Rating Agency Reform Act of 2006) wurde diese für die Ratingagenturen günstige Regelung erneut durch die anhaltende Begrenzung privatrechtlicher Klagemöglichkeiten bestätigt. Die Ratingagenturen berufen sich darauf, dass auch für ihre Bewertungen das Recht der freien Meinungsäußerung gelte – ähnlich wie bei Journalisten. Auch bei ihnen könnte es zu fehlerhaften Analysen kommen, für die sie ebenfalls nicht belangt würden.[185]

Zunehmend ist diese Sichtweise umstritten. Aus Sicht des Fachanwaltes Jens-Peter Gieschen haben die Bewertungen vielmehr einen »*gutachter-lichen Charakter*«. Die Agentur wüsste auch, dass ihre Ratings Entscheidungsgrundlage für entsprechende Investitionen sind. Wenn die Bewertung aber schlicht und ergreifend aus der Luft gegriffen ist, muss seines Erachtens im Zweifel Schadenersatz gezahlt werden. Statt dass die Bewertungen anhand eines »*abstrusen Systems*« erfolgen, das nicht nachvollziehbar ist, wären wissenschaftliche Standards heranzuziehen, wie das in Deutschland der Bundesgerichtshof beispielsweise schon für Gutachten von Sachverständigen festgestellt hätte.[186]

Bis zur Entscheidung des Bundesgerichtshofs in Karlsruhe Anfang 2013 war sogar umstritten, ob eine amerikanische Ratingagentur überhaupt in Deutschland verklagt werden kann. Im Fall eines 63 Jahre alten Rentners aus dem norddeutschen Varel hatte sich der Mann nach Angaben seiner Rechtsanwälte beim Erwerb später wertloser Lehman-Zertifikate auf die positiven Bewertungen der Ratingagentur S&P verlassen und verlangte Schadensersatz. Für den BGH war laut Beschluss entscheidend, dass der Kläger im Inland wohnt und zudem deutscher Staatsbürger ist. Damit können Ratingagenturen für ihre Einschätzungen zu Wertpapieren jetzt vor deutschen Gerichten verklagt werden, wodurch nach dem Kläger-Anwalt Gieschen nun erst die Chance bestehe, in ein ordentliches Verfahren zu kommen.[187]

Das Gericht verwies den Fall ans Oberlandesgericht Frankfurt zurück, das nun die formale Frage über die rechtmäßige Klagezustellung an den deutschen Sitz der Agentur in Frankfurt klären muss. Trotz dieses Erfolges durch die grundsätzliche Klagemöglichkeit vor deutschen Gerichten steht die Beurteilung haftungsrechtlicher Fragen und damit eine Entscheidung über eventuelle Schadensersatzleistungen durch die Ratingagenturen damit noch aus. Nach Ansicht einer Sprecherin von S&P in Deutschland ist die Agentur der Meinung, »dass solche Klagen völlig unbegründet sind«.[188]

Bislang sind die ökonomisch so zentralen Aussagen der Agenturen für diese letztlich ohne jegliche Haftungsgefahr möglich. Dies wurde auch von den US-Gerichten immer wieder bestätigt. Ob die spektakuläre Klage des US-Justizministeriums, die am 4. Februar 2013 gegen S&P und deren Mutterfirma McGraw-Hill eingereicht wurde, daran etwas ändert, muss zunächst offen bleiben. Dabei hat das, was die drei großen Ratingagenturen wie ein »Geleitzug« festsetzen, enorme Bedeutung. Wenn ein Land heruntergestuft wird, sind auch viele Unternehmen entsprechend mitbetroffen. Die Fähigkeit des Staates, für Schulden der Unternehmen im Extremfall einzustehen, wird niedriger eingestuft.

Wenn zum Beispiel durch eine Herabstufung auf Ramschniveau die Zinskosten steigen, kann die betroffene Gesellschaft dadurch in Konkurs geraten. Die Firmen wehren sich in erster Linie, indem sie der Ratingagentur, von der sie eine Bonitätseinstufung erhielten, die sie nicht als angemessen empfanden, kündigen.

Deutlicher ist der Widerstand bei öffentlichen Verwaltungen und Regierungen, so hat Anfang November 2012 erstmals ein Bundesgericht in Sydney/Australien eine Ratingagentur verklagt. Italienische Strafverfolger haben im November 2012 Klage gegen S&P und Fitch aufgrund unterstellter Marktmanipulationen erhoben (siehe später ausführlicher). Damit könnte die Zeit der allzu weiten Dehnung der ökonomisch bedeutsamen und manchmal fahrlässig erarbeiteten *»Meinungsäußerungen«* vorbei sein. Sie dürfen nicht außerhalb des Rechts stehen.

Auch in den USA geht die Regierung gegen eine Ratingagentur vor. So hat das US-Justizministerium am 4. Februar 2013 wegen zu guter Noten bei Hypothekenpapieren vor dem Ausbruch der Finanzkrise gegen S&P bei einem kalifornischen Gericht eine Klage eingereicht. S&P hat dem Vorwurf zufolge Investoren durch die zu guten Benotungen verbiefter Wertpapiere getäuscht. Mit dem Zusammenbruch des US-Immobilienmarktes erwiesen sich die Papiere als nicht werthaltig. Die Schäden, die die fehlerhaften Ratingurteile verursachten, sollen sich nach Schätzung des Ministeriums auf fünf Milliarden US-Dollar belaufen. Das Ministerium wirft S&P vor, im Interesse großer Investmentbanken und anderer Kunden Kreditrisiken »heruntergespielt« zu haben, um »die Einnahmen und den eigenen Marktanteil zu vergrößern«. So habe S&P »fälschlicherweise wiederholt betont, dass ihre Ratings objektiv, unabhängig und nicht beeinflusst von irgendwelchen Interessenkonflikten« seien. Die Agentur verteidigt sich damit, dass die Ratings in gutem Glauben abgegeben worden seien und dass die Klage des Justizministeriums von den Fakten wie von der juristischen Begründung her keine Grundlage hätte.[189] Wie bereits erwähnt, muss vorerst offen bleiben, ob diese spektakuläre Klage eine Veränderung bei der Haftung der Ratingagenturen zur Folge hat.

Das für juristische Laien als »Befreiung« von der zivilrechtlichen Haftung empfundene Ratingwesen ist aber auch in der Fachwelt inzwischen umstritten, zumal »dieser fast schon rechtlose Raum« eine wesentliche Grundlage für die hohen geschützten Erträge der Ratingagenturen ist. Allenfalls, wenn der Anspruchsteller eine Arglist oder grobe Fahrlässigkeit nachweisen kann, ist eine Haftung möglich.[190]

Das Paradox einer hohen Profitabilität der Ratingagenturen bei niedrigem Informationswert ist auch hiermit erklärbar. Die (faktische) Haftungsbefreiung müsste aufgelöst werden und durch eine Rechenschaftspflicht, ähnlich wie die bei Banken oder Anwälten, ersetzt werden.[191] Denn inhaltlich falsche Ratings können – im Gegensatz zu allgemein als Meinungsäußerungen verstandenen Einschätzungen – zu einem wirkungsvollen Phänomen werden, das einen »Alarmismus« an den Finanzmärkten auslöst, mit schädlichen Folgeeffekten für die Realwirtschaft. Von den steigenden Umsätzen profitieren Finanzinstitute, Finanzanleger und Hedgefonds, die auch zu den Eignern der Hedgefonds gehören.

Die so formal entstandene Situation einer juristisch abgesicherten Erzeugung von Instabilität ist ein Kollateralschaden, der nicht hingenommen werden sollte. Ganze Volkswirtschaften können schließlich unrichtigerweise im

Zuge einer negativen Kettenreaktion in den Staatsbankrott getrieben werden, der von den Steuerzahlern aufzufangen wäre. Diese negativen Folgen sind nicht vorrangig mit rein juristischen – zivilrechtlichen wie strafrechtlichen – Folgeregelungen zu verringern, sondern eher durch das grundsätzliche »Infragestellen« der Lizenzierungsmacht der großen Ratingagenturen und Rückverlagerung des Bezahlmodus weg vom Emittenten hin zu den Kunden, die die Ratings professionell nutzen.

Infolge eines dadurch verstärkten Reputationswettbewerbs in Verbindung mit einer zusätzlich variablen Bezahlung der Ratinganalysten nach Prognosegüte (im Zuge eines Backtestings) könnten Fehlurteile wieder reduziert werden.

Notenbanken mit Mindeststandards

Ob und inwieweit Notenbanken selbst Mindeststandards zum Beispiel für den Ankauf von Staatsanleihen setzen, hängt vom Grad der Unabhängigkeit der Zentralbank von der jeweiligen Regierung ab. Wenn die Unabhängigkeit niedrig oder nicht vorhanden ist, sind Notenbanken, wie die Historie zeigte, ohne Schutzmechanismen leicht Ersatzfinanzierer staatlicher Aufgaben. Die Anforderungen hinsichtlich der Hinterlegung von Sicherheiten werden dann im Zweifel angepasst.

Zwar liegen für die aufzukaufenden Anleihen Ratings vor, und hier könnten die formulierten Mindeststandards greifen, wenn man sich auch daran halten will (ansonsten droht eine Aufweichung der Kriterien zur leichteren Staatsfinanzierung durch die Notenbank). Mit der Übertragung der Bankenaufsicht, ab 2014 bei der EZB verankert, wird das Ziel der Preisniveaustabilität zunehmend nach hinten geschoben.[192]

Selbst die als besonders vorbildlich hinsichtlich ihrer Unabhängigkeit gegenüber der Regierung geltende Bundesbank hatte 1975 unter dem Präsidenten Karl Klasen deutsche Staatsanleihen und Anleihen der Deutschen Bundespost in Höhe von 7,6 Milliarden Deutscher Mark gekauft, um die Renditen in einer konjunkturellen Schwächephase zu drücken.[193] Erfreulicherweise blieb es bei dem Sündenfall, Staatsanleihenfinanzierung galt zumindest nach der Erfahrung der mehrfachen Währungszusammenbrüche im letzten Jahrhundert in Deutschland als Tabu. Zu Recht. Die stabilitätsorientierte Geldpolitik der Nachkriegszeit war so erfolgreich, dass die Deutsche Bundesbank mit ihrer konsequenteren Ausrichtung am Ziel der Preisniveaustabilität den Maßstab für eine solide Geld- und Währungspolitik setzte.

Inzwischen musste sich auch die Bundesbank den neuen europäischen Realitäten im Zuge des Dauerkrisenmodus beugen. Die Bundesbank ist ohnehin seit der Euro-Einführung in das europäische System der europäischen Zentralbanken mit anderen Notenbanken in ganz unterschiedliche geldpolitische Traditionen eingebunden. Ihre früher legendäre Unabhängigkeit gegenüber der Regierungspolitik kann in dem neuen Umfeld nicht mehr belegt werden. Mit dem geringen Stimmrechtsanteil von 5,9 Prozent (eine Stimme von 17 im EZB-Rat und zeitweiligem Stimmrechtsausschluss bei einer Erweiterung der Eurozone auf über 18 Mitglieder nach dem Rotationsprinzip) und dem gleichzeitig hohen Kapitalgewicht von 27,1 Prozent der Bundesbank findet eine demokratisch nicht mehr legitimierte Umverteilung bei geldpolitischen Entscheidungen statt.

Durch die Absenkung der Mindeststandards auch gegen den Willen der Bundesbank (Jens Weidmann protestierte) werden aus nominell gleichen Zinsen für alle Eurozonenstaaten niedrigere Effektivzinsen in den Südländern Europas, da die Rückzahlungswahrscheinlichkeiten für diese Zinsen niedriger sind. Hierdurch werden aber gleichzeitig die südlichen Krisenländer unattraktiv für Anleger. Eine damit ausgelöste Kapitalflucht in die stabileren Nordländer könnte den Euroverbund sprengen.

Die EZB selbst mutierte in der Krise zu einer »*Zentralbehörde zur Verteilung des europäischen Produktionsfonds*«, gelenkt vom – inzwischen wohl

– wahren Hegemon EZB-Rat, in dem Deutschland kein nennenswertes Stimmengewicht hat und allenfalls mit dem Austritt drohen kann.[194] Die Glaubwürdigkeit des neuen Europa ging neben der neuen Rolle der EZB als Staatsschuldenfinanzierer und -umverteiler vom produktiven Norden zum unproduktiven Süden auch durch den Bruch der Maastrichtregeln verloren.

Wenn eherne Schutzregeln nicht mehr gelten, ist Vorsicht geboten. Die Sicherheitsregeln auch der EZB wurden zunehmend geschliffen, da Frankreich und die südeuropäischen Staaten in der EZB die Stimmenmehrheit besitzen. Staatsanleihenkäufe zur Stützung der Konjunktur können so zum Normalfall und im Zweifel mit der dringenden Notwendigkeit, Staatsbankrotte wie zum Beispiel den von Griechenland zu vermeiden, begründet werden.

Nicht nur die FED kaufte im Zuge ihrer Quantitative-Easing (QE)-Programme zur Ankurbelung der Konjunktur Staatsanleihen (ab 2013 will die FED jeden Monat für rund 45 Mrd. US-Dollar Staatsanleihen kaufen), auch die EZB folgt der zweifelhaften Politik der Staatsfinanzierung. Nach Artikel 18.1 der EZB-Satzung sind für die Kreditgeschäfte des Eurosystems »ausreichende Sicherheiten« zu stellen. Konkretisiert werden die Anforderungen in dem Rahmenwerk ECAF (siehe EZB 2011), so muss sie sich auf mindestens eine der folgenden vier Informationsquellen stützen:

1. Externe Ratingagenturen
2. Interne Bonitätsanalysen
3. Interne Ratingverfahren der Geschäftspartner und
4. Ratingtools externer Partner.

Vorrangige Informationsquellen dabei sind die externen Ratingagenturen, wobei die einschlägigen Zulassungskriterien von S&P, Moody's, Fitch und der kanadischen DBRS erfüllt werden. Die genannten vier Agenturen sind gleichzeitig auch die von der Bundesanstalt für Finanzdienstleistungsaufsicht (Bafin) aufgeführten Institutionen für eine »Verwendungsfähigkeit unbeauftragter Bonitätsbeurteilungen«.

Auf die Expertise der Ratingagenturen greift die EZB in hohem Umfang zurück, obwohl sie in stärkerem Maße auch eigene Experten mit der Aufgabe der Bonitätsprüfung befassen könnte. Dies galt zumindest bis zum Ausbruch der Finanzkrise. So akzeptierte die EZB grundsätzlich vormals nur Wertpapiere der Kreditqualitätsstufe 3 auf der selbst komponierten harmonisierten Ratingskala des Eurosystems, was einer Ausfallwahrscheinlichkeit von nur 0,4 Prozent entspricht. Sicherheiten, die von den Ratingagenturen als spekulativ eingeschätzt wurden, galten damit nicht als ausreichend sicher.

Wenn eine Anleihe unter das als Limit gesetzte Mindestrating fällt, dann sind sie nicht mehr Notenbank-, oder wie es im Fachjargon heißt, »repofähig«. Banken können sie dann nicht mehr im Rahmen ihrer Geldgeschäfte bei der EZB hinterlegen. Auch hier zeigt sich die enorme Macht der Ratingagenturen. Sie können damit letztlich entscheiden, welches Papier noch als Sicherheit dienen kann und welches nicht. Dieser enorme Einfluss wird von der Agentur Moody's selbst als »nukleare Option« bezeichnet, eine entlarvende Wortschöpfung.[195]

Die Maßnahmen der EZB zur Risikokontrolle sind eine zweite Möglichkeit, Ratings zu nutzen. So kann die EZB zur Vermeidung von Verlusten aus den Kreditgeschäften den Beleihungswert der Wertpapiere entsprechend dem Rating anpassen.[196]

Trotz dieser Standards und der grundsätzlich berechtigten Nutzung der Ratings ist die Politisierung der EZB eine zusätzliche und für die Steuerzahler noch schwerwiegendere Fehlentwicklung als das Ketten an die Ratings. Im Zweifel werden Ratings von Politikern ausgesessen und nicht mehr verwendet. Den Geist oder besser »die Ratinggeister«, die sie im Zuge der umfassenden Vergabe von Regulierungslizenzen an die großen Ratingagenturen riefen, wurden die Politiker nur schwer wieder los. In größter Not, wenn Staaten vor größeren Sparzwängen oder sogar vor der Gefahr eines Staatsbankrotts stehen, wird die Macht der Ratingagenturen von Regierungspolitikern und der inzwischen eingebundenen EZB wieder eingeschränkt oder, um im Bild zu bleiben, der böse Geist wird vertrieben.

Die Krise erzwingt so anscheinend immer dramatischere Lösungen, wodurch marktwirtschaftliche Prinzipien ausgehebelt werden. Zum Beispiel die Verantwortung für Fehlentscheidungen durch Gläubiger. Sie müssen endlich haftbar sein und nicht vom Staat freigekauft werden. Dadurch geht die Sorgfalt der Eigentümer und der Gläubiger in einer Marktwirtschaft verloren.[197]

Mit diesen Fehlentwicklungen, die anscheinend nicht mehr aufzuhalten sind, da der pfadabhängige Verlauf der Finanzkrise immer neue vermeintliche Lösungen hervorbringt, werden immer neue Probleme geschaffen, die letztlich vor allem den Kern unseres Staatswesens, die Demokratie, beschädigen. Die Verantwortlichkeit der Eigentümer und der Gläubiger in einer Marktwirtschaft geht verloren und die EZB wird »befördert«, zum wesentlichen Verstärker einer Fehllenkung des Kapitals durch die Niedrigzinspolitik, sodass sich der Kapitalmarkt unterbietet und der Aufweichung der Sicherheitsanforderungen für die aufgekauften Staatsanleihen Tür und Tor geöffnet wird.

Auch die oft nur noch in einer Art Eigenregie durchgeführte Beurteilung der EZB (statt durch zumindest vermeintlich unabhängige Bonitätsurteile der führenden Ratinginstitute) wird dann fragwürdig, wenn durch Pressionen der Regierungen und der Banken, die durch die eigene Aufsicht noch verstärkt werden, eine Tendenz besteht, die hinterlegten Sicherheiten zu überschätzen. Auch die beschriebene Gefahr einer Dauerniedrigzinspolitik wird dadurch verstärkt. Im Zweifel wird den überwachten und durch die Krise strapazierten Banken Entlastung gewährt. Daher sollte – sicher nicht nur nach meiner Auffassung – die EZB auch nicht die Kontrolle für das Bankensystem übernehmen.

Die Sorge vor einer immer stärkeren Politisierung ist berechtigt. So wurden die Mindeststandards der EZB im Zuge der Eurokrise immer mehr reduziert. Bis zur Finanzkrise durften die Banken lediglich Papiere mit einer Mindestnote A als Pfand bei der EZB hinterlegen. Am 15. Oktober 2008 wurde von der EZB dann die Bonität der Pfänder von A- auf BBB- gesenkt. Nur noch Anleihen mit einer Bonitätsnote bis BBB- (Moody's: Baa3) durften bei der EZB gegen Kredite verpfändet werden, nach den finanziellen Schwierigkeiten Griechenlands wurden die Standards weiter abgesenkt, wie die folgende Übersicht zeigt:[198]

Datum	Änderung der Anforderungen
15. Oktober 2008	Bonität der Pfänder wird von A- auf BBB- gesenkt
3. Mai 2010	kein Mindestrating für griechische Staatspapiere
31. März 2011	kein Mindestrating für irische Staatspapiere
7. Juli 2011	kein Mindestrating für portugiesische Staatspapiere
8. Dezember 2011 und 20. Juni 2012	nichthandelbare forderungsbesicherte (Asset Backed Securities-) Papiere werden als Pfänder akzeptiert
9. Februar 2012	Titel aus Unternehmenskrediten werden als Pfänder akzeptiert
28. Februar 2012	Umwandlung pfandbesicherter griechischer Refinanzierungskredite in ELA-Kredite

Veränderung im Verzeichnis notenbankfähiger Sicherheiten im Eurosystem[199]

Insbesondere mit den umfangreichen Rettungsmaßnahmen für Griechenland wurden die Standards dann gelockert.[200] Seit Mai 2010 können Anleihen des krisengeschüttelten Landes unabhängig vom Rating verpfändet werden. Noch umstrittener ist, ob die EZB zur Erleichterung des griechischen Schuldendienstes auch noch die Laufzeiten für griechische Anleihen verlängern oder die Zinsen senken kann. Dies ist nach den Statuten der EZB nicht erlaubt, was dann dazu führen würde, dass die EZB erst recht in die Position des Staatsschuldenfinanzierers geriete.

Allein die Aufweichung bei der Hinterlegung der Sicherheiten steht in starkem Kontrast zu den ursprünglich hohen Anforderungen. Am 28. Februar 2012 sah sich die EZB sogar genötigt, ganz auf die Besicherung griechischer Papiere zu verzichten und stimmte einer Umwandlung der pfandbesicherten Refinanzierungskredite in ELA-Kredite zu. Die mehrheitlich von den Schuldnerländern und Frankreich kontrollierte EZB senkte die Standards unter dem herrschenden politischen Druck immer weiter.

Die griechische Regierung erpresste die Gläubiger mit der Ankündigung, die Vertragsbedingungen für Staatspapiere im Nachhinein so zu verändern, dass auch die nicht zum Schuldenschnitt bereiten Banken beteiligt werden.[201] Dies führte zu der erneuten Aufweichung am 28. Februar 2012, wobei ELA-Kredite im Falle eines Zahlungsausfalls von der emittierenden Notenbank und dann dem Staat, de facto durch den Steuerzahler in den Geberländern, aufzufangen wären. Deutlicher kann kaum von Regeln abgewichen werden.

Am 18. Dezember 2012 hat S&P die Kreditwürdigkeit Griechenlands gleich um sechs Stufen auf die Note B-/B heraufgestuft, da die Euroländer fest entschlossen seien, Griechenland in der Währungsunion zu behalten. Einen Tag später gab die EZB bekannt, dass sie aufgrund der positiven Bewertung der Reformen durch die Troika aus EZB, EU-Kommission und IWF wieder griechische Staatsanleihen als Sicherheiten bei geldpolitischen Operationen mit Geschäftsbanken akzeptiert.[202]

Diese plötzliche Beurteilungswende von S&P sowie der EZB wirkt wenig glaubwürdig. Seit Juli 2012 waren keine griechischen Papiere mehr gekauft worden. Das Risiko wird in Europa nur weiter umverteilt zulasten der Geberländer. An dem generellen Trend, dass die EZB seit der Finanzkrise die Sicherheitsanforderungen gesenkt hat, ändert die politisch inszeniert wirkende Aufwertung griechischer Anleihen im Kern nichts, was die ein paar Tage später erfolgte Abstufung von Zypern zu unterstützen vermag.

Grundsätzlich galt, wie bereits erwähnt, bei der EZB der Grundsatz, dass sich nur derjenige Geld leihen kann, der über hinterlegungsfähige Sicherheiten verfügt, die den eigenen hohen Bonitätsanforderungen gerecht werden (Artikel 18 der EZB). Im Verlauf der Finanzkrise hat sich das geändert. Die EZB ist nicht mehr unabhängig. Sie hatte zwar nie in einem politikfreien Raum agiert, konnte aber lange glaubwürdig auf Sicherheitsstandards verweisen, um nicht als Staatsfinanzierer missbraucht zu werden.

Politiker in der EU setzen jetzt ganz neue Spielregeln und zerstören, dessen sollten sie sich stärker bewusst sein, die Schutzwälle, die sie selbst oder ihre Vorgänger schufen, und die nicht zuletzt einmal die nächsten Generationen, auch wenn sie für diese vermeintlich dann nicht mehr verantwortlich sind, vor untragbaren Staatsschulden bewahren soll(t)en.

Investoren (Banken/Versicherungen) mit Mindeststandards

Die Bonitätsurteile der Ratingagenturen haben für Investoren und die Finanzmärkte zunehmend eine prägende Rolle erlangt. Da die Mehrzahl der Akteure davon ausgeht, dass sich auch andere danach richten beziehungsweise richten müssen, bekommen sie einen Eigenwert. Selbst wenn der Informationswert gering oder sogar »Nonsens« ist, kann ein Anleger sie nicht ignorieren, wenn er weiß, dass andere Marktteilnehmer sie als Kauf- oder Verkaufssignal interpretieren und entsprechende Portfolioumschichtungen auch durch Gesetzesauflagen oder sonstige Regulierungen vornehmen müssen.[203]

Die Analysen der Ratingagenturen bekommen einen quasi offiziellen Status dadurch, dass die großen drei Agenturen S&P, Moody's und Fitch in den USA zum Beispiel sogenannte NRSROs (Nationally Recognized Statistical Rating Organizations) sind. Erst wenn Vermögensverwalter in sichere Papiere investieren, denen von den Ratingagenturen eine ausreichend hohe

Bonität bescheinigt wird, besitzen sie einen Rechtsschutz. Der Gesetzgeber muss dann von der Vermutung ausgehen, dass die Anleger ihre Sorgfaltspflichten erfüllt haben.

Wie die Vermögensverwalter sind auch die Banken bei ihren Anlagen an die Auflagen der Ratingagenturen gebunden. Als Kompensation für den immer noch viel zu geringen Eigenkapitalanteil bei den Bankbilanzen wurde festgelegt, dass die Anlagen nur in bestgerateten Kapitalanlagen erfolgen sollen. Hier zeigt sich ein Teufelskreis, insbesondere bei Herabstufungen. Die Zinsaufwendungen steigen unter Umständen deutlich an. Wenn für Staatsanleihen die Kreditgeber einen höheren Zins fordern, kann in nervösen Märkten eine Abwärtsspirale eingeleitet werden.[204]

Wenn das Vertrauen schwindet, steigen die Zinsen weiter, und damit auch die Schulden. Die Staaten und die Firmen können damit in eine bedrohliche finanzielle Schieflage geraten. Dies gilt auch bei den Finanzinstituten. Hier reagieren die Finanzmärkte sehr sensibel bei Herabstufungen, denn das Bankgeschäft selbst lebt von der hohen Bonität. Wenn die Kreditsuchende Industrie über ein besseres Rating als die finanzierende Bank verfügt, ist die Bank de facto ausgeschaltet. Politiker, die die Ratingagenturen öffentlich – insbesondere im Zusammenhang mit Herabstufungen des von ihnen vertretenen Staates – kritisieren, sollten bedenken, dass sie oft selbst den Ratingagenturen die große Macht verliehen haben.[205]

Erst mit den vielfältigen Rechtserlassen, die die Handlungsmöglichkeiten von Banken, Versicherungen und Vermögensverwaltern einschränkten, indem sie ein Mindestrating verlangten, löste dies das »Ketten an die Ratingurteile« aus. Die Bankenregulierungen Basel I-III und die Versicherungsregulierungen, zum Beispiel Solvency II, haben an diesem fragwürdigen Mechanismus nichts geändert, im Gegenteil.

Das Ziel von Basel II ist, wie schon bei Basel I (Regelungen des Basler Ausschusses zur ersten Basler Eigenkapitalvereinbarung von 1988), die Sicherung einer ausreichenden Eigenkapitalausstattung. Nach Basel II wird der Eigenkapitalumfang der Banken in Abhängigkeit vom Risiko der Kredite bestimmt, wobei zwischen mehreren Ansätzen ausgewählt werden kann.

Während nach Basel I Kredite mit acht Prozent Eigenkapital (EK) zu unterlegen waren, können Banken nach Basel II Geld sparen, indem sie für ihr Kreditportfolio eigene Ratingmodelle zur Erstellung von Ratings entwickeln und einsetzen. Diese Ratings werden verwendet, um die Ausfallwahrscheinlichkeiten, also die Bonität der Kunden zu messen.

Fallbeispiele[206]

> Fall 1: Kreditportfolio: sehr gute Bonität $\rightarrow$ wenig riskant $\rightarrow$ ggf. weniger als 8 Prozent EK*.

> Fall 2: Kreditportfolio: schlechte Bonität $\rightarrow$ riskant! $\rightarrow$ mehr als 8 Prozent EK.

> Fall 1+2: Systematisches Problem (so während der aktuellen Finanzkrise) aller IRB-Banken, da sie mehr Geld für die Hinterlegung von EK benötigen.

(*EK= Eigenkapital)

Basel II sah drei Säulen vor: Zunächst ging es um die Mindestanforderung der Kapitalausstattung (erste Säule). Greift man bei der Berechnung der Eigenkapitalunterlegung von Kreditrisiken auf externe Ratings zu, dann ist eine höhere Eigenkapitalunterlegung zu leisten. Im Standardansatz ergeben sich folgende Risikogewichte in Abhängigkeit des externen Ratings für die Forderungsklassen:[207]

Bonitätsklasse (S&P) und Schuldner	1 (AAA bis AA-)	2 (A+ bis A-)	3 (BBB+ bis BBB-)	4 (BB+ bis BB-)	5 (B+ bis B-)	6 (unter B-)	ohne Rating
Zentralregierung	0%	20%	50%	100%	100%	150%	100%
Banken, Option 1: (Rating des Staates)	20%	50%	100%	100%	100%	150%	100%
Banken, Option 2:	20%	50%	50%	100%	100%	150%	50%
Banken, Option 2: Laufzeit ≤ drei Monate	20%	20%	20%	50%	50%	150%	20%
Unternehmen	20%	50%	100%	100%	150%	150%	100%
Kleine und mittlere Firmenkunden (Retail)	75%						
Wohn-Kredite	35%						

Risikogewichte im Standardansatz[208]

Die zweite Säule sieht eine Überprüfung der Ratingverfahren durch die Aufsicht vor. Der Kreditgeber ist dabei verpflichtet, seine Ratingmodelle ständig den aktuellen Gegebenheiten anzupassen und zu verbessern. Die dritte Säule umfasst die Offenlegungspflicht. So soll die Marktdisziplin durch die Offenlegung von Informationen, wie zum Beispiel den Jahresabschluss einer Bank, verbessert werden.

Nach Basel III müssen Kreditinstitute riskante Geschäfte mit noch mehr Eigenkapital unterlegen, um Verluste besser ausgleichen zu können. Die bisherigen Basel-II-Regelungen werden dabei durch das neue Paket überarbeitet und ergänzt.

Von vielen Banken in der EU wurden die Basel-III-Regeln, die ab 2013 schrittweise in Kraft treten sollen, schon heute umgesetzt. Die Ratingagenturen selbst benötigen, um als »External Credit Assessment Institution« tätig werden zu können, die Anerkennung durch nationale Aufsichtsinstanzen. Der Umsetzung des Erfordernisses in Deutschland wird durch die Bafin und die Bundesbank gemäß § 53 SolvV nachgekommen, wodurch zur Anerkennung sechs Eignungskriterien gegeben sein müssen: Objektivität; Unabhängigkeit, internationale Transparenz, Veröffentlichungen, Ressourcen und Glaubwürdigkeit.[209]

Aufgrund der Basel-II/III-Änderungen wurden die Ratingagenturen weiter gestärkt. Je günstiger das Rating-Ergebnis, umso niedriger der zu hinterlegende Eigenkapitalanteil für die Schuldner, die dann ihrerseits wiederum die günstigeren Kreditkonditionen an die Unternehmen weitergeben können. Mit Basel II/III hat die EU den Ratingagenturen noch mehr Macht als bisher verliehen. Die Höhe des erforderlichen Kapitals richtet sich vor allem nach dem Ausfallrisiko der Kredite. Dieses wiederum wird von den Ratingagenturen festgelegt.

Da Kreditinstitute in großem Umfang auch Staatsanleihen in ihren Portfolios haben, ist deren Rating von sehr hoher Bedeutung. Während Basel I mit acht Prozent eine viel zu geringe EK-Unterlegung bei den Banken vorsah, wäre eine Innovation eine EK-Unterlegung von zum Beispiel mindestens 25 Prozent, um die Hütchenspiele der Finanzindustrie, die den Kasinokapitalismus vor Ausbruch der Finanzkrise prägten, zu begrenzen. Die Privilegierung von Staatsanleihen in der Bankenregulierung sollte grundsätzlich abgeschafft werden, da sie marktverzerrend wirkt. Es bestehen sonst »Anreize für die Regierungen, die Kreditvergabepolitik der Banken für fiskalische Ziele einzuspannen«.[210]

Zusätzlich müssten die verantwortlichen Bankmanager für die eingegangenen Risiken haften, um das Outsourcing der Verantwortung, zu der auch die Ratingagenturen beitrugen, nicht mehr wie bisher zu ermöglichen.

Mit der neuen Regulierung Solvency II, die in den nächsten Jahren in Kraft treten soll, werden zwar die Versicherer gezwungen, Eigenmittel je nach Risiko vorzuhalten, dies gilt sowohl bei den eigentlichen Versicherungsrisiken als auch bei denen aus ihren Kapitalanlagen. Außerdem enthalten die neuen Regeln Vorgaben zum Risikomanagement und Berichtspflichten. Für Staatsanleihen muss zudem kein Eigenkapital hinterlegt werden, obwohl sich diese in der Eurozone zum Beispiel vor allem in Südeuropa als zunehmend riskant erweisen.

Auch in der Solvency-II-Reform werden aber die Ratingagenturen weiter eine gewichtige Rolle spielen. Denn entgegen allen inzwischen zu ziehenden Einsichten und Konsequenzen verleihen weiter ausgerechnet EU-Politiker, so zum Beispiel durch die Basel-I bis Basel-II-Regulierungen, den Ratingagenturen »diese Allmacht« und stärken so insbesondere die Ratings von S&P, Moody's und Co.[211]

Ratingagenturen einmal aus der Sicht eines Profiinvestors

Die Ratingagenturen treffen mit ihren Bonitätsbeurteilungen eine Aussage zur Sicherheit der jeweiligen Finanzanlage. Professionelle Nutzer dieser Bonitätsnoten müssen sich über die fragwürdige Anwendbarkeit dieser marktbedeutenden Meinungsäußerungen bewusst sein. Erst recht, wenn sie mangels echten Reputationswettbewerbs häufig falsch sind. Da die Ratings von den Emittenten bezahlt werden, müssten die Anleger vorgewarnt sein und die entsprechenden, in der Regel positiven Verzerrungen einkalkulieren. Andererseits hat das Rating dennoch Marktrelevanz, weil viele Akteure sie verwenden, trotz der oft gescholtenen Kriterien, die zudem intransparent sind. Während aber bereits die Aufbereitung vergangenheitsbezogener Daten fehlerbehaftet ist, sind Prognosen dagegen mutig und genau genommen sogar tollkühn.

Viele Analysten haben daher bis heute Bedenken, solche weitreichenden Prognosen zu erstellen, obwohl sie »angeblich« von den Märkten gefordert werden, um eine vermeintliche Sicherheit zur zukünftigen Entwicklung zu suggerieren. Warren Buffett äußerte sich häufig kritisch zur Prognosegläubigkeit der Finanzwelt. So meinte Buffett, dass die Vorhersagen mehr über den erzählen, der sie aufstellt, als über die Zukunft.[212]

Das erstaunlich übereinstimmende Verhalten bei Analysten, denen normalerweise kein irrationales Handeln unterstellt wird, begründete John Maynard Keynes damit, dass es aus der Sicht eines Finanzanalysten rational sein kann, seine Prognosen nicht an seinem eigenen Kenntnisstand, sondern vor allem an der herrschenden Meinung der Analysts Community auszurichten.[213]

Für die Analysten in Ratingagenturen ist dies plausibel, auch sie werden mit dem unterstellten rationalen Herdenverhalten das Verhalten ihrer Kollegen bei den konkurrierenden Ratingagenturen in die eigenen Entscheidungen einfließen lassen, um ein individuelles »Nutzen-Maximum« zu erzielen. Es ist für die Karriere eher förderlich, mit dem Strom der Mehrheitsmeinung zu schwimmen und hausintern nicht »anzuecken«.

Drei Modelle des rationalen Herdenverhaltens von Finanzanalysten sind meines Erachtens daher von wesentlicher Bedeutung:

Modell	Erläuterung	Effekt
Reputationsori-entiertes Herden-verhalten	Nutzen von Informationsvorteilen einzelner Finanzanalysten, die als kompetent gelten und nach außen auch so auftreten. Den Kunden bleibt verborgen, ob die genannte Einschätzung des Analysten seiner tatsächlichen Meinung entspricht. Zweifel an dem vertrauenswürdigen Analystenverhalten löst den Widerspruch auf.	Gleichverhalten unter Kosten-Nutzen-Aspekten.
Informationskaskaden	Ähnlichkeit in der Wahrnehmung und Interpretation von Informationen. Aus dem beobachtbaren Verhalten des ersten Akteurs werden Informationen abgeleitet. Die zusätzlichen Informationen späterer Akteure spielen keine Rolle mehr.	Gleichverhalten anhand eines vermeintlichen Meinungsführers
Investigatives Herdenverhalten	Finanzanalysten orientieren sich bei ihren Prognosen nicht an den (schwierig zu ermittelnden) fundamentalen Daten, sondern am voraussichtlichen (und leichter zu ermittelnden) Urteil der übrigen Finanzanalysten.	Gleichverhalten durch Orientierung an voraussichtlicher Konsensmeinung

Die drei Modelle des rationalen Herdenverhaltens von Finanzanalysten. Quelle: Spiworks, Neuss.

Die drei großen Ratingagenturen entfalten aber selbst Wirkungsmacht dadurch, dass sie als Anker für die Märkte dienen. Letztlich ist es vor diesem fragwürdigen Hintergrund besser, zu wissen oder zu erahnen, was die Analysten in Ratingagenturen über einen bestimmten Sachverhalt denken, als die objektive Wahrheit zu ermitteln. Es geht nicht darum, bei diesem Wettstreit der Meinungen zu ermitteln, wer wirklich im Sinne der als »Keynes' beauty contest« bezeichneten Überlegungen bei einer Auswahlmöglichkeit die schönste Frau ist, sondern wie generell darüber gedacht wird, wer die schönste Frau ist.[214]

Die Rolle des »Herausfinders« (Analysten) wurde schließlich an die Rating-agenturen übertragen. An diese neuen Meinungsführer passt sich die Herde an, wobei es darum geht, Bonitätsnoten an Schuldner zu verteilen. Die Analysten in den Ratingagenturen wurden in die Rolle gedrängt, ohne ausreichend institutionell geschützt zu sein, unabhängig zu arbeiten. So erhöhten grundsätzlich folgende Trends die Fehllenkungen der Ratingagenturen neben der Problematik, dass die Emittenten für das Rating zahlten.

Auf den Finanzmärkten zählte zunehmend der »Quick Profit«. Die Quartalsberichterstattung, die aus den USA herüberschwappte und das Spiel mit den Kurzfristdaten mit der Frage, ob die Erwartungen über- oder untererfüllt wurden (auf die eigentliche Meldung kommt es dann gar nicht mehr an, die Nebensache wird zur Hauptsache gemacht), hat die kurzatmige Hektik auch bei den Ratingagenturen erhöht. Mit den niedrigen Zinsen traten zunehmend Private-Equity-Gesellschaften und Hedgefonds auf, die ebenfalls den kurzfristigen Profit erzielen wollten. Sie sind als Eigner der Ratingagenturen ohnehin mit im Boot.

Da die Hedgefonds die Jagd auf die Unternehmen kreditfinanziert durchführten, standen sie unter einem großen Erfolgsdruck, der zu Ausplünderungsmaßnahmen wie zum Beispiel überhöhten Dividendenausschüttungen oder dem Zerlegen des Unternehmens in mehrere Einzelteile führte. Der Verkauf von Segmenten oder die Verlagerung der Produktion in Billigstandorte, zum Beispiel mit der Folge einer geringeren Produktqualität, rundete das schnelle Ausbeutungsprogramm ab.

Der Investor in Fondsgesellschaften ist aufgrund der ihm normalerweise bekannten positiven Verzerrung gezwungen, das Rating der Analysten entsprechend zu interpretieren und bei seinen Anlageentscheidungen zugrunde zu legen. Letztlich ist er doch darauf angewiesen, sich ein eigenes Urteil zu bilden, wenn er verantwortlich handeln will.

So gibt es hier als positives Beispiel die Erkenntnis von Robert Rodriguez, CFO der Investmentgesellschaft First Pacific Advisors, nach einem Gespräch mit der Agentur Fitch im März 2007 (auch vor dem Hintergrund des guten Ratings, das zu hohen Einnahmen im Zuge der Beurteilung strukturierter Produkte verhalf), dass in den Annahmen von Fitch konstant steigende Immobilienpreise unterstellt und ihr Fallen ausgeschlossen wurde. Angesichts der Subprime-Verluste fragte daher in einem Telefongespräch am 22. März 2012 ein Vertreter von First Pacific Advisors die Agentur Fitch nach ihrem Modell und ihren Ratings[215]:

> *First Pacific Advisors*: »Was sind die Haupttreiber ihres Ratingmodells?«
>
> *Fitch*: »FICO Scores und Häuserpreissteigerungen im unteren oder mittleren einstelligen Bereich jährlich, wie dies in den letzten 50 Jahren der Fall war.«
>
> *First Pacific Advisors*: »Was passiert, wenn die Häuserpreise für eine längere Phase unverändert bleiben?«
>
> *Fitch*: »Unser Modell würde anfangen, zusammenzubrechen.«
>
> *First Pacific Advisors*: »Was passiert, wenn die Häuserpreise um ein bis zwei Prozent jährlich für eine längere Zeit fallen?«
>
> *Fitch*: »Unser Modell würde komplett zusammenbrechen.«
>
> *First Pacific Advisors*: »Mit einer zweiprozentigen Wertminderung, inwieweit würde es der Rating-Skala schaden?«
>
> *Fitch*: »Es könnte so hoch sein wie die AA- oder AAA-Tranchen.«

Anhand dieser Telefondiskussion zeigt sich bereits die Fragilität solcher zweifelhafter Bewertungsmethoden. Auch die sogenannten, 1989 entwickelten Fico Scores standen wie die Ratings selbst bei professionellen Anlegern in der Kritik. So hat die Finanzbranche bei der Privatkunden-Bonitätsanalyse zunehmend nur auf eine einzige Maßzahl abgestellt. Die umstrittene Bewertungsmethodik wird auch von Kreditagenturen wie Transunion oder Experian verwendet, die diese dann der Immobilien- und Kreditkartenindustrie zur Verfügung stellen.[216]

Auch fragwürdige oder sogar falsche Modelle führen neben den bestehenden Interessenkonflikten zu einer Fehlbeurteilung, durch das kollektive Handhaben kommt es zu einer Verstärkung. Nur bei genauem Recherchieren oder kritischem Nachfragen werden die Annahmen und Begrenztheit der Aussagen zu möglichen Kreditausfällen offensichtlich. Auch dann, wenn dem Investor mangels Recherche nicht klar ist, ob und inwieweit das Rating manipuliert wurde, ist es für professionelle Anleger angemessen, grundsätzlich kritisch zu bleiben. Profiinvestoren, die selbst auf die Ratingagenturen Druck ausüben, dass das von ihnen als hochrentierliche Anlage gewünschte Papier ein sehr gutes Bonitätsurteil erhält, bleiben hier außen vor. Sie sind ohnehin eher Manipulatoren im Verbund mit den Ratingagenturen und deshalb sind mangels ausreichender Solidität Anlagen bei ihnen zu meiden.

Das Bezahlmodell müsste daher wieder umgestellt werden. Statt der Emittenten müssten wieder die Kunden, die die Ratings auch nutzen, zahlen. Damit würden die Ratingagenturen sich wieder stärker an den Wünschen der professionellen Investoren statt an ihren Auftraggebern ausrichten. Die Fehllenkung durch den kommerziellen Anreiz, den bislang zahlenden Kunden durch Schönwetterratings zu erfreuen und als Kunden weiter zu binden, würde aufgehoben. Wenn dieses moralische Versagen keine nennenswerte Rolle mehr spielt und sich ein neuer, echter Reputationswettbewerb ergibt, könnten die Investoren den Ratings zu Recht auch wieder mehr vertrauen.

Wer reguliert und prüft eigentlich, was Ratingagenturen so treiben?

Die Regulierung der Ratingagenturen findet üblicherweise auf nationaler Ebene statt. In den USA ist dafür die SEC zuständig, die bereits in den 1930er-Jahren die Ratingagenturen selbst zu einem Bestandteil des Regulierungssystems machte. Für die Anlagen von Finanzinstituten wurde als politische Reform aufgrund der Weltwirtschaftskrise das Investment-Grade-Gütesiegel durch Ratingagenturen am 15. Februar 1936 verpflichtend[217]:

>*Der Kauf von Finanzanlagen, deren Investitionscharakter deutlich und vor allem spekulativ ist, oder von Finanzanlagen eines niedrigeren Standards ... ist verboten.*«[*]

[*] *Die Bedingungen hierfür können in anerkannten Rating-Handbüchern gefunden werden, im Zweifelsfall müssen mindestens zwei Rating-Handbücher herangezogen werden.*

Damit waren insbesondere die großen Ratingagenturen mit im Boot bei der staatlichen Regulierung. Bislang konnten Banken Anleihen auch mit einem Rating unter der Bonitätsnote »BBB« kaufen. Ein großer Teil des Marktes wurde mit der Regelung einfach »weggefegt«. Eine Abstufung einer Anleihe hatte bisher wenig Nervosität an den Märkten ausgelöst. Sie blieb ohne größere Konsequenzen. Der Markt regelte dies auch dadurch, dass mancher Anleger, der von dem Papier aus guten fundamentalen Gründen überzeugt war, nachkaufte und damit seinem Depot gegebenenfalls eine aussichtsreiche Anlage ermöglichte. Vereinfacht ausgedrückt wurden Anlage- und Fondsmanager mit der Neuregelung in ihrer Handlungsfreiheit eingeschränkt und Ratingagenturen einflussreicher. Sie hatten jetzt die Macht, zu entscheiden, wer ins Töpfchen durfte.

Aufgrund der tief greifenden Veränderungen kam es zu Bankprotesten und einer großen Verunsicherung, denn mehr als 1000 von insgesamt ungefähr 2000 gelisteten und öffentlich gehandelten Anleihen fielen durch das Raster des erforderlichen »Investment-Grade«. Im Nachgang zur Weltwirtschaftskrise war das auch nicht verwunderlich, wodurch sich bereits hier die prozyklische Wirkung der damals bahnbrechenden Reform zeigte, durch die Ratings immer gebräuchlicher wurden.

Vor der oben genannten Regelung hatten Ratingagenturen erst dann ein Rating erstellt, wenn die Anleihe bereits emittiert war. Jetzt wurde bereits im Vorfeld einer Anleihenplatzierung ein Rating durch die Agenturen erstellt. Bis 1973 änderte sich die Ratingabhängigkeit durch die Regulierung nicht, seitdem erfolgte in einer Vielzahl von Einzelregelungen eine stärkere Einbeziehung von Ratings.[218]

Vor allem ab dem Jahr 1975 wurde die Verzahnung der Ratingagenturen mit dem Regulierungssystem deutlich enger. Nur national anerkannte Ratingorganisationen, sogenannte NRSROs (Nationally Recognized Statistical Rating Organizations) durften für die Financial Community verpflichtend tätig sein. Die Unternehmen mussten sich selbst von zweien dieser zugelassenen Ratingagenturen beurteilen lassen, bevor sie am US-Kapitalmarkt tätig sein durften. Außerdem wurden Anlagen von Finanzinstituten der strengen Regel unterworfen, dass nur ab einer bestimmten Mindestnote durch die Ratingagenturen ein Kauf beziehungsweise Verbleib im Depot möglich war.

Was die Ratingagenturen selbst so treiben, bleibt bei dieser Vorgehensweise fast schon außen vor, da sie regulatorisch »embedded« sind. Nicht der zunehmend fragwürdige Informationswert durch die vielfältigen Fehleinschätzungen (Enron und andere, zu positive Ratings vor der Finanzkrise), sondern ihre Lizenz zur Regulierung steht im Vordergrund.[219] Sie sind sich über ihre Macht, den Daumen zu heben oder zu senken, und dabei die entscheidende gestaltende Kraft an den Kapitalmärkten mit regierungsamtlicher Unterstützung zu sein, durchaus bewusst.

Mit der Vorgabe bestimmter Mindestratings wird den großen Ratingagenturen in den USA eine große Macht verliehen, die vor allem in den 1930er-Jahren im Nachgang zur Weltwirtschaftskrise und in den 70er-Jahren eine neue, bislang ungeahnte Dynamik entfaltete[220]:

Jahr	Ratingabhängige Regulierung	Minimal-rating	Anzahl von Ratings	Regulierer/Regulierung
1931	Bankenverpflichtung zur zeitnahen Bewertung von niedriger gerateten Anleihen	BBB	2	OCC und Federal Reserve Untersuchungsregeln
1936	Verbot für Banken, niedriger geratete »spekulative Wertpapiere« zu kaufen	BBB	n.v.	OCC, FDIC, Federal Reserve – gemeinschaftliche Erklärung
1951	höhere Kapitalanforderungen für niedriger geratete Anleihen der Versicherer	verschiedene	n.v.	NAIC: verpflichtende Mindestreserveanforderung
1975	Auferlegung höherer Kapitalanforderungen (ein Rating bei NRSRO, sonst zwei) bei Geschäften unterhalb von Investment-Grade-Anleihen	BBB	2	SEC-Änderungen zur Regel 15c3-1
1982	gelockerte Veröffentlichungsvorschriften für Investment-Grade-Anleihen	BBB	1	SEC
1984	gelockerte Herausgabe von hypothekengesicherten Wertpapieren	AA	1	Secondary Mortgage Market Enhancement Act, 1984
1987	Erlaubnis von Leihgeschäften ggü. hypothekengesicherten Wertpapieren und (später) ausländischen Anleihen	AA	1	Federal-Reserve-Regulierung
1989	Erlaubnis für Pensionsfonds, hoch-geratete ABS-Papiere zu erwerben	A	1	Department of Labor Relaxation (ERISA)

Jahr	Ratingabhängige Regulierung	Minimal-rating	Anzahl von Ratings	Regulierer/Regulie-rung
1989	Verbot für US-Sparkassen, Anleihen unterhalb des Investmentgrades zu kaufen	BBB	1	Financial Institutions Recovery and Reform Act 1989
1991	Kapitalanforderungen für Geldmarktfonds, um den Besitz niedrig gerateter Papiere zu begrenzen	B1	ein Rating bei NRSRO, sonst zwei	SEC
1992	Befreiung von bestimmten ABS-Emittenten von der Registrierung als Investmentfonds	BBB	1	SEC
1994	Auferlegung variierender Anrechnungsgebühren je nach ABS-Tranche für Banken und US-Sparkassen	AAA & BBB	1	Federal Reserve, OCC, FDIC, OTS Proposed Rule on Recourse and Direct Credit Substitutes
1998	Das Verkehrsministerium erhält nur dann Kreditunterstützung für Projekte mit einem Investment-Grade-Rating	BBB	1	Transport Infrastructure Finance and Innovation Act 1998
1999	Einschränkung der Möglichkeit für Banken, Finanztöchter zu gründen	A	1	Gramm-Leach-Biley Act von 1999
2000	Befreiung der Ratingagenturen von der Veröffentlichung investmentrelevanter Informationen (Regulation FD), wenn die für die Begründung des Ratings notwendigen Informationen erfolgen	nur wesentliche Aspekte des Ratings werden veröffentlicht	n.v.	SEC Rule 100 (b) (2)

Regulierungsentwicklung und Ratings in den USA[221]

Den Ratingagenturen wurde im Zuge der Liberalisierung immer mehr Macht verliehen, zuletzt auch im Jahr 2000 durch die Befreiung, die Ratingberichte nicht in vollem Umfang, sondern nur den wesentlichen Kern der Ratingbegründung zu veröffentlichen. Nach der Dodd-Frank-Act's-Credit-Rating-Agentur-Reform wurde diese befreiende Regel wieder aufgehoben, die Ratingagenturen mussten diese Änderung bis Oktober 2010 umsetzen. Der Dodd-Frank Act, ein US-Bundesgesetz, änderte im Zuge der Finanzmarktkrise 2007 wesentliche Bestimmungen des Finanzmarktrechts. In Sektion IX zu den Anlegerschutzbestimmungen und zur Verbesserung der Regulierung von Wertpapieren wurden auch wesentliche Bestimmungen für Ratingagenturen wieder geändert.

Erst seit dem Beginn der Finanzkrise gibt es erneut verstärkt Versuche, die Ratingagenturen wieder etwas mehr unter staatliche oder internationale Kontrolle zu bringen. So wollen die G-20-Staaten die Abhängigkeit des Finanzsystems von den externen Ratings durch Ratingagenturen verringern und den regulatorischen Spielraum für externe Ratings deutlich einschränken. Finanzinstitute, Anleger und nicht zuletzt die Regulierer selbst sollen künftig bei der Bonitätsbewertung zunehmend von eigenen Beurteilungsstandards und Sorgfaltspflichten ausgehen. Die Transparenz und der Wettbewerb von Ratings sollen verbessert, eine prozyklische Ratingdynamik verringert sowie Interessenkonflikte im Geschäftsmodell von Ratingagenturen verhindert und eine Haftung für erstellte Ratings eingeführt werden.[222] Gute Vorsätze, die noch umzusetzen sind, wie die Abschlusserklärungen der G-20-Treffen zeigen. So wurde in der Abschlusserklärung des Gipfeltreffens von Cannes im November 2011 auf Seite 8 unter Punkt 26 wie folgt formuliert[223]:

»Wir bekräftigen unsere Entschlossenheit, die Bezugnahme von Behörden und Finanzinstitutionen auf externe Kreditratings zu verringern und rufen Standardsetzer, Marktteilnehmer, Aufsichtsbehörden und Zentralbanken auf, die vereinbarten FSB-Grundsätze umzusetzen und Praktiken zu beenden, die sich mechanistisch auf diese Ratings verlassen. Wir bitten den FSB, unseren Finanzministern und Zentralbankgouverneuren bis zu deren Treffen im Februar über die von Standardsetzern und von Staaten und Gebieten erzielten Fortschritte in diesem Bereich zu berichten.«

Ähnlich wurde dann auf dem G-20-Gipfel in Los Cabos im Juli 2012 die Erklärung abgefasst[224]:

> »Wir fordern beschleunigte Fortschritte seitens nationaler Behörden und der Standardsetzer zur Beendigung der mechanistischen Verwendung von Ratingurteilen und ermutigen zu Schritten, die die Transparenz der Ratingagenturen und deren Wettbewerb untereinander stärken würden.«

Auf nationaler Ebene sind dagegen schon einige Reformfortschritte vollzogen worden. So starteten die USA bereits vor der Finanzkrise und damit früher als die mit der 2006 verabschiedeten Credit-Rating-Agency-Reform (CRARA) und regulierten die NRSROs im Hinblick auf mögliche Interessenkonflikte und schrieben strengere Registrierungsvorschriften vor.

Die SEC hat aber weiterhin nicht die Macht, den Inhalt der Ratings oder die Verfahren oder Methoden, mit denen ein NRSRO-Rating erstellt wird, zu regulieren.[225] Nach wie vor sperren sich die Ratingagenturen gegen noch umfassendere Reformen. Dass die Regularien rund um die Kreditratingagenturen dringend weiterer Revisionen bedürfen, ist inzwischen selbst in den USA weitestgehend unstrittig. Auch die SEC ist hier nunmehr ein »Antreiber«, deren frühere Präsidentin Mary L. Schapiro erklärte:

> »Lassen Sie mich daher ein paar von den Initiativen hervorheben, die ich vorrangig verfolge: Verbesserung der Qualität von Kreditratings durch Adressierung der inhärenten Interessenkonflikte der Ratingagenturen als Ergebnis ihrer Vergütungsmodelle und Begrenzung der Auswirkungen von Ratings auf die Eigenkapitalanforderungen der regulierten Finanzinstitute.«

Damit sollen sich die Reformen zur Verbesserung der Ratingqualität vor allem auf die einseitige Bezahlung durch die Emittenten und die Begrenzung des Einflusses der Ratings auf die Kapitalanforderung der regulierten Finanzinstitute beziehen. Der Widerstand gegen umfassende Reformen blieb. Mitte Dezember 2012 wurde Mary L. Schapiro, die ihr Amt vorzeitig aufgab (ihr Vertrag lief bis Mitte 2014), von der Übergangsnachfolgerin Elisse Walter abgelöst, die bereits langjähriges SEC-Kommissionsmitglied ist. Vorgeworfen wurde der Behörde und der Amtsvorgängerin, dass sie es offensichtlich nicht ausreichend schafften, die Macht der Wall-Street-Banker zu begrenzen. Der Abgang von Schapiro wirft auch einen Schatten auf den US-Präsidenten Obama, dessen Ziel es war, das Finanzsystem tief greifend zu reformieren. In seiner ersten Amtszeit seit Anfang 2009 kam die Finanzmarktreform nicht wie gewünscht voran, so wurde auch die **Volcker-Rule**, die den Banken den riskanten Eigenhandel verbieten soll, noch nicht umgesetzt.[226]

Mit der **Volcker-Rule** sollen künftig Finanzinstitute daran gehindert werden, auf eigene Rechnung mit riskanten Wertpapieren zu handeln. Benannt wurde sie nach dem früheren US-Notenbankchef und Berater von Präsident Obama, Paul Volcker, der sie wie folgt begründete:

»Geschäftsbanken in Amerika und anderen Ländern werden durch ein Sicherheitsnetz geschützt, sie haben Zugang zur Zentralbank und in den meisten Ländern zu einem Einlagensicherungssystem. Die zentrale Frage ist doch, ob auch die Institute Unterstützung durch den Staat, den Steuerzahler genießen sollen, die auf eigene Rechnung spekulative Geschäfte machen. Geschäftsbanken haben eine wichtige Aufgabe im Wirtschaftsleben. Sie müssen geschützt werden.«[227]

Außerdem sollen die Finanzinstitute ihren Eigenhandel vom Kundengeschäft trennen. Das kurzfristige und spekulative Handelsvolumen soll dadurch reduziert werden. Die im Zweifel staatlich garantierten Kundeneinlagen, die insbesondere die privilegierten US-Staatsanleihen betreffen, sollen nicht mehr für spekulative eigene Anlagen der Banken verwendet werden. Unter anderem die protektionistische Ausnahmeregel für US-Staatsanleihen, die die Finanzierung der öffentlichen Haushalte sichern soll, ist weiterhin umstritten. Die sogenannte Volcker-Rule ist Teil des des Dodd-Frank-Gesetzes aus dem Jahr 2010 zur Begrenzung der Finanzrisiken im Nachgang zur Bankenkrise 2008.

Die EU-Kommission stellte 1999 den Financial Services Action Plan (FSAP) vor. Bis 2005 sollte danach ein offener, integrierter und effizienter

Finanzmarkt in den Mitgliedstaaten geschaffen werden. Von den 42 Direktiven betreffen drei direkt Ratingagenturen, die MAD, die CRD und MiFID. Zur Erreichung der Ziele des FSAP wurde 2001 der Ausschuss der europäischen Wertpapierregulierungsbehörden (CESR) gebildet. Als der CESR am 30. März 2005 seine Reformvorschläge veröffentlichte, zeigte sich kein großer Fortschritt. Die Schaffung einer europäischen SEC mit einem einheitlichen Registrierungssystem in der EU und die Auswirkungen auf den Wettbewerb unter den Ratingagenturen durch eine derartige Reform wurden lediglich diskutiert.

In der EU kam es dann erst im Zuge der Finanzkrise zur Festlegung von gemeinsamen Rechtsvorschriften durch die EU-Kommission, um die Tätigkeit von Ratingagenturen besser zu kontrollieren. Im Juli 2007 brachte der damalige EU-Binnenmarktkommissar Charlie McCreevy bei einem Gespräch mit S&P-Vertretern seine Sorge über die späte Reaktion der Agenturen zum Ausdruck, weitere gesetzliche Regelungen zur Arbeit der Ratingagenturen wurden geplant.[228]

So forderte im Herbst 2007 die EU-Kommission den CESR und die Expertengruppe Europäische Wertpapiermärkte (ESME) auf, sie zu verschiedenen Aspekten der Tätigkeiten von Ratingagenturen und ihrer Rolle beim Rating strukturierter Produkte zu beraten. Die EU-Finanzminister einigten sich dann im Oktober 2007, eine Überprüfung der Rolle von Ratingagenturen in der Finanzmarktkrise durchzuführen und mögliche Mängel abzustellen (sogenannter ECOFIN-Fahrplan).

McGreevy ging in seinem Gesetzentwurf vom Juli 2008 über die Vorschläge vom CESR hinaus und trat sogar für eine Regulierung der Ratingagenturen ein, die deutlich schärfer als der freiwillige IOSCO-Verhaltenskodex und die Regulierung in den USA war. Danach sollten die Ratingagenturen ihre Methoden zur Bonitätsbewertung veröffentlichen und ihre Interessenkonflikte transparent machen. Darüber hinaus sollten Ratingagenturen künftig auch strafrechtlich belangt werden können.

Des Weiteren war eine Registrierungspflicht vorgesehen, damit den Agenturen im Falle von schwerwiegenden Störungen ihre Zulassung in der EU wieder entzogen werden kann. Entweder sollte dafür eine neue EU-Behörde geschaffen werden oder dies alternativ die nationalen Behörden in Abstimmung mit der CESR übernehmen. Die Vorschläge stießen auf erbitterten Widerstand von Aufsichtsbehörden, EU-Mitgliedstaaten sowie Banken- und Versicherungsverbänden. Der europäische Alleingang wurde nicht goutiert und stattdessen ein international abgestimmtes Vorgehen zum Beispiel im Rahmen des IOSCO vorgeschlagen.[229]

Im Oktober 2008 wurde von der EU-Kommission eine Expertengruppe, die von Jacques De Larosière, dem ehemaligen Vorsitzenden des Internationalen Währungsfonds, geleitet wurde, ins Leben gerufen. Sie sollte Empfehlungen für einen Weg aus der Krise und darüber hinausgehende Ratschläge geben, damit sich eine solche Krise auf den Finanzmärkten nie mehr wiederholen kann. Der »Larosière«-Bericht wurde am 25. Februar 2009 veröffentlicht und forderte, dass der Aufsichtsrahmen für den Finanzsektor zu stärken sei. Vorgeschlagen wurde die Schaffung eines Europäischen Systems für die Finanzaufsicht (EFSF) mit drei EU-Aufsichtsbehörden und einem Ausschuss für Systemrisiken: Die Europäische Wertpapier- und Marktaufsichtsbehörde (ESMA) soll die Aufsicht über Ratingagenturen stärken. Und mit der EU-Ratingverordnung (EG) Nr. 1060/2009 vom 7. Dezember 2009 wurden Ratingagenturen mit Sitz in der EU erstmals Registrierungs- und Verhaltenspflichten unterworfen.

Mit der Verordnung (EU) Nr. 513/2011 wurden schließlich die Zuständigkeiten für die Aufsicht über Ratingagenturen auf die ESMA übertragen und dieser ein umfassendes Aufsichtsinstrumentarium mit Informations-, Untersuchungs- und Sanktionsrechten ermöglicht. Im November 2011 hat die EU-Kommission Vorschläge für eine erneute Änderung der EU-Ratingverordnung (KOM(2011)747 endg.) sowie für eine Änderung der OGAW-(2009/65/EG) und der AIFM-Richtlinie (2011/61/EU) vorgelegt, die die geltenden Vorschläge deutlich verschärfen.[230]

Im Zuge der Verschärfungsabsichten wurden auch fragwürdige Forderungen erhoben, so wollte EU-Binnenkommissar Michel Barnier Ratingagenturen notfalls verbieten, Urteile über kriselnde EU-Staaten zu veröffentlichen.[231] Mit der Forderung nach härteren Auflagen ist Barnier im November 2011 zum Teil gescheitert, seine lange Maßnahmenliste wurde massiv gekürzt. Kommissare warnten, dass Publikationsverbote das Gegenteil des gewünschten Effekts herbeiführen und sogar zu einer Panik an den Märkten führen könnten.[232]

Auch sollte die Benotung von Euro-Staaten verboten werden, die Hilfen der Eurozone und/oder des IWF erhielten. Diese Forderung kam ebenfalls nicht durch. Stattdessen einigte man sich in der EU nach einer Pressemitteilung vom 15. November 2011, dass die ESMA eine einheitliche Ratingskala erarbeiten soll, um die Urteile vergleichbarer zu machen. Um »Gefälligkeitsratings« zu vermeiden, sollen Ratingagenturen nicht mehr von den Unternehmen, die sie bewerten, bezahlt werden. Dadurch, dass sie ein Interesse an einem positiven Rating haben, entsteht ein massiver Interessenkonflikt.

Ein Auftraggeber, so wurde gefordert, soll nur noch maximal drei Jahre lang in Folge beauftragt werden dürfen. Dies soll die Abhängigkeit von den drei großen Ratingagenturen lösen. Für Staaten gilt diese Regelung nicht, auch hier hätte eine entsprechende Regelung aus den gleichen Gründen Sinn gemacht.

Die vier Hauptziele der Vorschläge für eine Richtlinie und Verordnung waren laut Presseerklärung der EU-Kommission vom 15. November 2011:

1. **Finanzinstitute sollen sich nicht mehr blind auf Ratings stützen**: Durch ihre »quasi-institutionelle Rolle muss der Rückgriff auf sie verringert werden. Finanzinstitute müssen mit der gebotenen Sorgfalt wieder eigene Prüfungen durchführen. Bessere Basisinformationen werden verlangt, der ESMA sollen alle Ratings durch die Ratingagenturen ge-

meldet werden, die sie in einem für alle Anleger frei zugänglichen Europäischen Ratingindex (EURIX) veröffentlicht.

2. **Länderratings sollen transparenter und häufiger erstellt werden**: Länderratings müssen alle sechs Monate (statt wie bisher alle zwölf Monate) mit einer weitergehenden Informationspflicht gegenüber Anlegern und Mitgliedstaaten erfolgen.

3. **Mehr Vielfalt und strikte Unabhängigkeit der Ratingagenturen zur Vermeidung von Interessenkonflikten**: So müssen Emittenten alle drei Jahre die sie bewertende Agentur wechseln. Bei komplexen strukturierten Finanzinstrumenten werden zwei Ratings von zwei verschiedenen Ratingagenturen vorgeschrieben. Ein großer Anteilseigner einer Ratingagentur darf nicht gleichzeitig ein großer Anteilseigner einer anderen Ratingagentur sein (ist insbesondere gegen das Duopol von S&P und Moody's gerichtet).

4. **Umfassendere Haftung der Ratingagenturen für die erstellten Ratings**: Die Beweislast trägt künftig die Ratingagentur, dass sie nicht vorsätzlich oder grob fahrlässig gegen die Verordnung über Ratingagenturen verstoßen hat. Ansonsten ist der Vertrauensschaden, der einem Anleger dadurch entsteht, dass er dem Rating vertraute, zu ersetzten.

Das sind insgesamt gute Vorschläge zur Begrenzung der Macht der Ratingagenturen, nur die Umsetzung ließ weiter auf sich warten. Neue Bewegung in den Reformprozess kam erst mit den im November 2012 von der EU-Kommission, vom Europaparlament und den EU-Staaten vorgelegten Reformvorschlägen. Das Straßburger Europaparlament hat ihnen mit großer Mehrheit am 17. Januar 2013 zugestimmt. Die Verordnung, die nicht in nationales Recht umgesetzt werden muss, kann damit bereits einige Wochen nach der Zustimmung der EU-Finanzminister noch im Frühjahr 2013 in Kraft treten.

Die ursprünglich geplanten Maßnahmen wurden zwar weiter entschärft. Ratingagenturen sollen aber künftig für grobe Fehlurteile haftbar sein. So können, wie schon angesprochen, Anleger und Emittenten auf dem jeweiligen nationalen Gerichtsweg Verluste einklagen. Die Agenturen sollen außerdem ihre Bonitätsurteile besser begründen und offenlegen, welche Kriterien sie bei ihrer Entscheidung zugrunde gelegt haben. Ratings und Rating-Ausblicke für Länder dürfen keine Vorgaben, Leitlinien oder Bezugnahmen enthalten, die sich auf politische Kurswechsel beziehen.

Die Bekanntgabe der Bonitätsbewertungen soll nur noch außerhalb der Börsenzeiten erfolgen und rechtzeitig vor Börseneröffnung, um nervöse Reaktionen an den Märkten zu verringern. Auch sollen Interessenkonflikte stärker vermieden werden. So wurden Grenzen festgelegt betreffend der Anteile, die ein Investor an mehreren Ratingagenturen halten darf, und gleichzeitig hinsichtlich der Beteiligung einer Agentur an dem vor ihr gerateten Unternehmen (siehe dazu folgende Übersicht im Detail).

Neue Ratingvorschrift der EU	Erläuterung
Zeitplan für Länderratings	Die Anzahl der Veröffentlichungen nicht angeforderter Länderratings sollte im Zeitplan auf zwei bis drei pro Jahr beschränkt werden, zu Zeitpunkten, die die Agenturen jeweils Ende Dezember für das folgende Jahr veröffentlichen müssen. Außerdem dürfen diese Bewertungen erst nach Handelsschluss und mindestens eine Stunde vor Öffnung der Handelsplätze in der Union veröffentlicht werden.
Agenturen müssen für ihre Ratings haften	Ein Anleger, der sich auf ein Rating stützt, kann von der ausgebenden Agentur Schadenersatz verlangen, wenn diese vorsätzlich oder grob fahrlässig eine der in diesem Legislativvorschlag aufgeführten Regeln verletzt hat, unabhängig davon, ob zwischen den beiden vertragliche Beziehungen bestehen. Zu solchen Zuwiderhandlungen gehört zum Beispiel die Ausgabe eines Ratings, das durch einen Interessenkonflikt belastet ist oder außerhalb des veröffentlichten Kalenders ausgegeben wurde.

Neue Ratingvorschrift der EU	Erläuterung
Maßnahmen zur Verringerung des übermäßigen Rückgriffs auf Ratings	Um zu verhindern, dass Anleger und andere Interessenten sich ausschließlich oder automatisch auf Ratings stützen, fordern die Abgeordneten die Kreditinstitute dazu auf, ihre eigenen Kreditrisikobewertungen vorzunehmen. Die Europäische Kommission sollte auch erwägen, eine europäische Bonitätsbewertung zu entwickeln. Bis 2020 sollten alle Bezugnahmen auf Ratings im Unionsrecht gestrichen sein, und Finanzinstitute sollten im Falle einer Herabstufung von Schuldtiteln nicht mehr verpflichtet sein, diese automatisch zu veräußern.
Anzahl der Anteile wird begrenzt	Eine Ratingagentur sollte von der Abgabe von Ratings absehen oder mitteilen, dass das Rating beeinflusst sein kann, wenn ein Anteilseigner oder Mitglied zehn Prozent der Stimmrechte der Agentur hält und in das bewertete Unternehmen investiert hat. Die neuen Vorschriften werden auch Anteilseigner oder Mitglieder, die fünf Prozent oder mehr an einer Ratingagentur halten, daran hindern, eine Beteiligung an einer anderen Ratingagentur zu halten, es sei denn, die betreffenden Agenturen gehören zur selben Gruppe.

Neue schärfere Ratingvorschriften in der EU[233]

Der Berichterstatter Leonardo Domenici bewertete die neue Verordnung wie folgt:

»Diese neue Verordnung ist ein großer Schritt nach vorn. Sie entspricht ganz dem Grundtenor, Unternehmen die Möglichkeit zu geben, eigene interne Ratings anzufertigen. Diese sollten vergleichbare und verlässliche Alternativen zu den Veröffentlichungen des Rating-Oligopols sein.«[234]

Die Überwindung der regulierten Verantwortungsdelegierung an Ratingagenturen wäre begrüßenswert. Der bisherige Fehler der Politiker in der EU muss wieder korrigiert werden, denn erst sie haben auch durch ihre Entscheidungen den Ratingagenturen zu ihrer Machtfülle verholfen. Es würde auch den Gutgläubigen und Geschädigten dazu verhelfen, sich dem Myste-

rium Ratingagenturen nicht weiter auszuliefern und wieder selbst zu überprüfen, ob die von ihnen getätigten Geschäfte »wirklich« sicher sind.

Das Ketten der Investoren an die Entscheidungen der Ratingagenturen wird
aber mit den neuen Regeln bis auf Weiteres nicht durchbrochen, zumal sehr
lange Anpassungsfristen (bis zum Jahr 2020) bestehen, die ohnehin nur die
EU betreffen. Nach wie vor sind die Ratingurteile bindend für die Anlage-
politik in Europa. Zwar hat die EU, gemessen an früheren Versuchen, ein
härteres Regulierungsschwert als bisher geschwungen, nicht zuletzt infolge
der Finanzkrise.[235] Die Politiker in der EU hatten allerdings die Abhängigkeit von den Ratingagenturen auch selbst mitverschuldet.

Bis zum Jahr 2020 müssen diverse EU-Rechtstexte angepasst werden, die
direkt auf Ratings der großen Agenturen verweisen und sie damit verpflichtend gemacht haben. Die jahrelange Untätigkeit gegen die gefährliche Macht
der Ratingagenturen wurde zwar durchbrochen, aber der Kern der Interessenkonflikte nicht beseitigt. Da helfen auch die größere Transparenz und
die erweiterten Klagemöglichkeiten wenig. Der große Wurf blieb also noch
aus, die Kritik der Ratingagenturen an den europäischen Reformvorschlägen blieb entsprechend zurückhaltend.

Im Inland wäre eine Regulierung der Ratingagenturen über das Wertpapierhandelsgesetz (WpHG) denkbar. Während die Arbeit der Finanzanalysten grundsätzlich nach §34 WpHG so organisiert sein soll, dass Interessenkonflikte möglichst gering gehalten und die Einhaltung der Kompetenz-,
Transparenz- und Organisationspflichten von der Bafin überwacht werden, bleiben Ratingagenturen davon völlig unberührt. Daher gibt es Forderungen, sie hier einzubeziehen. Strittig ist dabei, ob die Beurteilung der
relativen Kreditwürdigkeit eines Emittenten und seiner Finanzinstrumente mit einer Finanzanalyse, die Kapitalanlagemöglichkeiten bewertet, eine Empfehlung im Sinne des § 34 WpHG ist. Ratingagenturen sind keine
Wertpapierdienstleister, auch das würde die Anwendung von § 34 WpHG
ausschließen.

Da der Deutsche Bundestag am 1. April 2004 einen gemeinsamen Antrag aller Fraktionen gegen eine rein nationale Regulierung einstimmig annahm, ist ein selbstständiges nationales Einschreiten zum Abstellen der bestehenden eklatanten Defizite zur Regulierung der Ratingagenturen bislang nicht möglich.[236] Die deutsche Politik ist damit ein Stück weit mitverantwortlich für die derzeitige Misere, dass Ratingagenturen ihr Unwesen durch die zu große Regulierungsmacht trotz der bestehenden Interessenkonflikte weiter treiben können.

Auch die laschen neuen Reformen der EU (siehe oben) werden daran voraussichtlich nichts ändern. Da jedoch die Emittenten von einem guten Rating abhängig sind, haben die Ratingagenturen letztlich vielleicht sogar an Macht gewonnen, die der der Finanzanalysten weit überlegen ist. Das Ketten an die Einschätzung beim Finanzanalysten besteht nicht, es handelt sich vielmehr nur um ein unvorsichtiges Verhalten des Anlegers oder reine Dummheit, wenn er der Kaufempfehlung eines interessengeleiteten und/ oder schlecht recherchierenden Finanzanalysten folgt.[237]

Die Ratingagenturen, die im Inland weit weniger reguliert sind als die Wertpapieranalysten, bleiben weit einflussreicher. Die Aufsichtsbehörden haben für Banken, Versicherer und Pensionsfondmanager die Hürde errichtet, dass sie nur qualitativ hochwertige Wertpapiere kaufen dürfen, die Sicherung dieser Qualität wurde indes den Ratingagenturen übertragen. Dadurch erhielten die Agenturen eine Lizenzierungsmacht, die auch die Steuerung der Finanzmärkte erlaubt, sie bestimmen, was zu welchen Konditionen abgesetzt werden kann, solange die Marktteilnehmer an das Rating glauben.

Auf internationaler Ebene ist für die Regulierung der Ratingagenturen die IOSCO zuständig. Diese internationale Organisation der Wertpapieraufsichtsbehörden wurde 1983 gegründet und setzt seitdem die Standards auf dem Gebiet der Wertpapieraufsicht. Wesentliche Ziele der IOSCO sind[238]:

➤ die Verbesserung der Effizienz und Transparenz der Wertpapiermärkte,

➤ Investorenschutz und

➤ die Erleichterung der Kooperation zur Bekämpfung der Finanzkriminalität.

Der IOSCO-Verhaltenskodex ist eher allgemein gehalten, das Dokument sollte dazu beitragen, den Anlegerschutz zu verbessern, den fairen Handel zu fördern, die Leistungsfähigkeit und Transparenz der Märkte zu erhöhen und das Systemrisiko zu verringern. Dargelegt wird zum Beispiel, wie Ratingagenturen die Qualität und Lauterkeit des Ratingverfahrens sichern und ihre Unabhängigkeit schützen können. Dabei sollen Emittenten, Anleger und andere Marktteilnehmer fair behandelt werden. Die Objektivität gegenüber den Emittenten soll gewahrt werden. Nebentätigkeiten sollen sowohl innerbetrieblich als auch rechtlich vom Ratinggeschäft getrennt werden.

Die Ratingagenturen werden darüber hinaus dazu verpflichtet, interne Verfahren und Grundsätze zur Bewältigung von Interessenkonflikten festzulegen. Tatsächliche oder potenzielle Interessenkonflikte, die die Ratingagentur oder das Rating selbst beeinflussen könnten, sollen ermittelt, beseitigt, bewältigt und offengelegt werden. Auch in ihren Berichten soll auf Interessenkonflikte hingewiesen werden, zum Beispiel auf Nebentätigkeiten.[239]

Den Kodex, der die Grundsätze für die Tätigkeiten der Ratingagenturen festlegt, hat die IOSCO bereits im September 2003 veröffentlicht. Im Zuge der Finanzkrise hat auch die IOSCO Änderungen an ihrem Verhaltenskodex vorgenommen, die am 28. Mai 2008 verabschiedet wurden[240], und der folgende Aspekte umfasst:

Qualität und Integrität des Ratingprozesses

➤ Verbot für Analysten, Gestaltungsvorschläge oder -empfehlungen zur Strukturierung von Finanzprodukten zu erteilen.

➤ Sicherung der Qualität der für die Ratings benötigten Informationen durch Anwendung geeigneter Maßnahmen (gegebenenfalls Hinweis auf mangelnde Datenhistorie).

➤ Periodische Überprüfung der verwendeten Methoden und Modelle sowie deren Änderungen durch Einrichtung eines Funktionsbereichs.

➤ Bei einer Ratingüberprüfung oder einer Herabstufung soll ein objektiver Entscheidungsprozess sichergestellt werden.

➤ Sicherung ausreichender Analystenkenntnisse und -erfahrungen für die jeweilige Art des Kredits.

➤ Bei neuen Produkten sollen Verfahren zur Durchführbarkeitsüberprüfung einer Ratingerstellung eingerichtet werden.

➤ Gewährleistung geeigneter Methoden und Modelle bei einer Änderung des Risikos des zugrunde liegenden Vermögenswertes.

➤ Für die Überwachung und Aktualisierung von Ratings müssen ausreichende Ressourcen zur Verfügung stehen.

Unabhängigkeit der Ratingagenturen und Vermeidung von Interessenkonflikten

➤ Vermeidung von Rating-Shopping durch Rating-Ankündigungen, ob der Emittent relevante Informationen über das zu bewertende Produkt publizieren wird.

➤ Wenn ein bewerteter Schuldner über zehn Prozent der jährlichen Umsätze der Ratingagentur ausmacht, ist dies zu veröffentlichen.

➤ Überprüfung der bisherigen Arbeit der Analysten, die die Ratingagenturen verlassen haben.

➤ Vergütungsregeln zur Gewährleistung der Objektivität des Ratingprozesses sind offiziell und periodisch zu überprüfen.

Verantwortung der Ratingagenturen gegenüber Investoren und Emittenten

> Veröffentlichung von überprüfbaren Informationen bezüglich der Leistung der Ratingurteile, so weit wie möglich in standardisierter Form, um einen Vergleich zwischen den verschiedenen Ratingagenturen zu erlauben.
> Differierende Bewertung strukturierter Produkte und anderer Schuldtitel, vorzugsweise durch differierende Rating Symbole.
> Für die einzelnen Ratings ist über die Eigenschaften und die Grenzen zu informieren.
> Hinreichende Investoreninformationen zu möglichen Verlusten und Cashflow-Analysen von strukturierten Finanzprodukten.
> Veröffentlichung der Methodik, die bei der Ratingbestimmung angewendet wurde.

Veröffentlichung des Verhaltenskodexes und Kommunikation mit Marktteilnehmern

Der Verhaltenskodex der Ratingagentur sowie eine Beschreibung der verwendeten Methoden ist auf einer eigenen Internetseite an einer markanten Stelle zu veröffentlichen.

Soweit die Ratschläge, die an den Usancen zwischen Ratingagenturen und den Anforderungen der Emittenten offensichtlich nicht zu markanten Veränderungen führten. Sehr viele überzeugende Einzelaspekte, die aber einen ganz wesentlichen Punkt aussparen, die Honorierung der Leistungen durch den Auftraggeber des Ratings, den zahlenden Emittenten. Die Unabhängigkeit könnte sichergestellt und der Interessenkonflikt grundsätzlich gelöst werden, wenn die Emittentenbezahlung untersagt würde.

Der IOSCO-Verhaltenskodex konnte nicht dazu beitragen, das eklatante Defizit der Interessenkonflikte abzuarbeiten, die vor allem durch die staatliche Regulierungslizenz und die Bezahlung durch die Emittenten entstand. So wurde eine Verbriefungsemission, die zu Beginn mit AAA bewertet wurde, aus besserer Einsicht auf BBB abgewertet, die letzte Stufe des Investmentgrades. Nach Emittentenintervention und Protesten wurde die Verbriefungsemission von S&P wieder auf AAA hochgestuft.[241]

Die IOSCO bleibt bis auf Weiteres ein »zahnloser Tiger«. Verbindliche Regeln konnte sie nicht durchsetzen, weder die IOSCO-Prinzipien noch der Code of Conduct Fundamentals konnten eine durchschlagende Wirkung entfalten.[242]

Fazit

Die Rolle als Spielmacher des entfesselten Finanzkapitalismus konnten die Ratingagenturen erst dann einnehmen, als sie regierungsseitig die Lizenz dazu erhielten. Dieses US-Ordnungssystem, das den Interessen der profitmaximierenden Finanzindustrie dient, wurde weltweit exportiert. Entwicklungsländer werden so in die Zwangslage versetzt, für ein gutes Rating zu zahlen.

KRITIK AN DEN RATINGAGENTUREN – INSBESONDERE IM HINBLICK AUF IHRE ROLLE IN DEN BISHERIGEN KRISEN

Hauptkritikpunkte gegenüber den Ratingagenturen und ihre Historie

Wir müssen das Oligopol der Ratingagenturen versuchen aufzubrechen.
Wolfgang Schäuble, Bundesfinanzminister.[243]

Diese Forderung von Bundesfinanzminister Schäuble erfolgte nach der Herabstufung der Kreditwürdigkeit Portugals durch die Ratingagentur Moody's, und er ergänzte, dass er »*nicht erkennen könne, was der Einschätzung zugrunde liegt*«, und dass er die Herabstufung für unbegründet halte. So deutlich wurde selten eine Ratingentscheidung öffentlich kritisiert. Die durch die großen Anbieter gepflegte Reputation ihrer Orakelsprüche ist damit auch medienwirksam infrage gestellt.

Die Kritik von Schäuble ist aber keine Ausnahme, wobei die Politiker es selbst waren, die durch Regulierungen, wie zum Beispiel erforderliche Mindestratings durch führende Agenturen bei Anlagen von Finanzinstituten und Fondsanlegern, dazu beitrugen, dass Ratingagenturen die – wenn auch immer wieder öffentlichkeitswirksam kritisierte – Machtstellung erreichten. Darauf wies auch Schäuble selbst hin.[244]

EU-Kommissionspräsident Barroso hegte gar öffentlich den Verdacht, Europa werde nicht objektiv bewertet, weil alle Ratingagenturen ihren Sitz in den USA hätten. Die Vereinigten Staaten sind seines Erachtens trotz ihres enormen Haushaltsdefizits bislang (wenigstens zum damaligen Zeitpunkt) von den Agenturen nicht abgewertet worden. Er forderte, eine eigene europäische Ratingagentur aufzubauen.[245]

Bereits 2003 kritisierte der damalige Chef der Finanzaufsicht, Jochen Sanio, bei einer öffentlichen Anhörung des Bundestags-Finanzausschusses in Berlin:»Ratingagenturen sind die größte unkontrollierte Machtstruktur im Weltfinanzsystem.«[246] Für ihn zählen die Agenturen »*zu den Hauptschuldigen der Krise* ...« So hätten sie die Bewertung strukturierter Finanzprodukte »*als Profitmaschine betrieben und dabei ihre Vertrauenswürdigkeit verspielt*«.[247]

EU-Kommissarin Viviane Reding forderte wie bereits andere Politiker im Juli 2011 die Zerschlagung der US-Dominanz bei den Ratingagenturen, der damalige EZB-Präsident Jean-Claude Trichet kritisierte die Agenturen sogar als »Brandbeschleuniger der Krise«.[248] Auch der langjährige Chefökonom der Bundesbank, Otmar Issing, wies darauf hin, dass die Ratingagenturen geradezu als *Brandbeschleuniger* gewirkt hätten. Er hielt es für einen Systemfehler, dass der Produzent eines Produkts den bezahlt, der das Produkt bewertet. »*Das ist ein Anreizsystem, das zu Verwerfungen führen muss*«.[249]

Der frühere Bundespräsident Christian Wulff fand es in einem Sommerinterview »*erschütternd*« und »*empörend*«, dass die großen Ratingagenturen weiter so viel Macht hätten und für Fehleinschätzungen nicht in Haftung genommen würden.[250] Noch martialischer äußerte sich der DGB-Bundesvorsitzende Michael Sommer im Herbst 2011 zur Arbeit von S&P, Fitch und Moody's:»Die US-Ratingagenturen sind die wirkungsvollsten Cruise Missiles der Welt.«[251]

In diesem Zusammenhang werden neben dem Versagen der mathematischen Modelle vielfach auch die zu optimistischen Einschätzungen der Ratingagenturen als Krisenverursacher genannt. Gerade Analysten neigen dazu, zu optimistische Urteile abzugeben. Kommt dann noch nötigender Druck hinzu, weil der Emittent, der zahlt, Einfluss auf die Bonitätsnote nimmt, ist den Ratingmanipulationen Tür und Tor geöffnet. Die Ratingagenturen selbst wurden in dem fehlgelenkten System zu einem Schlüssel für profitable Derivategeschäfte. Ein Beispiel für die Kooperationsbereitschaft der Ratingagenturen lieferten die sogenannten RAVs (Repackaged Asset Vehicles), ein weiteres Wall-Street-Akronym. Ein RAV wurde verwendet, um bereits bestehende Wertpapiere unter Verwendung von Investmentinstrumenten wie Trusts und Spezialfirmen in einer neuen Derivateform zu präsentieren.[252]

Auch bei den Ratingagenturen zählte der »Quick Profit« und der Kampf um Marktanteile, wie die Anhörungen im Untersuchungsausschuss »Financial Crisis Inquiry Commission« zeigten.[253] Investmentbanken haben demnach zum Beispiel von Moody's-Mitarbeitern gefordert, dass Top-Ratings für ihre strukturierten Wertpapiere vergeben werden, ansonsten drohten sie mit der Abwanderung zur Konkurrenz.

Der frühere Vizepräsident der Derivateabteilung von Moody's sagte aus, dass Analysten kontrolliert und veranlasst worden seien, wider besseres Wissen zu gute Ratingnoten zu vergeben. Die Analysten seien sogar eingeschüchtert worden, um die Kooperationsbereitschaft zu verstärken. Noch problematischer war, dass sogar das Management von Moody's den zahlenden Investmentbanken geholfen haben soll, sich gegenüber den Ratinganalysten durchzusetzen. In einem Umfeld der Angst stand der Kampf um Marktanteile zulasten der Analysesorgfalt im Vordergrund.

Unter dem Strich bleibt, dass die Ratingagenturen zu positive Urteile abgeben. So kam es zu dramatischen Fehlurteilen: Kurz vor Beginn der Krise im September 2008 wurden Top-Noten (»Triple A«) vergeben, auch einen Tag vor dem Konkurs von Lehman Brothers lauteten die Einstufungen noch A, A2 und A+.

Wesentliche grundsätzliche Kritikpunkte am Geschäftsmodell der Ratingagenturen sind:

1. Mangelnde Transparenz: Geheimhaltung zum Machterhalt und zur Wahrung von Eignerinteressen

2. Interessenkonflikte und begrenzter Wettbewerb, soweit die Emittenten »selbst« zahlen (positiver Bias)
3. Fehlende Frühwarnfunktion (»Rating-Paradox«) und das unberechtigte Vertrauen der Anleger
4. Ratingabhängige Regulierung: Negativverstärker in der Finanzkrise (»Brandbeschleuniger«)
5. Fehlurteile als grundsätzliches Problem. Erst recht, wenn sie in der Regel nicht – durch bestehende Intransparenz – anfechtbar sind
6. Durch Beratungsaufträge an Emittenten wird die Unabhängigkeit beeinträchtigt
7. Uneinheitlichkeit der Ratingnoten

Aus diesen gelisteten Kritikpunkten lassen sich allein im Umkehrschluss zukünftige Ordnungs- und Handlungsrichtlinien ableiten:

Mangelnde Transparenz der Ratingagenturen

Die mangelnde Transparenz der Ratingagenturen ist ein Aspekt, der staatliche Regulatoren bereits vor der Finanzkrise beschäftigte, aber erst in diesem Zusammenhang neue Brisanz erhielt. Dabei geht es um Transparenz hinsichtlich der Methoden (verwendete Unterlagen, Ratingprozesse im Einzelnen und die Begründung des Bonitätsurteils) sowie der Performance der Ratings (Ratinghistorie und Abgleich mit der tatsächlichen Entwicklung). Zwar gibt es zunehmend Versuche, die Transparenz zu verbessern[254], ein echter Reputationswettbewerb benötigt aber Wettbewerb, der durch die Regulierungsmacht der großen drei Agenturen nicht besteht.

Ganz im Gegenteil lässt sich eher feststellen, dass die Intransparenz durch die großen Ratingagenturen kultiviert wird. So ist ein wesentlicher Aspekt der kritisierten Machtentfaltung durch die Ratingagenturen die Geheimhaltung der vermeintlichen Verflechtungen mit staatlichen Stellen, durch die sie die Position erlangt beziehungsweise sogar die Lizenz bekommen haben, fast hoheitlich, also wie Staatsorgane, zu agieren. Sie konnten damit auch Dinge tun, wodurch andere, gar Konkurrenten, schon dem Grunde nach benachteiligt werden (und diese sind dabei nicht oder kaum in der Lage, sich dagegen erfolgversprechend zu wehren).

Die Beurteilungen der Ratingagenturen wirken dadurch wie staatlich sanktionierte Urteile, wovon die privatwirtschaftlich organisierten Agenturen noch zusätzlich kommerziell profitieren. Die von Werner Rügemer als »Meister der Geheimhaltung« bezeichneten Ratingagenturen werden als diskrete Lobbyisten bei Regierungen vorstellig, um ihre Macht zu sichern beziehungsweise weiter auszubauen.[255] Gleichzeitig vermeiden die weit verschachtelten Unternehmen öffentliche Diskussionen, um ihr sicheres Geschäftsmodell im Verbund mit den Schuldnern, und das sind nicht zuletzt die Staaten, zu sichern.

Das Mysterium wird gepflegt, auch durch Zurückhaltung beim Nennen der Informationsquellen und der Entscheidungsparameter.[256] Gleichzeitig erweisen sich die Ratingagenturen als hilfreiche Informationsdienstleister für die Kapitalmärkte, ihre Urteilskraft soll dabei nicht infrage gestellt werden. Sie inszenieren dadurch Kompetenz, damit sie wirkungsvoll operieren können. Die Orientierungslosigkeit vieler Marktteilnehmer hilft, dass das Anchoring durch die großen Ratingagenturen funktioniert. Das Nachahmerverhalten der Marktteilnehmer mit der Orientierung an Meinungsführern hilft und lässt Ratingurteile sogar zu »Selffulfilling Prophecies« werden. Die Wirkungsmittel dieser weitgehend unsichtbaren Spielführerschaft sind in Anlehnung an Gustave Le Bon[257]:

➤ Behauptung,
➤ Wiederholung und
➤ Übertragung.

Die »*Behauptung ohne Begründung und jegliche Beweisführung*« ist ein sicheres Mittel, um als Ratingagentur einen Kultstatus zu erlangen. Je bestimmter die Behauptung erfolgt, desto eher wird das Rating als Orakelspruch an den Märkten Wirkmacht entfalten. Die Ratings bekommen damit fast religiösen Charakter, der Ehrfurcht einflößt.

Diese Signalwirkung lebt dabei von der ständigen Wiederholung, so werden die Beurteilungen laufend aktualisiert. Die Ratingnoten werden ebenfalls ständig wiederholt, sodass bestimmte Staaten oder Unternehmen zumindest zeitweise zum Beispiel als »AA-Staaten oder AA-Unternehmen« wahrgenommen werden können. Die ständige Wiederholung der Ratings und der Noten geht ins Unterbewusste und schärft die Verankerung der Ratingagenturen mit den Kapitalmärkten, die die an sich berechtigte Skepsis der Marktteilnehmer gegenüber den Ratingagenturen in den Hintergrund treten lässt. Die Übertragung oder Infektion erfolgt durch die Nutzung des Ratingspiegels auch zur Nachahmung für Dritte. In der Neuzeit erfolgte dies durch Kopierer (dadurch wurde der Bezahlmodus geändert).

Nur wenige kritische Marktteilnehmer, die wirklich unabhängig sind, schaffen es, sich der Meinungsherrschaft, die sich bei den großen drei Ratingagenturen herausgebildet hat, zu entziehen. Die Überzeugung und der Glaube verbreiten sich dabei nur durch den Vorgang der Übertragung. Die Geheimhaltung und bewusste Intransparenz werden wie eine kirchliche Weihe von den Ratingagenturen inszeniert und helfen damit parallel der Absicherung der führenden Anbieter. Die Reputation wird vorgetäuscht, es wird der Eindruck erweckt, die Einschätzungen seien wichtig und akkurat, zumindest sollen das die Marktteilnehmer denken und ihren Entscheidungen zugrunde legen.[258]

Die Ratingagenturen verdienen prächtig dabei. Natürlich auch ihre Eigner, die ein wesentlicher Treiber ihrer lukrativen Spielmacherfunktion sind. Die Agenturen bewerten nicht nur Kredite und Finanzprodukte, sondern sie verkaufen denselben Unternehmen auch die verschiedensten Beratungsdienste.[259]

Interessenkonflikte und begrenzter Wettbewerb

Die Interessenkonflikte und der begrenzte Wettbewerb, wobei hier der Reputationswettbewerb gemeint ist, die treffsichersten Bonitätsnoten zu erstellen, werden besonders häufig als Kritikpunkte am derzeitigen Geschäftsmodell der großen drei Ratingagenturen genannt. Der Interessenkonflikt und der mangelnde Wettbewerb sind letztlich durch die Bezahlung der Emittenten für die Ratings bedingt. Diese Sichtweise ist zwar umstritten, weshalb die Ratingagenturen immer wieder darauf hinweisen, dass ihnen ihre Reputation an den Märkten auch dann wichtig ist, wenn sie von ihren Auftraggebern (Emittenten) bezahlt werden. Das mag bis zu einem gewissen Grad auch der Fall sein, aber der wahre Wettbewerb der »Großen Drei«, der strukturell durch ihre Lizenzierungsmacht ohnehin begrenzt ist, geht um die bestzahlendsten und durch langjährige Kontrakte mit den Agenturen verbundenen Kunden. Von daher haben sich die Ratingagenturen selbst drastisch verändert.

Während sie ursprünglich von den Investoren finanziert wurden, ließen sie dafür seit den 1970er-Jahren die Ausgeber der Schuldtitel für ihre Dienstleistungen zahlen. Das neue Geschäftsmodell war auch kompatibel mit den Reformen der Börsenaufsicht, die es den Ausgebern auferlegte, ein Rating zu beschaffen. Es dauerte bis in die 1980er-Jahre, bis der Bezahlmodus vollständig umgestellt wurde. Die Hauptkunden, die Verwender der Ratings, waren damit außen vor. Dies war lukrativer, weil vorher bei der Bezahlung durch die Investoren die Ratingbücher häufig einfach kopiert und an andere Anleger weitergegeben wurden. Dadurch gingen immer mehr Einnahmen verloren. Die Wertschöpfungskette war nicht mehr intakt.

Die Emittenten oder Originatoren hatten dagegen ein Interesse an nachhaltig guten Ratings und waren bereit, dafür ordentlich den Geldbeutel aufzumachen. Die Bezahlung durch die Emittenten schuf aber ganz neue Probleme. Es kam zu einem Wettbewerb um die besten Ratings (statt vorrangig um die Reputation, die treffsichersten Bonitätsnoten zu erstellen). Die Finanzinstitute schauten sich nach den Spitzenratings um und verglichen sie untereinander. Wenn eine Ratingagentur besonders kritisch vorging, bestand die Gefahr, dass im schlimmsten Fall sogar ein Schlüsselkunde verloren ging.[260] Im Zweifel formulierten die Ratingagenturen daher eher vorsichtig, sie wollten schließlich ihre Kunden nicht verlieren und vergaben Spitzenratings auch für zweit- und sogar drittklassige Wertpapiere. Den Kunden wurde so das gegeben, was sie vermeintlich verlangten.

Darüber hinaus wurde das fragwürdige Beratungsgeschäft ausgebaut. So wurden komplexe, strukturierte Finanzprodukte bankseitig von den Ratingagenturen so gestaltet, dass sie ein möglichst positives Rating erhielten. Sie halfen aktiv dabei, dass komplizierte Finanzprodukte für die Händler der Wall-Street-Banken gut vermarktbar blieben, solange die Party lief. In den Jahren 2002 bis 2007 konnten die drei führenden Ratingagenturen ihre Umsätze von weniger als drei Milliarden US-Dollar (2,2 Mrd. US-Dollar) auf über sechs Milliarden US-Dollar steigern, die Top-Verantwortlichen für das expandierende Ratinggeschäft in den Agenturen verdienten dabei auf Wall-Street-Niveau. Die Mitarbeiter bei den Ratingagenturen waren wie die Wirtschaftsprüfer überfordert, die kundenorientierte Gestaltung stieß an Grenzen.

Fragwürdige Modelle mit viel zu optimistischen Annahmen halfen bei der bestmöglichen vermarktungsorientierten Strukturierung. So wurde die Glaubwürdigkeit beschädigt, von den mit AAA gerateten Subprime-Hypothekenprodukten sind heute 93 Prozent Schrottpapiere.[261] Schnell zeigte sich in der Krise, was die fragwürdigen Papiere wirklich wert waren, und bei den Ratingagenturen wurden die Mitarbeiter, die einem erheblichen kommerziellen Druck unterlagen, weiter zu bewerten und die Produkte mitzugestalten zunehmend zynisch: *»Wir bewerten jedes Geschäft«* ... *»Es könnte von Kühen strukturiert sein und wir würden es bewerten«.*[262]

Damit war aber gleichzeitig die Unabhängigkeit der Ratingorganistionen infrage gestellt. Die Branche ließ die Vorwürfe abprallen. Stattdessen wurde von den Ratingagenturen auf die Reputationsschäden hingewiesen, die drohten, falls den Kunden Gefälligkeitsnoten ausgestellt würden. Dies war wohl nur eine Schutzbehauptung, zumal die Kritik an den Gefälligkeitsnoten angesichts des offensichtlichen Interessenkonflikts und der steigenden Kritik von Wissenschaftlern sich immer schwerer von der Hand weisen ließ. Wer nur Topnoten vergibt, wird irgendwann nicht mehr ernst genommen. Der Informationswert wäre zu gering.

Noch 2003 stützte die US-Börsenaufsicht die Ansicht der Ratingagenturen und spielte den Interessenkonflikt herunter: »Grundsätzlich waren die Teilnehmer der Anhörung überzeugt, dass die Abhängigkeit der Agenturen von den Gebühren der Emittenten weder zu einem signifikanten Interessenkonflikt führt noch die Objektivität der Kreditratings insgesamt infrage stellt«.[263]

Da die Aufsichtsbehörden dennoch zunehmend andere Geschäftsmodelle sehen wollten als nur das bezahlte Auftragsrating, will S&P der Kritik den Wind aus den Segeln nehmen und bietet an, auch ohne Auftrag Bonitätsnoten zu vergeben. So erklärte S&P-Deutschlandchef Torsten Hinrichs: »Meinungsvielfalt und Pluralität sind für die Aufsichtsbehörden und die Finanzmärkte wichtigere Güter als früher.« Diplomatischer kann man die Kritik an der zu großen Macht der großen Ratingagenturen und dem fragwürdigen Modell des bezahlten Auftragsratings wohl kaum verpacken. Gleichzeitig schränkt Hinrichs ein: »Wir können uns diese Art von Ratings natürlich auch nur in begrenztem Umfang leisten«.

Dass das unbeauftragte Rating ein Versuch sein könnte, das Unternehmen als zahlenden Kunden zurückzugewinnen, wurde als Motiv nicht genannt, sondern stattdessen wurden das Marktinteresse an dem Unternehmen oder eine deutlich abweichende analytische Meinung über das Unternehmen als Motive hervorgehoben.[264] Immerhin zeigt auch die Stellungnahme von Hinrichs, dass Bewegung in die Diskussion kommt. Letztlich liegt aber die Regelungskompetenz bei den Regierungen, nicht zuletzt der US-Administration, um die Ratingagenturen als unterstützende Dienstleister des Kapitalmarkts zu etablieren.

Ohne Reformen verkommen die Agenturen durch ihre zugewiesene Rolle als Lizenzgeber im Regierungsauftrag bei gleichzeitig geringem Informationswert mit entsprechend negativen Folgewirkungen für die Schuldner, die auch größere Volkswirtschaften sein können, zu privatwirtschaftlichen *»Profitmaschinen«.*

Fehlende Frühwarnfunktion

Vor dem Ausbruch der Finanzkrise haben die Ratingagenturen in ihrer Frühwarnfunktion versagt, wie bereits bei der Asienkrise, als die Herabstufung erst im Zuge der allgemein einsetzenden Panik eintrat. Die Schieflagen bei Lehman oder der inländischen IKB wurden nicht erkannt. Viele weitere Beispiele ließen sich aufzeigen, die fast ein systematisches Versagen aufzeigen.

Der US-Ökonom Barry Eichengreen urteilt über die Ratings scharf, indem er sie als »einen hinterherlaufenden Indikator« bezeichnet.[265] Das Hinterherlaufen der Ratinganalysten wird von dem US-Finanzwirtschaftler Frank Partnoy mit dem sogenannten Rating-Paradox erklärt. Nach seiner Ansicht haben die Ratingagenturen Macht durch die Regulierungslizenz erhalten, wodurch ihr Informationswert deutlich gesunken ist. Sie erzielen hohe Profite durch ihr regierungsseitig abgesichertes Geschäft, ohne sich besonders anstrengen zu müssen.[266]

Das Vertrauen der Anleger in die Ratings ist daher nicht berechtigt. Der Soziologe Heinz Bude unterscheidet zwischen Systemvertrauen, Sozialvertrauen und Selbstvertrauen. Die Glaubwürdigkeit der Ratings ist Bestandteil des Systemvertrauens, ohne dass das Sozialvertrauen, das das Funktionieren der Gesellschaft einschließlich der Funktionsfähigkeit der Kapitalmärkte prägt, nicht möglich ist. Erst in der Suche nach Wahrheit, auch wahrer Urteile, liegt der Schlüssel zur Rückkehr des Vertrauens.[267]

Der Vertrauensverlust in die Ratings ist wiederum Bestandteil eines demokratischen Verfalls. Die Anreizstrukturen müssten wieder so gesetzt werden, dass echter Reputationswettbewerb möglich ist. Dazu müssten die Regulatoren vor allem in den USA und Europa bereit sein. Bislang ist das Vertrauen nach dem Ausbruch der Finanzkrise noch nicht zurückgekehrt, im Gegenteil. In den USA ist der angelsächsische Finanzkapitalismus einschließlich der machtausübenden Ratingagenturen noch nicht substanziell reformiert worden. Noch größere systemrelevante Banken können Druck auf die Ratingagenturen ausüben, die sie für ihre Dienstleistungen nach wie vor bezahlen. Das Gleiche gilt für Europa. Hier wird eine Bankenunion geschaffen, die die Macht großer systemrelevanter Banken weiter stärken dürfte.

Wenn es so weitergeht mit der Umverteilung, dann vor allem zugunsten großer südeuropäischer Adressen. Zur Stützung wird durch die EZB weiter eine Niedrigzinspolitik verfolgt, die mit der Bankaufsicht noch verstärkt wird. Wenn die Restrukturierungsprobleme zu groß sind, wird wie bei der FED auf Zeit gespielt und die Banken entlastet. Die EZB ist inzwischen ohnehin südeuropäisch geführt.

Ob die Bürger in der EU – und in Deutschland – den von Morgan Stanley als »italienische Ehe« bezeichneten Status so mittragen wollen, wird dabei erstaunlicherweise nicht mehr diskutiert.[268] Auch die Ratings sind Teil der Desinformationskultur geworden, was Max Otte zu Recht kritisiert. Durch ihre Machtentfaltung im Zuge des Verzichts auf eigene Analysten in den Banken entstünde als Konsequenz »*gleichgerichtetes Verhalten in der Finanzbranche – eine Art zentralistische und kapitalistische Planwirtschaft*«.[269] Das Totalversagen belegte er mit dem Hinweis, dass bis zu 60 Prozent der hochriskanten strukturierten Finanzprodukte die Topnote AAA beziehungsweise Aaa erhielten.[270]

In einer desinformierten Gesellschaft wird es zunehmend für Menschen schwer, sich auf ihr eigenes Urteil zu verlassen und angesichts des Grundrauschens von Verwirrmedien, die wirklich relevanten Informationen zu sammeln.[271] Propaganda und Schönwetteranalysen entziehen so dem nach Bude oben definierten »Vertrauen« jede weitere Grundlage.

Ratingabhängige Regulierung

Die ratingabhängige Regulierung, die den Agenturen de facto die Lizenzierungsmacht übertrug, hat eine Abhängigkeit geschaffen, die sich durch den Automatismus, Papiere verkaufen zu müssen, weil sie ein Mindestrating nicht erfüllen, fatal auswirkte. Trichet und Issing beschrieben die Ratingagenturen vor diesem Hintergrund als »Brandbeschleuniger«.[272]

Die Kritik an dem Oligopol, das im Geleitzug auch größere Volkswirtschaften abstufte, und damit die Krise durch den Automatismus professioneller Anleger, bei einer Abstufung verkaufen zu müssen, wurde zunehmend schärfer formuliert. Schließlich hatte die Glaubwürdigkeit der Agenturen gelitten, dass reihenweise bisher als solide eingestufte südeuropäische Länder mit vorzeigbaren Ratings in schneller Abfolge heruntergestuft wurden und zu großen Anlegerverlusten bei Staatsanleihen führten (die staatliche Regulierung im Verbund mit der Finanzindustrie machte sie vermeintlich zu den sichersten Anlagen sogar ohne Eigenkapitalunterlegung, wodurch der Absatz der fragwürdigen Staatspapiere in Europa wie in den USA gesichert wurde).

Dagegen argumentierte unter anderem zwar S&P-Europachef Moritz Krämer: »Es handelt sich nicht um politische Einflussnahme, wir haben keine politische Agenda.« Die Agentur erfülle lediglich ihren Auftrag. »Unsere Aufgabe ist es, Kreditrisiken zu analysieren und unsere Meinung zu veröffentlichen.«[273]

Trotzdem bleibt das Problem der Lizenzierungsmacht der »Großen Drei«, das durch die fragwürdige Regulierung mit der Notwendigkeit des Kettens an die Entscheidungen der Ratingagenturen entstand. Mit Basel I (1988) und Basel II (2007) wurde das US-Ratingsystem, die ratingabhängige Regulierung verbindlich, ebenso für die übrigen westlichen Staaten, und findet sich gleichfalls in den Statuten auch der deutschen Finanzaufsicht Bafin und der Europäischen Zentralbank (EZB) wieder.[274]

Nach dem Ausbruch der Finanzkrise wurde kritisiert, dass die Ratingagenturen vorher eher zu positive Ratings abgaben, die den Emittenten und dem Produktvertrieb auch von komplex strukturierten Produkten zugutekamen. Sie waren Teil des gut verdienenden Finanzsektors, und der Glaube an die Effizienz der Märkte war nicht erschüttert, im Gegenteil. Hätte er aber sein müssen, denn entweder die Märkte sind effizient, dann hätten die Zinsdifferenziale der Staatsanleihen in der Eurozone mit der Einführung nicht so eingeebnet werden dürfen. Formal konnte auch die potenzielle Hilfe reicherer Nordstaaten für die Südländer nicht dafür herhalten, denn im sogenannten Maastrichtvertrag war das No-Bailout-Verbot verankert. Kein Staat sollte für die Schulden anderer Länder in der EU haften.

Obwohl es dann anders kam, und die Hilfen im politischen Sprachgebrauch »freiwillige Rettungsmaßnahmen« genannt wurden, gingen die Risikoaufschläge bei den Staatsanleihen wieder auseinander.

Die Ratings für südeuropäische Staaten waren vor dem Ausbruch der Finanzkrise gut und allzu optimistisch. Im Verlauf der Finanzkrise kam es zu verstärkten Herabstufungen von Staaten, die sich wiederum auch auf die Unternehmen in den Staaten auswirkten. Wie fallende Dominosteine durchzog der zunehmende Vertrauensentzug alle Märkte. Insbesondere in der Eurozone führte dies zu einer Verunsicherung, die die kreditwürdigeren Staaten in der EU zunehmend in den Abwärtsstrudel mit hineinzieht, da ihre Rettungszusagen nicht mehr glaubwürdig finanzierbar sind.

Mit dem Ausbruch der Finanzkrise entstand der Eindruck, dass nach der Übertreibung nach oben jetzt die Übertreibung nach unten einsetzte. So werden die Ratingagenturen für die zunehmend dramatischere Entwicklung der Schuldenkrise in Südeuropa mitverantwortlich gemacht.

Durch die Herabstufungen sind die Kreditkosten deutlich gestiegen. Mit den steigenden Zinsen werden gleichzeitig die Sparbemühungen erschwert und so ein negativer Dominoeffekt ausgelöst. Das Ranking von Staaten ist außerdem subjektiver als das von Unternehmen.[275]

So beruhen Unternehmensratings zu einem großen Teil auf harten Fakten wie etwa Jahresabschlüssen oder Produktportfolios. Dagegen ist das Rating von Staaten subjektiver – und viel riskanter. Neben verlässlicheren Daten, wie zum Beispiel dem Wirtschaftswachstum oder den Einnahmen und Ausgaben eines Staates, hängt ein großer Anteil der Bewertung jedoch an weichen Faktoren wie der politischen Stabilität oder den Kosten einer möglichen Reform. Diese weichen Faktoren sind viel schwerer zu beziffern und außerdem schwankend. Die Fehleinschätzungen der »Großen Drei« sind daher bei Staaten noch viel höher als bei Unternehmen.

Fehlurteile als grundsätzliches Problem

Vor diesem Hintergrund ist es nachvollziehbar, dass die Regierungen gegen die verschlechterten Ratingurteile der Agenturen auch juristisch zu Felde ziehen. Die Ratingagenturen vertreten die Ansicht, dass es sich nur um Meinungsäußerungen handelt, die juristisch nicht angefochten werden können. Diese Ansicht der Ratinginstitute ist umstritten. So haben italienische Strafverfolger im November 2012 Klage gegen S&P und Fitch aufgrund unterstellter Marktmanipulationen erhoben. Bei Razzien der Finanzpolizei sollen »unbegründete« beziehungsweise »unvorsichtige« negative Beurteilungen der italienischen Finanz- und Bankenlage gefunden worden sein. Die Staatsanwälte gingen davon aus, dass geltende Regeln verletzt wurden. Durch die

Nutzung von Insiderinformationen sind angeblich mehrfach drohende Ratingherabstufungen veröffentlicht worden. Die Agenturen bestreiten dies und weisen darauf hin, dass ihre Bewertungen unabhängig und auf objektiven Kriterien basierend erstellt werden. Jede der Anklagen wird einzeln geprüft, sodass das Verfahren Monate dauern kann.[276]

Aber die Klage Italiens steht nicht allein, sondern bewegt sich im Kontext zunehmender weltweiter Klagen im Zuge der ausgeweiteten fragwürdigen Vertriebsaktivitäten von zwielichtigen Produkten, die ein Toprating erhalten hatten.[277] Die Finanzkrise brachte das Fass zum Überlaufen.

So hat erstmals ein Bundesgericht in Sydney/Australien eine Ratingagentur Anfang November 2012 verurteilt. Dreizehn australische Stadtverwaltungen hatten neben der Bank ABN Amro und dem Finanzdienstleister LGFS auch S&P verklagt. LGFS hatte »Constant Proportion Debt Obligations« (CPDO) vertrieben, die den einprägsamen Titel »Rembrandt Notes« erhielten. Dahinter verbargen sich komplizierte Derivate, denen verbriefte US-Immobilienkredite zugrunde lagen. Genau diese riskanten Papiere hatten mit dem Zusammenbruch der US-Häuserpreise die Immobilien- und die weltweite Finanzkrise ab dem Jahr 2007 ausgelöst. Geworben wurde mit der hohen Sicherheit der Produkte, was auch durch das positive Urteil von S&P bestätigt wurde. Die Kommunen in Australien hatten die Risikopapiere gekauft und verloren nach zwei Jahren 93 Prozent ihres Geldes. Die zuständige Richterin kritisierte, dass eine »halbwegs kompetente« Ratingagentur den Derivaten niemals die Höchstnote gegeben hätte. Das Rating war zudem aus ihrer Sicht (angesichts der »grotesk komplizierten« Anlage, die angeblich sicher war) »irreführend und trügerisch« und habe zu einer »fahrlässigen Verfälschung« gegenüber den Anlegern geführt.[278]

Auffallend ist, dass sowohl in Australien als auch jetzt in den USA jeweils Richterinnen »sehr pragmatisch, also ohne juristische ›Schnörkel‹ auf den Punkt kommen«. Ob die Klagen grundsätzliche Systemveränderungen herbeiführen, ist eher unwahrscheinlich, ein Warnsignal für bisher sich allzu sicher fühlende Rater ist es allemal. Sinnvoller wäre aber eine Reform der Informationen verzerrenden Struktur, in die Ratingagenturen eingebunden sind.

Im Zuge der Bezahlung der Ratings auch von komplexen Produkten durch die Investmentbanken ist das Informationsversagen quasi systemimmanent. Hier müssten Reformen ansetzen (Verbot der Barzahlung durch die Emittenten und von fragwürdigen Finanzprodukten, die nur noch von wenigen Insidern – letztlich zulasten Dritter – verstanden werden).

Durch Beratungsaufträge an Emittenten wird die Unabhängigkeit beeinträchtigt

Beratungsaufträge an Emittenten beeinträchtigen die Unabhängigkeit über den fragwürdigen Bezahlmodus hinaus. Der Bias durch die Entlohnung der Ratingerstellung durch den Emittenten ist schon groß genug, wenn aber lukrative Beraueraufträge hinzukommen, ist die Unabhängigkeit und Neutralität extrem gefährdet. Vor diesem Hintergrund ist die tiefstapelnde Einschätzung der weltweit führenden Ratingagentur durch den Deutschlandchef der Ratingagentur S&P, Torsten Hinrichs, »Absolut neutral, völlig apolitisch, nicht allwissend«, fragwürdig.[279]

Die oben genannten Anhörungen im Untersuchungsausschuss »Financial Crisis Inquiry Commission« zeigen eher das Gegenteil. Zur Vermeidung von Interessenkonflikten ist auf jeden Fall eine ausschließliche Gutachtertätigkeit der Ratinginstitute sinnvoll.

Uneinheitlichkeit der Ratingnoten

Die Ratingnoten sollten noch mehr vereinheitlicht werden, um die Transparenz zu verbessern. Als Plattform haben sich die bestehenden Bonitätsnoten zum Beispiel von S&P durchaus bewährt, die Kritik betrifft dagegen die zugrunde liegenden Kriterien. Dies wiederum sollte den Kapitalanlegern klar dargelegt werden, um die Transparenz weiter zu verbessern.

Die Bonitätsnoten sind gut etabliert und bereits jetzt bei den großen drei Ratingagenturen weitgehend ähnlich. Für den Anleger wäre es hilfreich, wenn sich alle Ratingagenturen auf ein Bonitätsnotensystem einigen könnten. Vor allem kleinere Newcomer unter den Ratingagenturen hätten es schwer, alternative Bonitätsnoten extern zu vermitteln. Damit würden selbst auch die besten Marketingfachleute vermutlich ihre Schwierigkeiten haben, »anderes« zu vermarkten. Hier ist eine Differenzierung gegenüber den Wettbewerbern nicht sinnvoll. Dagegen sind Nischen, wie ein besonderer lokaler Fokus oder ein größeres Branchen-Know-how, erfahrungsgemäß durchaus gut gegenüber Kunden vermittelbar.

Im Nachhinein ist man zwar immer klüger, und so wird jetzt nach dem Vorwurf wegen zu positiver Ratings möglicherweise von den Ratingagenturen mit einer Tendenz nach unten übertrieben und damit ein negativer Verstärker ausgelöst, der unter Einbeziehung des Multiplikators Staaten und Unternehmen in den Abgrund reißen kann. Während vor der Finanzkrise angeblich kaum gewarnt und die fehlerhaften mathematischen Risikomodelle zu wenig hinterfragt wurden, wird jetzt kritisiert, dass im Verlauf der Finanzkrise zunehmend übervorsichtige Ratings der Agenturen vergeben werden.

Die »größere Schärfe« bei den Ratings, so wird vielfach unterstellt, soll den angeschlagenen Ruf wiederherstellen. Zu begrüßen wäre es meines Erachtens, wenn durch die gestiegene Skepsis das eigene Nachdenken der Marktteilnehmer wieder angeregt wird. Niemand sollte gezwungen werden, sich auf das Rating dieser Gesellschaften zu verlassen.

Mit den schärferen Regulierungen, die den Nachweis bestimmter Ratings verlangten – damit bestimmte Papiere gekauft werden konnten –, wurden die Ratinginstitute einflussreicher. Es ist für Entscheider jedoch problematisch, die Verantwortung einfach »outzusourcen«. Die Kritik an diesen vermeintlichen »Sündenböcken« ist daher häufig ein leicht durchschaubares Ablenkungsmanöver. Als neuer Gegentrend sollte daher der eigene Kreditresearch in den Finanzinstituten wieder verstärkt werden, um vom Schiedsspruch oder Urteil der »Großen Drei« unabhängiger zu werden.

Wünschenswert wäre auch mehr Wettbewerb durch das Auftreten neuer, anerkannter Konkurrenten, die durch ihre guten und emittentenunabhängigen Expertiseleistungen auf sich aufmerksam machen können. Dazu müsste die Funktion der Ratingagenturen als staatlich sanktionierte und lizenzierte Regulierer, an die sich die Marktteilnehmer zurzeit ketten müssen, außer Kraft gesetzt werden. Dies wäre für interessierte Investoren und Finanzinstitute hilfreich, im Zweifel sollten sie für die Ratings neuer Konkurrenten zahlen, wenn sie wirklich unabhängig erarbeitet wurden und dadurch einen hohen Informationswert besitzen, wenn die fachliche Eignung vorliegt und eine Benotung anhand geeigneter Kriterien zur Bestimmung der Ausfallwahrscheinlichkeit erfolgt.

Die für die Investoren (durch die Emittentenbezahlung) kostenlos erhältlichen und vermeintlich immer aktuellen Ratings haben dagegen an Informationswert verloren. Sie stehen nicht im Wettbewerb und können sich durch die staatliche Einbindung als Regulierer wie kundenfeindliche Monopolisten verhalten, solange der Emittent bereit ist, zu zahlen und die Reputation nicht allzu gefährdet ist.

Aber auch wenn, wie noch in den 1920er-Jahren des letzten Jahrhunderts, wieder verstärkt Wettbewerb zwischen den Agenturen um mehr Glaubwürdigkeit der Analysen statt um die zahlenden Emittenten (die aber ohnehin als Kunden dadurch gebunden sind, da sie die gesetzlich vorgeschriebenen Bonitätsnoten der Ratingagenturen für das eigene Geschäft benötigen) bestünde, blieben die etablierten Marktführer möglicherweise weitgehend unangetastet.

In Anlehnung an Gustave Le Bon setzt sich nicht unbedingt der bessere, sondern der charismatischere oder lautstärker auftretende Teilnehmer durch. Als Meinungsführer gelten im Zweifel die führenden angelsächsischen Finanzadressen und Ratingagenturen. Vielleicht haben auch deswegen so viele seriöse deutsche Adressen US-Schrottpapiere gekauft. Sie haben den smarten Auftritt von US-Investmentbankern akzeptiert und wollten selbst Teil dieser großen Finanzmarktwelt sein. Sie stellten kaum Fragen, wenn überhaupt. Der Verkäufer kannte sein Produkt vielleicht auch nicht so genau, dafür trat er im Rahmen einer Bühnenshow[280] aber überzeugend auf. Nach wie vor werden US-Kasinobanken und die drei großen Ratingagenturen weltweit als Platzhirsche oder Meinungsführer im Investmentbanking akzeptiert. Es gilt weiter die von Thomas L. Friedman geäußerte Einschätzung[281]:

> »Nach meiner Ansicht gibt es zwei Supermächte in der heutigen Welt. Das
> sind die USA und das ist Moody's Bond Rating Service. Die Vereinigten Staa
> ten können dich mit Bomben zerstören und Moody's kann zerstören, indem
> sie deine Anleihen herunterstuft. Glauben Sie mir, es ist manchmal nicht klar,
> wer mächtiger ist.«

Diese Äußerung zeigt in pointierter Form auf, welche Macht die Agenturen besitzen, es sei denn, einschneidende Reformen erfolgen doch noch.

Auch in Deutschland. Denn auch hierzulande wurden Verbriefungspakete kundenschädigend mit Topnoten der Ratingagenturen eingesetzt. So wurden von den führenden deutschen Banken in den Jahren 2004 bis 2007 Mittelstandsfinanzierungen von 800 Firmen im Volumen von rund fünf Milliarden Euro verpackt.[282]

Auf den meisten Papieren, die sich als Giftmischung entpuppten, klebte das Gütesiegel AAA, bis sie später nach einer schnellen Herabstufung als Schrott deklariert wurden. Wie bereits bei der US-Regulierung, die weltweit zum Maßstab wurde, erfolgte kein Verbot fragwürdiger Finanzprodukte, die Regulierungsverantwortung wurde an die Ratingagenturen abgewälzt.[283] Recherchiert wurde damals kaum, die Bücher wurden so wenig geprüft wie die Fähigkeiten des Managements oder der Zukunftsstrategien.

Dennoch bleiben bislang die Banken und Ratinginstitute als vermeintlich systemische Bestandteile unangetastet. Sie wären im Rahmen einer sozialen Marktwirtschaft mit klarer Verantwortungszuweisung selbst den Marktrisiken ausgesetzt. Die Gestaltungsmacht wurde den Falschen verliehen. Schlimmer noch: Mit der Neuverbriefung bestehender hypothekenbesicherter Immobilienpapiere (Re-Remics-Papiere) wurde auch nach dem Ausbruch der Finanzkrise das toxische Geschäftsmodell fortgeführt. Durch eine neue Aufspaltung erhält der größere Teil einer herabgestuften Anleihe als Bestandteil einer Senior-Tranche wieder ein AAA-Rating, die kleinere Junior-Tranche erhielt im Gegenzug ein deutlich schlechteres Rating.[284]

Für grundlegende Reformen fehlt nach wie vor der politische Konsens, nach wie vor sind die Ratingorganisationen als geschützte Lizenzierer im Rahmen der Finanzmarktregulierung nicht ernstlich angefochten. Ihr fragwürdiges Geschäftsmodell wird weiter gestützt.

Pleiten einige Jahre vor der Finanzkrise: Enron, Worldcom und Parmalat

Die wesentlichen Zusammenbrüche von Firmen, die die Glaubwürdigkeit von Wirtschaftsprüfern und der Ratingagenturen in den letzten Jahren erschütterten, waren die von Enron, Worldcom und Parmalat. Zwar verteidigen sich die Ratingagenturen damit, dass sie schon aus Gründen der Reputation keine zu guten Ratings für Emittenten vergeben, und beanstanden auch, dass sie von den Unternehmen getäuscht wurden. Die jeweiligen Darstellungen zu den Ratings vor den Bankrotterklärungen der Gesellschaften zeigen die viel zu guten Ratings und die sehr späten Herabstufungen.

Enron

Enron war für die Ratinggesellschaften ein besonders dramatisches Glaubwürdigkeitsdesaster. So stellte der Zusammenbruch von Enron Ende 2001 für die Ratingagenturen eine Zäsur dar, vor allem schadete dies ihrer Reputation. Zunehmend zweifelten die Anleger an der Validität der Einschätzungen von Ratingagenturen. Grenzenlose Gier, Maßlosigkeit und Selbstinszenierungen waren auch bei dem charismatischen CEO Skilling im Spiel, der mit großer Breitenwirkung ausführte: *»Ich bin Enron«.* Den Mitarbeitern vermittelte er das Gefühl, Teil einer besonders elitären Gemeinschaft zu sein. Einen kritischen Fragesteller bezeichnete er als »Arschloch«, wobei er davon ausging, dass die Mikrofone nach der Fragerunde abgeschaltet waren.

Enron, damals ein Vorzeigeunternehmen und erst nach dem Aufdecken der Betrügereien als Skandalgesellschaft tituliert, lieferte lange den Maßstab für eine erfolgreiche Selbstinszenierung: Der Enron-Börsenwert war von 1996 bis 2001 um 50 Milliarden US-Dollar gestiegen, und das Unternehmen hatte 20 Quartale in Folge steigende Gewinne gemeldet. Eine einzigartige Erfolgsstory – oberflächlich betrachtet und im Zuge der gläubigen Fangemeinde auch wenig hinterfragt.

Eine breite Masse von Anlegern war vor dem Hintergrund des damals herrschenden »Zeitgeistes« bereit, neuen Aufsteigern zu glauben. Der bereits angesprochene charismatische Chef und CEO Jeff Skilling scharte eine Gruppe junger, ehrgeiziger und ihn geradezu »verehrender Manager« um sich, und die US-Wirtschaftspresse feierte ihn »*als Heilsbringer und Erfinder eines neuen Unternehmensmodells*«. Wirtschaftsmagazine wählten Enron mehrfach zum »*Innovativsten Unternehmen*«.[285] Anfang Dezember 2001 meldete das Unternehmen Insolvenz an, nachdem die Übernahme durch den Konkurrenten Dynegy im November 2001 gescheitert war.

Datum	Tage vor dem Konkurs	S&P	Moody's	Egan-Jones
27.06.2001	159	BBB+	Baa1	BBB
15.08.2001	110	BBB+	Baa1	BBB (neg.)
16.10.2001	48	BBB+	Baa1 (neg.)	BBB (neg.)
23.10.2001	41	BBB+	Baa1 (neg.)	BBB-
24.10.2001	40	BBB+	Baa1 (neg.)	BBB- (neg.)
26.10.2001	38	BBB+	Baa1 (neg.)	BB+
29.10.2001	35	BBB+	Baa2 (neg.)	
01.11.2001	32	BBB (neg.)	Baa2 (neg.)	
09.11.2001	24	BBB- (neg.)	Baa3 (neg.)	
28.11.2001	5	B-	B2	

Enron: Beurteilung der Ratingagenturen bis zur Konkurserklärung am 3. Dezember 2001.[286]

Wenige Tage vor der Konkurserklärung wurde Enron von den großen Ratingagenturen als »Investment-Grade« bewertet. Wie der geschäftsführende Direktor Egan (Egan-Jones Ratings Company) am 8. Dezember 2005 vor dem Ausschuss für Bankenaufsicht, Wohnen und Stadtentwicklung aussagte,[287] waren die Ratingagenturen spät dran mit ihren Herunterstufungen, dies betrifft insbesondere den Marktführer S&P (siehe oben). Die Probleme der Gesellschaft waren nicht berücksichtigt worden, da die Gesellschaft möglicherweise betont forsch auch Ratingagenturen im Verbund mit den Wirtschaftsprüfern und den Banken unter Druck setzte, auch wenn es genug öffentliche Warnhinweise gab. Sogar die SEC hatte Ermittlungen eingeleitet.

Darüber hinaus hatte der Strom- und Gashändler weltweit Tausende Zweckgesellschaften gebildet, die von den großen Wirtschaftsprüfern zur legalen

Umgehung der offiziellen Berichterstattung angeregt wurden. So konnten die Unregelmäßigkeiten vor der Finanzaufsicht und der Öffentlichkeit verborgen werden – und bleiben.[288]

Mit der Fehleinschätzung lagen die Ratingagenturen zwar nicht allein, schließlich wurde die Öffentlichkeit und damit auch die Finanzmärkte von der Unternehmensführung hinsichtlich der wahren wirtschaftlichen Verhältnisse getäuscht. Schwer wiegt im Nachhinein, dass sich die nicht-öffentlichen Kreditratingpräsentationen nicht in den Ratings widerspiegelten (dies gilt auch für die Ratings für strukturierte Produkte[289]).

Worldcom

Ein ähnliches Beben wie Enron löste die Worldcom-Pleite aus, die rund ein halbes Jahr nach dem Konkurs von Enron erfolgte. Der Ferngespräche-Anbieter entwickelte sich den gemeldeten Daten zufolge nach der Gründung im Jahr 1983 in den späten neunziger Jahren unter der Führung von Bernie Ebbers äußerst erfolgreich. Bald schon gehörte er zur Top-Liga der Konzerne. Nach einer Vielzahl von Zukäufen war Worldcom der zweitgrößte Telekomkonzern in den USA. Auch versuchte Wordcom nach der gelungenen MCI-Übernahme, Sprint zu erwerben. Dieser Versuch scheiterte am Widerstand der Kartellbehörden, die mit der zu großen Macht von Worldcom eine Wettbewerbsverzerrung befürchteten. Im Juli 2002 beantragte Worldcom Gläubigerschutz nach US-Insolvenzrecht.

Die Bilanzen waren gefälscht, circa 20 000 Mitarbeiter verloren ihre Arbeit und ihre Altersvorsorge. Die Aktien wurden nach kurzer Zeit wertlos. Sowohl die Wirtschaftsprüfer als auch die Ratingagenturen mussten sich danach kritischen Fragen stellen. Wie bei Enron zeigt sich auch hier das späte Reagieren der Ratingagenturen. Erneut schnitten nach den oben genannten Aufzeichnungen S&P und auch Moody's besonders schlecht ab, während Egan-Jones früher reagierte.

Datum	Monate vor dem Konkurs	S&P	Moody's	Egan-Jones
11.01.2000	31	A-	A3	A- (neg.)
03.11.2000	21	A- (neg.)	A3	A- (neg.)
17.11.2000	20	A- (neg.)	A3	BBB+ (neg.)
08.02.2001	17	A- (neg.)	A3	BBB
27.02.2001	17	BBB+	A3	BBB
25.06.2001	13	BBB+	A3	BBB-
26.07.2001	12	BBB+	A3	BB+ (neg.)
29.01.2002	6	BBB+	A3	BB (neg.)
07.02.2002	5	BBB+	A3 (neg.)	BB- (neg.)
19.02.2002	5	BBB+	A3 (neg.)	B+
12.04.2002	3	BBB+ (neg.)	A3 (neg.)	B+
22.04.2002	3	BBB	A3 (neg.)	B+
23.04.2002	3	BBB	Baa2	B
25.04.2002	3	BBB	Baa2	B-
09.05.2002	2	BBB	Ba2	B-
10.05.2002	2	BB	Ba2	B-

Worldcom: Beurteilung der Ratingagenturen bis zur Konkurserklärung am 17. Juli 2002[290]

Parmalat

Parmalat war ein weiterer Bilanzskandal, der die Reputation von Wirtschaftsprüfern und der Ratingagenturen infrage stellte. Das in der Nähe von Parma ansässige italienische Molkereiunternehmen, das seit 1973 an der Mailänder Börse notiert war, expandierte zu einem multinationalen Konzern, der über die Molkereiprodukte hinaus auch weitere Getränke, Gebäck und sonstige Nahrungsmittel herstellte und vertrieb. Hauptumsatzträger blieb aber bis zum Auffliegen des Finanzbetrugs Ende 2003 Frischmilch. Den ersten Verdacht auf Unstimmigkeiten äußerten aber wiederum nicht die Ratingagenturen, sondern bereits im Frühjahr 2003 die italienische Börsenaufsicht Consob.[291] 2004 wurde durch Bilanzfälschungen ein Fehlbetrag von 23 Milliarden Euro ermittelt. Die Ratingagenturen hatten die Bilanzfälschungen nicht im Vorfeld offengelegt, ob sie sie entdeckt hatten, blieb schließlich ungeklärt.

Datum	Tage vor dem Konkurs	S&P
15.11.2000	3 Jahre, 1 Monat	BBB-
13.06.2002	1 Jahr, 6 Monate	BBB- (pos.)
15.09.2003	103 Tage	BBB-
11.11.2003	46 Tage	BBB- (watch neg.)
09.12.2003	18 Tage	B+ (watch dev.)
10.12.2003	17 Tage	CC (watch dev.)
19.12.2003	8 Tage	D
19.12.2003	8 Tage	NR (kein Rating)

Parmalat: Beurteilung von S&P bis zur Konkurserklärung am 27. Dezember 2003[292]

Auch bei Parmalat zeigte sich wie bei Enron und Worldcom ein sehr spätes Herunterstufen erst gut einen Monat vor Bekanntgabe des Konkurses. Insbesondere in Europa löste das Versagen bei Parmalat Empörung aus, zumal durch die üppige Bezahlung von Emittenten hier wieder nicht die Ratingagenturen als Aufklärer in Erscheinung traten beziehungsweise systembedingt nicht treten konnten. Trotz der anschließend geäußerten Kritik an den Ratingagenturen änderte sich im weiteren Verlauf an der Ratingpraxis nichts Substanzielles bis zum Ausbrechen der Finanzkrise, die erneut die Ratingagenturen in das Fadenkreuz der Kritiker brachte.

Fehleinschätzungen in der ersten Phase der Finanzkrise 2006–2008

Während der Immobilienboom bereits 2005 abbrach, kamen die ersten Ratinganpassungen nicht vor 2007. Wie kam es zu dieser verspäteten Reaktion und zu der Fehleinschätzung zuvor? Sie waren Teil des Systems, das mit leichtfertig vergebenen Noten ihre Regulierungsmacht als Lizenzierer nutzte, um in Kooperation mit den Emittenten weiter ihre Gewinne zu maximieren, solange es gut ging. Dem kritischen Beitrag in der FAZ Ende Mai 2010 ist daher zuzustimmen, der die fragwürdige Rolle beim Gewinnspiel im Zuge der sich verstärkenden Immobilienblase benennt.[293]

> »Tatsächlich hatten sich die Ratingagenturen tief in den Scheinboom mit verbrieften Immobilien- und anderen Zertifikaten und die folgenden Pleiten verstrickt. Mit Gefälligkeitsratings hatten sie zunächst im Rahmen der immer größer werdenden Immobilien- und Verbriefungsblase im Trend steigende Erlöse und Gewinne verbucht. Je klarer jedoch ihre Rolle in diesem Spiel wurde, desto schwächer und volatiler entwickelten sich ihre Erlöse und Gewinne. Heute haben sie große Mühe, mit ihren Geschäftsmodellen noch akzeptiert zu werden. Nicht nur ihr Image hat gelitten, sondern immer mehr Anleger zweifeln an ihrer Unabhängigkeit.«

Zwar haben nicht allein die Ratingagenturen versagt und Topnoten auch für fragwürdige Finanzvehikel verliehen und die Bankenrisiken zu spät erkannt. Auch Wertpapieranalysten unterlagen dem positiven Bias, was ein grundsätzliches Fehlverhalten von Researchmitarbeitern bleibt. Andererseits waren die Interessenlagen auch nicht so, dass in dem zunehmend fragilen Finanzumfeld jemand, der in diesem System daran verdiente, als Kassandra auftreten oder auch anderen im System eingebetteten Mitspielern (am lukrativen gemeinsamen Geschäftsmodell) den Schwarzen Peter zuschieben wollte. Auch wenn die Risiken erkannt wurden, schien es vielen wohl nicht opportun, dies zu äußern. Außerdem hatten die Ratingagenturen auch kein Interesse, ihre zahlenden Emittenten zu sehr zu strapazieren.

Vor Ausbruch der Finanzkrise zeigte sich, dass das Volumen der Zusagen bei kurz laufenden Geldpapieren viel zu hoch war, die Banken waren damit überfordert. Weltweit sollen rund 400 Milliarden US-Dollar im Besitz von Zweckgesellschaften (SIVs) gewesen sein, davon rund 93 Milliarden US-Dollar nach Moody's bei den Töchtern deutscher Finanzinstitute. Vor diesem Hintergrund gerieten auch die betroffenen Institute selbst an den Rand der Illiquidität.[294]

Anfang 2007 führten die Kreditausfälle im Subprime-Markt zu finanziellen Einbrüchen bei den Wertpapieren und Hypothekenpapieren. Damit wurde dann eine Kettenreaktion ausgelöst, der Automatismus wurde durch Sicherheitsregeln bei Anlegerfonds verstärkt. Vor allem kreditfinanzierte Hedgefonds, die besonders riskante vermögensbesicherte Wertpapier(ABS)-Tranchen hielten, waren betroffen und gezwungen, ihre im Risiko stehenden Positionen abzubauen und mussten teilweise geschlossen werden. Danach begannen, de facto als Spätindikator, die Ratingagenturen ab Juni 2007 mit der Herabstufung der mit Subprime-Krediten unterlegten Wertpapiere. Dies löste bei den Investoren zusätzlich einen erheblichen Verkaufsdruck aus.

Durch die Mindestratinganforderungen waren Anleger regulierungsbedingt dazu gezwungen. Trotz der sinkenden Preise stabilisierte sich vor diesem Hintergrund die Nachfrage nicht mehr, die Unsicherheit über die zugrunde liegende Qualität war zu groß geworden. Danach kam der Handel mit den strukturierten Produkten zum Erliegen.

Ins Stocken gerieten auch die ABCP-Programme, auch die Refinanzierung von SIVs und anderer fragwürdiger Zweckgesellschaften brach zusammen. Die Banken waren zu Stützungsmaßnahmen gezwungen. Da die SIVs auch in Europa und insbesondere in Deutschland vertrieben wurden, weitete sich die Krise über die Grenzen der USA aus. Vor dem Hintergrund der notwendigen Wertberichtigungen kam es zu einer Reihe von Bankzusammenbrüchen, wobei die Lehman-Pleite die spektakulärste war.

Inzwischen verfiel das Vertrauen auch zwischen den Banken immer mehr, die untereinander unter anderem durch Kreditausfallversicherungen verbunden waren. Wie der Zusammenbruch von Lehman zeigt, bestand die Gefahr, dass die viel zu eng vernetzten Banken das Weltfinanzsystem wie ein Kartenhaus zum Einsturz brachten. Durch die Verkettung auch mit den Ratingagenturen war der isolierte Zusammenbruch einer Bank nicht mehr möglich. Dies wäre zwar marktwirtschaftlich sinnvoll gewesen, aber das, ob vorsätzlich oder fahrlässig, so eng vernetzte Finanzsystem führte zu Rettungsaktionen der Staaten, die bis heute anhalten (nach dem Motto »too big to fail«).

Große Banken wurden danach sogar als systemrelevant eingestuft, wodurch der Staat sich fast bedingungslos verpflichtete, diese (mit Steuergeldern) zu stützen, auch wenn sie faktisch ein Fall für die Insolvenz sind.

Wenigstens blieb – bislang – der ganz große Kollaps aus, manche sagen, gerade wegen dieser Politik, zumal vorher der Interbankenhandel zusammengebrochen war und viele Anleger um ihre Ersparnisse fürchten mussten, wie die Schlangen vor Northern Rock im September 2007 zeigten. Die Notenbanken fluten die Märkte seitdem mit Geld. Niedrigzinsen wurden zum Dauerzustand, ein ständiger Krisenmodus wurde etabliert.[295]

Durch die eklatanten Fehleinschätzungen in der Frühphase der Finanzkrise wurde die Frage des Informationswertes der Ratingnoten erneut aufgeworfen. Während das Versagen bei den Staatsanleihenbewertungen in den Eurozonenstaaten mehr akademisch thematisiert wurde, war das Subprime-Debakel der Auslöser einer breiteren Diskussion um das Fehlverhalten von Ratingagenturen. Mit der Verbriefung, die mit den CDO-Papieren mehrstufig betrieben wurde, wurde eine Komplexität erreicht, die nur noch wenige Insider durchschauten. Die Ratingagenturen gehörten zu den Kennern der Materie, schließlich waren sie professionell mit den Produkten befasst.

Bis zum Beginn der Finanzkrise wuchs der weltweite Markt für CDOs auf über zwei Billionen US-Dollar. Etwa die Hälfte ihrer Einnahmen bezogen die Ratingagenturen vor dem Ausbruch der Finanzkrise aus dem Verbriefungsgeschäft. Mit den plötzlich einsetzenden Ratingherabstufungen ging der Absatz der CDOs dramatisch zurück.[296] Offensichtlich war der Informationswert der Ratings viel zu niedrig, von einer Frühwarnfunktion ganz zu schweigen. Die äußerst günstige Beurteilung der CDOs vor dem Ausbrechen der Finanzkrise lässt sich vor allem auf zwei Gründe zurückführen.[297]

> Erstens besaßen die Ratingurteile quasi »Gesetzeskraft« durch die Möglichkeit, als Lizenzierer aufzutreten und den Status als NRSRO.
> Zweitens wollten die Ratingagenturen das lukrative Geschäft weiter ausbauen und wollten nicht durch eine zu strenge Qualitätskontrolle ihre Kunden abschrecken.

Im Zweifel konnten die zahlenden Emittenten die Veröffentlichung eines Ratings zunächst untersagen und sogar im Zuge des Rating-Shoppings eine Agentur wählen, die noch günstigere Ratings vergibt und in der Zusammenarbeit problemloser ist.

Daher kam es der eigenen Interessenlage der Ratingagenturen entgegen, die Investmentbanken (die auch zahlende Kunden sind) bei ihrem Vertrieb nicht zu behindern, und mit ihrem Gütesiegel konnten hervorragende Anlagevehikel geschaffen werden. Fatal wirkte sich bei den Investmentvehikeln die geringe Diversifikation und hohe Konzentration im besonders riskanten Segment der durch Privatwohnungen vermögensbesicherten Wertpapiere (Home Equity ABS) aus. Insbesondere die Subprime-Hypotheken aus den Jahrgängen 2005 und 2006 zeigten besonders hohe Ausfallraten.[298] Die Rating-Fehlurteile von ABS-Papieren haben Vermögensverluste in Höhe von 100 Billionen US-Dollar mit verursacht.[299]

Neben den Fehlbeurteilungen bei den Verbriefungsgeschäften hat die Glaubwürdigkeit der Ratingagenturen enorm gelitten, auch im Nachgang zu den wesentlichen Fehleinschätzungen zu Enron, Worldcom und Parmalat, die bereits oben erwähnt wurden.

In den USA sorgte auch der Fall des 1932 gegründeten Pensionsfonds CaIPERS für große Aufregung. Der angeblich größte staatliche Pensionsfonds der USA verwaltete das Geld für die Altersvorsorge von über 1,6 Millionen Beamten Kaliforniens. Auf dem Höhepunkt des Immobilienbooms investierten die verantwortlichen Vermögensverwalter weiter massiv in Grund und Boden und avancierten zum größten Eigentümer von Bauerwartungsland in Amerika. Der Pensionsfonds hatte Ende des Geschäftsjahres zum 30. Juni 2008 noch Vermögenswerte von 239 Milliarden US-Dollar in seinen Büchern und schockte dann binnen weniger Monate mit Verlustankündigungen.[300]

Der Fonds kaufte unter anderem für 1,3 Milliarden US-Dollar Anteile an drei strukturierten Finanzprodukten (Cheyne SIV, Stanfield Victoria SIV und Sigma SIV), die von drei Hedgefonds (Cheyne Capital Management, Gordian Knot und Stanfield Capital Partners) emittiert wurden. Alle drei strukturierten Finanzprodukte erhielten von den drei großen Ratingagenturen bis August 2007 die Bestnote. In den Folgemonaten kam es durch das Kollabieren der Finanzprodukte für CalPERS zu einem Verlust von circa einer Milliarde. Die Agenturen erstellten aber nicht nur die Ratings, sondern gestalteten auch die Finanzprodukte mit, so sollen sie die einzelnen Bestandteile mit ausgewählt und am Verkaufsprospekt mitgearbeitet haben. Auch hier zeigt sich wieder das gleiche Problem wie an anderer Stelle: Letztlich beurteilten die führenden Ratingagenturen ihr eigenes Produkt.

Bei schwachen Belegen für das AAA-Rating waren sie dann später gezwungen, Herabstufungen bis auf Ramschniveau vorzunehmen, in einem Fall sogar um sechs Stufen *pro Tag*.[301] Wenn das Kartenhaus aus falschen Annahmen, Schönfärberei und gezieltem »Gestalten« der Produkte zusammenbricht, geht dies – nach Jahren der Täuschung des Marktes – sehr schnell.

So konnten die Ratingagenturen die Finanzmärkte auch nicht rechtzeitig vor der Finanzkrise warnen, was ihnen vielfach vorgeworfen wird. Auch hier erfolgten dann die Abstufungen am laufenden Band, nachdem das Kartenhaus aus fehlerhaft bewertetem Vermögen zusammengebrochen war, zu der die Blasen in Folge der Niedrigzinspolitik und spektakulärer Zusammenbrüche, zum Beispiel der Lehman-Brothers-Bank, beitrugen. Mit der »Flucht in Qualität« wurden Staatsanleihenrenditen nach unten gezogen, während Unternehmensanleihen vor allem aus dem Finanzsektor das Vertrauen entzogen wurde.[302]

Dann wiederum wendete sich das Blatt: Waren zunächst Staatspapiere gefragt, führte die Schuldenkrise später zur Flucht in Sachwerte. Mangels Nachfrage werden ab Januar 2012 inzwischen auch keine Bundesschätzchen mehr emittiert.[303] Die Überschuldung der Staaten führte zu steigenden Anleihenrenditen bei den zunehmend ausfallgefährdeten Staaten. Die Staaten hatten ihre Rolle als bonitätsstarke Retter überdehnt.

Fehleinschätzungen in der Schuldenkrise ab 2009

Die Problematik der Bondbewertung in der EU vor dem Ausbrechen der Finanzkrise zeigte sich darin, dass sich paradoxerweise die Staatsanleihenrenditen auch so ungleicher Volkswirtschaften wie Deutschland und Griechenland immer weiter annäherten. Wäre der Markt in vollem Umfang in der Lage, jederzeit die notwendigen Informationen rational und objektiv richtig zu verarbeiten, hätte das Ratingdesaster »im Prinzip« nicht passieren dürfen.

Entweder wurde bereits vor der Finanzkrise unabhängig vom EU-Recht pragmatisch unterstellt, dass das in Brüssel in den letzten Jahren nach der Verschärfung der wirtschaftlichen Spannungen in der Eurozone immer wieder politisch erneuerte Stabilitätsversprechen gilt, dass südeuropäische Länder in dem neuen Verbund von reicheren Staaten wie Deutschland finanziell unterstützt würden, dann wäre die Annäherung der Staatsanleihenzinsen seit der Ankündigung der Euro-Einführung in den 90er-Jahren nachvollziehbar. Sowohl die Ratingagenturen als auch die Finanzmärkte signalisierten Stabilität für alle Staaten in der Eurozone (auch die Märkte koppelten sich von der Sichtweise der Ratingagenturen nicht ab).

Falls dagegen dem politischen Stabilitätsversprechen misstraut worden wäre, hätte sich dies bei den Märkten entsprechend niedergeschlagen. Nach den Regelungen des Maastrichtvertrags ist eine Vergemeinschaftung der Schulden in der Eurozone verboten. Dann wären aber die Regelungen des Maastrichtvertrags, der unter anderem die Vergemeinschaftung der Schulden verbietet, von den Ratingagenturen und den Märkten nicht ernst genommen worden. Die Risikoaufschläge bei den Staatsanleihen hätten deutlicher divergieren müssen, wie vor der Einführung des Euro und derzeit.

Inzwischen wissen wir auch, warum sich die Anleihen paradoxerweise (gegen das geltende Recht, das eine Schuldenvergemeinschaftung ausschloss) nach der Euro-Einführung bis zum Ausbruch der Finanzkrise annäherten. Die Divergenzen, gar Inkompatibilitäten des staatlichen Wirtschaftshandelns der einzelnen EU-Staaten – und insbesondere zwischen ihnen –, die bei genauerer Analyse immer bestanden, sind systematisch verdrängt worden. Der Wunschtraum eines immer enger zusammenwachsenden Europas schien in Erfüllung zu gehen. Mit offenen Grenzen ohne stationäre Kontrollen und der Einführung der frei zirkulierenden neuen Währung, durch die die früher üblichen Schlangen bei den Wechselbüros unter anderem mit den Mehrfachwährungen verbundenen Nachteilen entfielen, schien ein neues vielversprechendes Europa zu entstehen.

Frühere nationale Streitigkeiten schienen endgültig überwunden, eine politische Union in Europa schien zum Greifen nahe. Der Name der neuen Währung »Euro« war ebenfalls verheißungsvoll. Diese optimistische Grundstimmung prägte nicht nur die Entscheidungsträger in der EU, sondern anscheinend auch die Ratingagenturen und die Finanzmarktteilnehmer, die wie die EU-Politik gestaltend mithalfen, dass ein finanziell marodes EU-Mitgliedsland wie Griechenland den Euro erhielt.

Hinzu kam, dass die deutsche Wirtschaft vor zehn Jahren (2002–2004) noch als angezählt galt. Sie sei zwar nicht schlechter geworden, dafür vermeintlich andere Ökonomien besser, die auch niedrigere Lohnkosten aufwiesen. Der Standortvorteil vergleichsweise niedriger Zinsen war vor diesem Hintergrund in der Eurozone vorübergehend verloren gegangen. Deutschland galt als der »kranke Mann Europas«, während in Südeuropa mithilfe von Niedrigzinsen »Party gemacht« und über den Bedarf hinaus gebaut wurde.

Haben die Ratingagenturen in dieser Zeit geradezu heroisch dazu beigetragen, das politisch-gesellschaftliche Wunschdenken eines zusammenwachsenden Europas zu fördern? Als staatlich gestützte Lizenzgeber sind sie an einem guten Verhältnis zu den Regierungen interessiert. Hier wäre grundsätzlich eine positive Verzerrung der Ratings zu vermuten.

Auch das Entstehen von Fehlurteilen ist schlichtweg möglich. Im positiven Fall einer unberechtigten Heraufstufung sind die Zinsen zu günstig (und das Schuldenmachen wird erleichtert), im negativen Fall, bei einer Herabstufung eines Landes, wird die Zinssteigerung dann zu einem Problem zur Unzeit (nachdem sich die Staaten vorher eine zu hohe Schuldenlast aufgebürdet haben). Mit dem Ketten an Ratingentscheidungen durch Fondsmanager, die nur Papiere kaufen dürfen, die ein Mindestrating aufweisen, hatte zudem die Lizenzierungsmacht zugenommen. Gleichzeitig ist der Informationswert dadurch gesunken, wie bereits an anderer Stelle erwähnt.

Bonitätsnoten inklusive ihrer Begründung gelten dabei nur als nicht justiziable Meinungsäußerungen. Aber inhaltlich falsche Ratings können zu einem wirkmächtigen Phänomen werden, wobei Ursache und Wirkung, gar Vorsatz oder Fahrlässigkeit schwer und damit selten nachweisbar sind. Dass indes gerade der mit der Abstufung eines Landes ausgelöste »Alarmismus« an den Finanzmärkten – also über einen einzeln begrenzten Wirtschaftsbereich hinaus – schädliche Folgeeffekte für die gesamte Realwirtschaft hatte, zeigt die Übersicht im Anhang des Buches:

Der Alarmismus hält auch im Zuge der jüngsten Herabstufungen an. Inzwischen ist auch Zypern – durch die »enge« Verstrickung mit der Banken-Wirtschaft Griechenlands auf Ramschniveau heruntergeratet worden. Dabei ist der private Reichtum in der Steueroase außerordentlich hoch, die Insel wird sogar als Zentrum der europäischen Geldwäsche gebrandmarkt. Es erscheint nur äußerst schwer, illegal reich gewordene Bürger oder zeitweilige Gäste zu Steuerzahlungen in Zypern zu bewegen.

Auch in den USA ist die hohe Verschuldung des Staates das eine Problem, der relative Reichtum der niedrig besteuerten Bürger ein anderes, das aber im Krisenfall genutzt werden kann. Bei einer Gesamtbetrachtung schneiden die USA besser ab als Deutschland, dessen hochbesteuerte und sparfreudige Bürger jetzt für südeuropäische Staaten und deren marode Banken mithaften. Von daher ist das Rating für Deutschland mit Triple A viel zu günstig und berücksichtigt die Hilfszusagen nicht adäquat.

Die Heraufstufung Griechenlands durch S&P aufgrund der gesicherten Hilfen im Dezember 2012 weist hier den Weg. Während der Transferempfänger über gesicherte Einnahmen verfügt, muss Deutschland nach den letzten Brüsseler Ratssitzungen und dem im November 2012 verabschiedeten (eigenen) Haushalt »gesicherte belastende Ausgaben« fürchten.

Nach der aufgezeichneten Logik hätte Deutschland spätestens mit der Bildung der Bankenunion, die allerdings faktisch nicht vor 2014 kommt, in der Eurozone sein Triple-A-Rating verlieren müssen. Immerhin hat S&P bereits im Dezember 2011 mit der Herabstufung Deutschlands gedroht. Was hält die Agentur aber nun davon ab, denn die finanziellen Verpflichtungen sind inzwischen weit größer als zuvor. Die südeuropäischen Länder Spanien und insbesondere Italien sind hoch verschuldet. Während Italien dies durch seinen bürgerlich-finanziellen Reichtum ausgleichen kann, sind die auch privat hoch verschuldeten Spanier hier schlechter dran. Die Banken müssen in beiden Ländern gestützt werden.

Angesichts dieser gewaltigen Probleme wirken die möglichen weiteren Herabstufungen durch die drei Ratingagenturen wie die letzten Peitschenhiebe, die sich letztlich zusätzlich negativ verstärkend auswirken. In guten Zeiten wirkten die Ratings eher unkritisch (auch wegen der Bezahlung durch die Emittenten), in den Zeiten möglicher Staatsbankrotte würde mancher Politiker Ratings gerne verbieten, obwohl sie oder ihre Vorgänger ihnen durch die Regulierungen erst die Macht verliehen, die sie jetzt zu »ihrem« Nachteil ausüben können. Immerhin spricht es dann für die Ratingagenturen, wenn sie bei den Ratings, die von Regierungen finanziert werden, nicht vor einer Abstufung zurückschrecken. Dies geschieht aber zeitverzögert und erst dann, wenn die Probleme offenkundig sind, wie das Negativbeispiel Griechenland zeigte.

Irgendwann sind Regierungen dann gezwungen, einschneidende Reformschritte einzuleiten oder sogar das Tafelsilber zu verkaufen (mögliche Verkäufe von Staatsunternehmen). Selbst das Vereinigte Königreich zieht nach der Drohung durch S&P, dem Land die Topbonitätsnote zu entziehen (siehe oben), eigentlich schon alle Register, um das Vertrauen zurückzugewinnen. So wurde die Queen in den Medien als Goldbarren zählende Inspektorin in den Tresorräumen der Bank of England gezeigt. Ihr wurde bei ihrem Besuch von Mitarbeitern der Bank of England versichert: »Wissen Sie, Finanzkrisen sind wie Erdbeben oder Grippeepidemien – sie sind schwer vorauszusagen; aber jetzt tun wir alles, um eine nächste Finanzkrise zu verhindern.« Die Monarchin stimmte zu: »Ja, ja – alle waren ein bisschen unbekümmert – vielleicht ist es wirklich schwer.«[304]

Ob die Androhungen der Ratingherabstufung für das Königreich durch die drei großen Ratingagenturen berechtigt sind oder nicht, wird sich noch zeigen. Überraschend ist aber, dass angesichts der Risiken durch die Kasinospiele Londoner Banken nicht bereits früher eine Herabstufung erfolgte. Das Vereinigte Königreich scheint im Verbund mit den Vereinigten Staaten immer noch als sakrosankt zu gelten, trotz der Risiken, die sich durch den forcierten Ausbau der Finanzplätze London und New York ergeben haben. Hier wirken die Ratingagenturen allzu »embedded«. Sie trauten sich bislang nicht, die Länder, die für den modernen Finanzkapitalismus stehen, herabzustufen.

Irgendwann wird das Band zerreißen, und auch die beiden Vorzeigeländer des Finanzkapitalismus werden ihren Sonderstatus verlieren, den sie als besonders verlässliche Schuldner aus historischen Gründen bislang genießen konnten. Letztlich werden sich Analysten schwertun, das Unvermeidliche zu tun. Es ist dann doch unangenehm, derjenige zu sein, der den Stein ins Rollen brachte.

Ohne tief greifende Reformen erscheinen weitere Herabstufungen unumgänglich. Während die Queen weiter souverän wirkt, zu Recht aber auch Fragen stellt und auf die Sicherheit durch das Gold verweist, reagierten die Politiker in der EU oft hilflos oder auch übertrieben, wenn zum Beispiel EU-Binnenkommissar Michel Barnier ein Veröffentlichungsverbot für Ratings forderte. *»Wenn man zu dem Schluss kommt, dass ein Rating nicht sinnvoll ist, könnte man es für einen bestimmten Zeitraum aussetzen.«*[305] Solche Ratingveröffentlichungsverbote sind zu Recht umstritten. Sie könnten eventuell insofern zutreffend sein, als sie die Krisen verstärken oder beschleunigen, aber andererseits hätte all das nur den Effekt, dass unbequeme Wahrheiten der Öffentlichkeit verschwiegen würden.

Auch wenn Politiker den Ratingagenturen gerne eine Mitschuld an der Verschärfung geben, ist die Kritik auch an sie selbst zu richten. So hat der Gesetzgeber wie gesehen selbst erst den Ratingagenturen die Macht verliehen, indem die Ratings der führenden Anbieter in Regulierungsbestimmungen integriert wurden. Der vorgeschriebene Nachweis von Mindestratings für Anlagen löste die Verkaufswellen mit aus. Politiker in der EU sind Teil des Problems, wie der Teufelskreis aus Herunterstufen, Verkaufsdruck, Zinssubventionen, Rettungsprogrammen, verfehlter Reformpolitik, erneuter Herunterstufung, »gesondertem« Rettungsprogramm und Niedrigzinspolitik durch die EZB, Politisierung der EZB durch den Ankauf maroder Staatsanleihen und so weiter zeigt.

Die Ratingurteile waren anfangs sogar ökonomisch fundiert. In den Fällen, in denen dies zunehmend nicht der Fall ist, darf man sie ohnehin nicht als »Versicherer gegen Zahlungsausfall« verstehen, geben sie doch schließlich entsprechend dem langgehegten Image nur eine Meinung oder »subjektive« Bewertung ab, die falsch sein kann.[306] Deshalb hätten die Regulatoren ihnen auch niemals so viel Lizenzierungsmacht verleihen dürfen und insbesondere die Zahlung der Dienstleistung durch die Emittenten längst verbieten müssen, um Interessenkonflikte, die Fehlurteile verstärken können, zu vermeiden.

Aber die Politiker in der EU drehen – wahrscheinlich zumeist eher in Unkenntnis oder weil sie beratungsresistent sind beziehungsweise schlecht beraten werden – längst ein weit größeres Rad und sind bei der Reform des Ratingwesens noch nicht weit gekommen. Inzwischen erscheinen die Abstufungen angesichts des dramatischen Politikversagens sogar zunehmend wieder angemessen. So wurde auch mit der Hebelung der EFSF-Rettungsschirme keine – wirkliche – Stabilisierung erzielt. Es zeigt nur die Verzweiflung der Politik, die das bei den Banken kritisierte Kasinoverhalten, das eine Folge der Fehllenkung der Politik war (falsche Ordnungspolitik), nun gleich selbst anwendet. Koste es, was es wolle. Eine Einladung für Spekulanten. Im Gegensatz zu den Banken, die zumindest prinzipiell noch auf eigenes Risiko hin handeln, spielt der Staat gleich sogar mit dem Geld seiner Bürger. Der Euro selbst erzeugt ökonomische Instabilität und erleichtert die Etablierung der sozialistisch anmutenden Umverteilung in der Eurozone zulasten der Bürger, die für die Zahlungen, also zuvor geleisteten Steuern, aufkommen.

Aus der wirtschaftlichen Instabilität ist auch eine instabile politische Situation entstanden, denn seit der Eskalation der Staatsschuldenkrise im Mai 2010 stürzten bereits eine ganze Reihe von südeuropäischen Regierungen. Insbesondere in Griechenland, Spanien, Portugal – und vielleicht bald in Italien – ist die Lage schwierig und politisch durchaus dramatisch, gar demokratiegefährdend geworden, vor allem weil das Vertrauen in die Politik schwindet. Was verständlich ist, bedenkt man, dass einerseits in den Ländern inzwischen bis zu 25 Prozent Jugendarbeitslosigkeit herrscht und andererseits keiner mehr weiß, ob die harten Sparmaßnahmen noch frei im Land selbst und »aus Überzeugung« getroffen werden, oder ob die heimischen Politiker nur noch Vollstrecker Brüsseler Beschlüsse sind beziehungsweise schon der mächtigen deutschen Wirtschaftsdiktatur unterliegen, wobei Letzteres ein besonders gefährliches Zerrbild ist.

Mag auch die wirtschaftliche Dominanz der deutschen Wirtschaft erdrückend sein, so muss der fatalen Vermischung (Berlusconi betreibt mit diesem »deutsche Diktatur«-Argument sogar Wahlkampf) schnellstmöglich entgegengewirkt werden, damit nicht noch vor dem wirtschaftlichen Zusammenbruch das demokratische System in Europa zu Fall gebracht wird. Die Folgen wären wirklich verheerend.

Fazit

Die Kritik ist breit und hat in den letzten Jahren an Schärfe gewonnen. Die Geheimhaltung der Macht, der fehlende Wettbewerb durch die Lizenzierungsbefugnis der Großen Drei, die einen scheinbaren Kampf um angemessene Ratingnoten führen (Scheinreputationswettbewerb), haben das Vertrauen nachhaltig untergraben. Ohne Reformen bleiben die Agenturen privatwirtschaftliche »Profitmaschinen« durch ihre zugewiesene Rolle als Lizenzgeber im Regierungsauftrag bei gleichzeitig geringem Informationswert mit entsprechend negativen Folgewirkungen für die Schuldner, die auch größere Volkswirtschaften sein können.

WEGE AUS DER ABHÄNGIGKEIT

Eigene Beurteilung der Investoren

Wir müssen uns unsere eigene Urteilsfähigkeit nicht wegnehmen lassen.
Angela Merkel, Bundeskanzlerin[307]

Der Einschätzung der Kanzlerin ist hier zuzustimmen, sie ergänzte in der Presseerklärung, dass Ratingagenturen nicht das Maß aller Dinge seien. Sie verlasse sich auf den IWF, die EZB und die EU-Kommission. Die Bundesregierung signalisierte auch Unterstützung für eine Initiative in Frankfurt (gemeint ist die Gründung einer europäischen Ratingagentur), die die Macht der US-Agenturen brechen will.[308]

Politiker hatten indes wie beschrieben selbst dazu beigetragen, dass die US-Agenturen auch in Europa eine Schlüsselrolle einnehmen konnten. So ist der Hinweis von S&P-Deutschland-Chef, Torsten Hinrichs, nicht falsch, dass ein Brechen der Vormachtstellung, wenn man von der Politik aus argumentiert, einfach dadurch zu geschehen hätte, dass man zum Beispiel der EZB erlaubt, ohne Ratings oder mit seinen Analysen Investments vorzunehmen.[309]

Es verbliebe dennoch, auch wenn die Regierungen entschlossener handeln würden, eine Art ritualisierte Macht bestehen, die die führenden Ratingagenturen weiter an den Finanzmärkten ausüben könnten. Es müsste daher Grundlegenderes geändert werden. Demokratie und freies Wirtschaften sind nicht möglich, wenn Finanzakteure de facto die geltenden Gesetze diktieren.[310] Um dies zu vermeiden, müssten wie schon öfter hier angedeutet aus den aufgezeigten Gegenwirkungen die emittentenbezahlten Ratings verboten werden.

Auch das zunehmend auf den Finanzmärkten etablierte Erfordernis, ob gesetzlich veranlasst oder freiwillig, einen Ratingnachweis zu liefern, ist kritisch zu hinterfragen. Aufgrund des hohen Abstraktionsgrades moderner Finanzmärkte kann andererseits nicht mehr auf den Handschlag des ehrbaren Kaufmanns zurückgegriffen werden. Ehrbarkeit ist auf den Finanzmärkten durch die Möglichkeit, immer schneller und leichter hohe Gewinne durch kurzfristige Tradings zu verdienen, eher in den Hintergrund getreten. Wer sich wie die Ratingagenturen an den Kasinospielen beteiligt, muss sich nicht wundern, dass der Ruf nach Reformen immer lauter wird.

Frank Partnoy schlägt zum Beispiel die Schaffung einer neuen unabhängigen Aufsichtsbehörde (CRAOB – Credit Rating Agency Oversight Board) nach dem Vorbild des PCAOB vor, die die Unabhängigkeit und spezialisierte Expertise sichern soll.[311] Zu seinen Vorschlägen gehört auch, dass die NRSROs ihren kompletten Kreditbericht nicht nur dem Regulator senden, sondern öffentlich zugänglich machen. Zur Steigerung der Transparenz würde neben einer Reform des Bezahlsystems, die die Qualität der Ratings verbessern soll, auch die vorgeschlagene Veröffentlichung der Gebühren, die die Ratingagenturen erhalten, führen.

Die Verlässlichkeit der Ratings ließe sich zusätzlich durch eine verstärkte Rechenschaftspflicht erhöhen. So ist nach Partnoy der allzu weitgehende Haftungsausschluss zu hinterfragen und mehr Wettbewerb hilfreich, um die Qualität der Ratings wieder zu steigern.[312] Auch wenn es sich juristisch nicht um einen Haftungsausschluss handelt, sondern vielmehr um die fehlende rechtliche Klagemöglichkeit mangels entsprechender Gesetzgebung, das »Ergebnis« ist faktisch dasselbe, so scheint bezüglich dieses Problems eine Lösung in Sicht: Die Justiz ist anscheinend geneigt, Ratings mit Testaten oder Gutachten gleichzusetzen, um zumindest in besonders fahrlässigen – und erst recht in vorsätzlichen – Fällen, Schadensersatzforderungen stattzugeben.[313]

Richtig »radikal« wäre, wenn die Ratingagenturen grundsätzlich von ihrer Lizenzierungsmacht entbunden würden. Die Anforderungen, dass nur Bonitätseinstufungen von »Nationally Recognized Statistical Rating Organizations« (NRSRO) rechtsverbindlichen Charakter besitzen, muss aufgehoben werden. Die USA als wichtigster Finanzplatz können dann nämlich nicht mehr die Regulierungsstruktur bestimmen und jeglichen marktadäquaten Wettbewerb verhindern.

Die privat geführten Ratingagenturen konnten bislang Traumgewinne auf einem engen oligopolistischen Markt erzielen, auf dem nur ein Scheinreputationswettbewerb besteht. In Wahrheit geht es um die Erhaltung sicherer, hoher Gewinne durch zahlungskräftige Kunden, vor allem um große Emittenten aus der ersten Reihe mit der Gewährung von Vorteilen, um sie anhaltend an sich zu binden. Mit ihrer Eigentümerstruktur können die Ratingagenturen auch Interesse an der Beeinflussung von staatlichen Verschuldungsdynamiken entfalten, sodass deren Urteil im Geleitzug der großen drei Agenturen sich zu einer selbst erfüllenden Prophezeiung ausweiten kann.[314]

Die Finanzmärkte sind auch ohne die Ratingagenturen, die wahrscheinlich in erster Linie durch die Verquickung mit der Emittentenbezahlung als Frühwarnindikatoren offensichtlich versagten, funktionsfähig. Die zunehmenden Risiken werden durch sich ausweitende Zinsaufschläge (Spreads), die die Finanzierungskosten erhöhen, gezeigt. Das Insiderwissen, das die Ratingagenturen von den Emittenten erhalten, wäre nicht mehr marktrelevant. Die Schuldner würden sich dann direkt an die Finanzmärkte wenden, wodurch die Transparenz verbessert werden könnte.

Drei grundlegende Reformwege bieten sich an[315]:

1. Selbstregulierung durch die Schuldner
2. Übernahme der Tätigkeit durch Non-Profit-Organisationen
3. Regierungen übernehmen die Regulierungstätigkeit, gegebenenfalls auf einer übernationalen Ebene (IOSCO)

Die Selbstregulierung durch die Schuldner – erste Variante – könnte durch professionelle Dritte übernommen werden, die die Schuldner bei den komplexen Aufgaben im Zusammenhang mit der Bewertung der Bonität entlasten. Eine Selbstregulierung der Ratingbranche müsste die Gefahr von Interessenkonflikten zu vermindern versuchen. Nach den bisherigen Erfahrungen mit den emittentenbezahlten Ratings ist hier zu Recht Skepsis angebracht.

Deutlich radikaler wäre die zweite Variante, die Übernahme der Tätigkeit durch Non-Profit-Organisationen. Interessenkonflikte würden nicht entstehen, da keine Gewinnerzielungsabsicht bestünde, wenn die Ratingagenturen wirklich unabhängig werden. Es könnte sich Reputationswettbewerb herausbilden, aber ohne Gewinnerzielungsmöglichkeiten (dann mit der Finanzierung durch die Kunden und nicht durch die Emittenten) wäre er möglicherweise viel zu schwach ausgeprägt. Es müsste den Analysten darum gehen,»recht zu haben« und dies müsste entsprechend honoriert werden (durch Rückvergleich).

Seit Mitte Dezember 2011 arbeitet die Bertelsmann Stiftung nach eigenen Angaben an einer Studie zur Machbarkeit für eine internationale Non-Profit-Ratingagentur, die sich nur mit der Bewertung von Ländern befasst und lediglich als zusätzliche Alternative zu den großen US-Anbietern vorgesehen ist.[316] Anlass für die Studie war nach eigenen Angaben die Forderung von immer mehr Entscheidern aus Politik, Wirtschaft und der Zivilgesellschaft, ein neues Modell zur Länderbewertung zu entwickeln, verbunden mit der Kritik an den Länderbewertungen der großen US-amerikanischen Ratingagenturen.

So sei »das Set für die Bewertung von Ländern zu eng gefasst und der Prozess der Auswertung von einem Mangel an Transparenz geprägt«. Im Mittelpunkt der Arbeiten für die Stiftungsstudie stehen die Fragen nach der rechtlichen Struktur einer solchen Agentur und wie neben den traditionellen makroökonomischen Kriterien zur Bewertung von Ländern (Bruttoinlandsprodukt und Schuldenstand) auch neue, innovative, vorausschauende Indikatoren herangezogen werden können, die das politische Management eines

Landes und die weitere finanzpolitische Entwicklung anhand der Krisenbewältigung, Umsetzung von Reformen, Investitionen oder auch der Abwanderung von hoch qualifizierten jungen Arbeitskräften messen können.

Nach eigenen Angaben beschäftigt sich die Stiftung bereits seit über zehn Jahren, zum Beispiel im Rahmen des Transformationsindexes (BTI) und der Sustainable Governance Indicators (SGI), mit der Entwicklung von Indikatoren zur Messung von wirtschafts- und gesellschaftspolitischen Entwicklungen. Bislang existiere kein Modell zur Bewertung von Ländern, das nicht als For-Profit-Modell konzipiert ist. Um jedoch die Akzeptanz, Transparenz und Legitimität für Länderratings zu erhöhen, ist die Stiftung der Ansicht, dass diese drei Aspekte am besten durch eine internationale NGO gestärkt werden können.

Dies könnte aus Sicht der Stiftung gegebenenfalls auch zivilgesellschaftliche Akteure neben staatlichen und privaten als »Shareholder« einbinden. In Berlin stellte die Stiftung im November 2012 einen Testlauf im Rahmen der geplanten Ratingagentur Incra (International Non-Profit Credit Rating Agency) vor, bei dem Experten die Kreditwürdigkeit von fünf Staaten bewerteten.[317]

In dem alternativen Modell schnitten einige europäische Krisenstaaten besser ab als in den herkömmlichen Ratings. Unter den untersuchten Ländern – neben Deutschland und Frankreich auch Italien, Brasilien sowie Japan – findet sich Frankreich auf Rang zwei wieder. Anders als im Urteil der großen kommerziellen Agenturen schnitt Italien mit einer Bewertung, die im gängigen Schema der Note AA entspräche, gut ab. Am schwächsten wurde das hoch verschuldete Japan eingeschätzt.[318]

Von ihrem Vorschlag will die Bertelsmann Stiftung die G-20-Gruppe der Industrie- und Schwellenländer überzeugen. Die Incra soll von einem Fonds im Volumen von 400 Millionen US-Dollar finanziert werden, aus dessen Ausschüttungen die laufenden Kosten getragen werden.

Als dritte Variante übernehmen Regierungen die Regulierungstätigkeit, gegebenenfalls auf einer übernationalen Ebene (IOSCO). Diese vielfach diskutierte Alternative wäre die Verstaatlichung von Ratingagenturen, am besten eingebunden in ein international akzeptiertes Regelwerk. Auch damit würden die Interessenkonflikte entfallen. Die privatwirtschaftlich organisierten Ratingagenturen waren Gewinnmaximierer, die sich, solange der Reputationsschaden als nicht zu hoch eingestuft wurde, weitestgehend den Wünschen des zahlenden Emittenten anpassten. Die Emittenten und die Ratingagentur verbindet eine zum Teil langjährige Partnerschaft, das sogenannte Rating-Shopping (Wechsel der Ratingagentur durch Emittenten, z. B. wenn das gewünschte Top-Rating nicht vergeben wurde) war eher ein Exzess der Investmentbanken vor dem Ausbrechen der Finanzkrise.

Eine staatliche Ratingagentur könnte frei von privaten Gewinninteressen operieren und Gebührensätze festlegen. Im Prinzip wären durch den fehlenden Interessenkonflikt dann objektivere Ratings möglich, ob sie qualitativ besser sind, muss aus jetziger Sicht offen bleiben. Sobald der Staat Insiderinformationen erhält, ist kritisch zu hinterfragen, ob die Transparenz gegenüber der Öffentlichkeit und den Kapitalmärkten dann im Vordergrund steht. Auch hier sind Manipulationen bei öffentlich geführten Unternehmen denkbar, wie die Vergangenheit in vergleichbaren Fällen zeigte.

Heimische Unternehmen könnten einem positiven Bias unterliegen. Die bisherigen Erfahrungen bei verstaatlichten Unternehmen sprechen nicht für Effizienz und Flexibilität, das Rating könnte als Herrschaftsinstrument missbraucht werden. Wenn ein grundsätzliches Ratingerfordernis festgelegt würde, könnte dies zu einer Überbürokratisierung führen. Ein weiterer negativer Aspekt staatlicher Ratings wäre die falsche Signalwirkung, dies als staatliches Gütesiegel zu verstehen und diesen Ratings in einem zu hohen Maße zu vertrauen.[319]

Letztlich könnte es im staatlichen Interesse liegen, über Ratings Preise zu manipulieren und die Wirtschaft zu steuern. Nur unter sehr restriktiven

Auflagen wären daher öffentlich geführte Ratingagenturen diskutabel. Vermutlich hätte auch eine staatliche Regulierung vor diesem Hintergrund die Krise nicht verhindert. Die Kontrolle des Staates führt andererseits aber zu einer Mithaftung der öffentlichen Hand.[320] Da der Staat auch im Zuge der Finanzkrise die Fehlleistungen des – allerdings fehlgelenkten – privat geführten Finanzsektors einschließlich der Fehlbeurteilungen durch die Ratingagenturen finanziell alimentieren musste, würde sich bei einer Verstaatlichung hier nichts ändern. Er müsste ebenfalls für die Schäden aufkommen.

Unabhängigkeit von politischen Entscheidungsträgern und bessere Ratingkriterien

Wie bei der Unabhängigkeit einer Notenbank von politischen Entscheidungsträgern müsste auch für die Ratingagenturen ein Rahmen geschaffen werden, in dem sich Reputationswettbewerb entfalten kann. Dazu müssten diejenigen Kunden zahlen, die die Ratings nutzen, und nicht die Emittenten, um vor allem den Interessenkonflikt zu vermeiden, gut zahlende Emittenten nicht zu verlieren und so im Zweifel Gefälligkeitsnoten zu vergeben. Abgesehen davon, dass auch Staaten für die Ratings bezahlen. Dies sollte künftig wegen des Interessenkonflikts nicht mehr möglich sein, denn sie sind mächtig durch die Fähigkeit zur Regulierung, die sie de facto an die großen drei Ratingagenturen abgetreten haben durch die Verleihung der Lizenzierungsmacht.

Dieser staatshoheitliche Akt allein führt schon zur Rücksichtnahme, denn die Agenturen werden sich ihr lukratives Geschäftsmodell nicht durch allzu große Kritik verbauen lassen wollen. Im Zweifel wird das ganze Konstrukt verteidigt, so auch indirekt von Warren Buffett, der zu den größten Aktionären von Moody's gehört[321]:

»Der Milliardär Warren Buffett hat gesagt, dass Standard & Poor's damit falsch liege, das Rating der Vereinigten Staaten von einer Bestnote AAA auf

AA+ zu reduzieren und bekräftigte seine Ansicht, dass die US-Wirtschaft nicht in eine Rezession abgleite. Die Nation verdient ein »Vierfach-A«-Rating, sagte Buffett (80), Bloomberg TV.«

Dazu müsste dann auch die Freiheit für eine Ratingagentur gehören, gleichfalls die USA herabzustufen. Die großen drei Ratingagenturen sind allerdings eingebunden in das System. Sie sind Teil von Corporate America und damit von einem Ratingsystem, das sich weltweit ausgebreitet hat.

Sie profitierten in besonderem Maße davon, nicht zuletzt weil auch Entwicklungsländer für ihre Ratings ordentlich zahlen. Dies hat nichts mit Entwicklungshilfe zu tun, sondern ist eher eine koloniale Attitüde. Die Verschuldungsdaten und die Überdehnung der Macht, die bereits Paul Kennedy beschrieb[322], sprechen für ein deutlich kritischeres Urteil zum Beispiel die USA betreffend.

Mit Blick auf die USA meinte zum Beispiel der Gründer der chinesischen Ratingagentur Dagong, Guan Jianzhong[323]:

> »Es ist sehr teuer, Weltpolizist zu sein und gleichzeitig mehrere Kriege zu führen. Wenn diese hegemoniale Strategie verändert wird, werden sich auch die Ausgaben reduzieren. Am Ende wird das einfache Volk in Amerika den Nutzen davon haben. Wenn man ständig Geld borgen muss, um seine Hegemonie zu finanzieren, ist das langfristig nicht tragbar.«

Diese Äußerung von Guan Jianzhong ist natürlich zu relativieren, da sie auch interessengeleitet sein könnte. Die Agentur Dagong kann sich zwar eher ein kritischeres Urteil erlauben als die großen US-Anbieter. Wenn derartig kritische Äußerungen aber auch von den führenden drei Ratingagenturen kämen, wäre dies eher ein Indiz für eine unabhängig erarbeitete Meinung. Dafür müssten aber die Rahmenbedingungen der Regulierung geändert werden, um echten Reputationswettbewerb, wie bereits erwähnt, zu ermöglichen.

Angesichts der grundsätzlichen Fehlsteuerungen auf den Finanzmärkten und der vorhandenen Einbindung der Ratingagenturen in das fragwürdige Regulierungssystem, ist die Beschäftigung damit, ob und inwieweit bessere Ratingkriterien hilfreich wären, wohl nur am Rande interessant. In einem Umfeld echten Reputationswettbewerbs, wenn die Investoren zahlen und das Mindestratingerfordernis abgeschafft wäre (dafür müssten Finanzinstitute dann im Gegenzug mehr Eigenkapital hinterlegen), würde die Angemessenheit der derzeit üblichen Ratingkriterien eher thematisiert.

Wenn es dann zu Markteintritten neuer Ratingagenturen käme, die nicht an Genehmigungshürden scheitern, wäre dies hilfreich. Neue Aufsteiger wie die chinesische Dagong oder eine ganz neue Ratingagentur, die von der EU neu installiert würde, müssten sich an der Treffsicherheit ihrer Bonitätsnoten messen lassen. Eine politisch bedingte Verzerrung der Urteile wäre nur bei einer echten Unabhängigkeit zu vermeiden.

Wie bereits an anderer Stelle erwähnt, ist die Prüfung ausreichend hoher Eintrittsbarrieren von besonderer Bedeutung. Ebenfalls zu hinterfragen ist, ob politischen und kulturellen Aspekten ausreichend Rechnung getragen wird. Angesichts der zunehmenden kurzfristigen Orientierung der Finanzmarktteilnehmer, die von der Einschätzung der jeweils aktuellen volkswirtschaftlichen Daten und der Quartalsberichterstattung der Unternehmen getrieben werden, sollten bei den Ratings eher langfristige Daten zugrunde gelegt werden. Sie würden dann nicht zum Spiel mit der Über- und Unterschätzung der gemeldeten Zahlen beitragen. Das würde die Wall-Street-Banker, die von hohen Umsätzen profitieren, zwar verärgern. Wenn sie aber die mehr oder minder in ihrem Sinne bestellten Ratings nicht mehr finanzieren, wäre die Umstellung der Märkte und die Änderung des Anlegerverhaltens weg von kurzfristiger Spekulation mit fragwürdigen Produkten hin zu einem langfristigen konservativen Investieren leichter möglich. Es würde stabilisierender auf die Märkte wirken, als wenn kurzfristig am Markt zu platzierende strukturierte Produkte von Agenturen mit einem Schönwetterrating versehen werden.

Des Weiteren wäre zu prüfen, ob es bessere Frühwarnsysteme gibt, um Finanzprobleme rechtzeitig zu erkennen. Mit einem entsprechenden Backtesting ließe sich dann feststellen, ob so die Kreditausfallraten im Zuge von Krisenphänomenen besser abbildbar sind. Carmen M. Reinhart und Kenneth S. Rogoff nannten folgende beste und schlechteste Indikatoren für Bankenkrisen und Währungszusammenbrüche, die für die Ratingagenturen ein äußerst schlechtes Ergebnis zeigen[324]:

Rangordnung des Indikators	Beschreibung	Häufigkeit
Reale Immobilienpreise	prozentuale Veränderung über einen Zeitraum von zwölf Monaten (bzw. jährlich)	monatlich, quartalsweise, jährlich (je nach Land)
Kurzfristige Kapitalzuflüsse/BIP	in Prozent	jährlich
Leistungsbilanz/Anlagen	in Prozent	jährlich
Reale Aktienkurse	prozentuale Veränderung über einen Zeitraum von zwölf Monaten	monatlich

Beste Indikatoren bei Bankenkrisen[325]

Rangordnung des Indikators	Beschreibung	Häufigkeit
Institutional-Investor-Rating (IIR) und Moody's Länder-Rating	Veränderung im Index	alle zwei Jahre (IIR), monatlich (Moody's)
Terms of Trade	prozentuale Veränderung über einen Zeitraum von zwölf Monaten	monatlich

Schlechteste Indikatoren bei Bankenkrisen[326]

Rangordnung des Indikators	Beschreibung	Häufigkeit
Reale Wechselkursrate	Abweichungen vom Trend	monatlich
Bankenkrisen	Dichotome Variable	monatlich oder jährlich
Leistungsdaten/BIP	in Prozent	jährlich
Reale Aktienkurse	prozentuale Veränderung über einen Zeitraum von zwölf Monaten	monatlich
Exporte	prozentuale Veränderung über einen Zeitraum von zwölf Monaten	monatlich
M2 (umlaufende Geldmenge)/Devisenreserven	prozentuale Veränderung über einen Zeitraum von zwölf Monaten	monatlich

Beste Indikatoren bei Währungszusammenbrüchen[327]

Rangordnung des Indikators	Beschreibung	Häufigkeit
Institutional-Investor-Rating (IIR) und Moody's Länder-Rating	Veränderung im Index	alle zwei Jahre (IIR), monatlich (Moody's)
Zinsdifferential zwischen In- und Ausland (Darlehenszinsen)	in Prozent	monatlich

Schlechteste Indikatoren bei Währungszusammenbrüchen[328]

Wozu braucht man dann die Ratings? Diese Frage stellt sich bei einer derartig ungünstigen Performance erneut. Hinsichtlich der politischen Einschätzung, ob staatliche Anleihen bedient oder zurückgezahlt werden, bleibt es schwierig, Prognosen zu stellen. Die Kalküle der politischen Entscheidungsträger können sich spontan verändern, zum Beispiel im Rahmen einer neuen Meinungsumfrage. Regierungsparteien werden vor einer Wahl oftmals Ausgabenprogramme starten, um die Chancen eines besseren Abschneidens zu erreichen. Je nach politischer Einordnung der Länder ergeben sich unterschiedliche Gestaltungsmöglichkeiten.

Eine »Coordinated Market Economy« wie Deutschland hat hier andere politische Optionen als die USA als sogenannte »Liberal Market Economy«, auch im Zuge von Ratingherabstufungen vor einer Wahl.[329]

Transparenzerfordernis

Zur Sicherung der Funktionsfähigkeit von Märkten ist Transparenz von ausschlaggebender Bedeutung. Allein schon die Tatsache, dass die Ratingagenturen von den zahlenden Emittenten meist schönfärberische Insiderinformationen erhielten, die für Dritte nicht sichtbar sind, muss irritieren. Mit dem Verdrängen der ungünstigen Daten oder der Darstellung visionär positiver Entwicklungsperspektiven durch den Emittenten, die seiner Interessenlage entsprechen, wird systematisch Transparenz verhindert. Diese interne Informations- und Verzerrungsmacht wird weitgehend geheim gehalten. Werner Rügemer geht soweit, die »organisierte, professionalisierte, staatlich geschützte Intransparenz« als zur Globalisierung gehörig zu bezeichnen.

Für mehr Transparenz würde auch die genaue Offenlegung der Bewertungsverfahren sorgen. In dem Verhaltenskodex, der im Zuge der Kritik an den Ratingagenturen entwickelt wurde, ist das aber nicht vorgesehen, genauso wenig wie die Verantwortung für die Folgen der eigenen Handlungen und die Achtung der Demokratie und Menschenrechte.[330]

Die Ratingagenturen sind parteiisch, für sie gilt, wie der Volksmund sagt, »Wes Brot ich ess, des Lied ich sing«. Oder auch die Binsenweisheit »Wer zahlt, schafft an«. Warum sollen diese Volksweisheiten wegen der Emittentenfinanzierung der Ratings nicht auch für die Agenturen gelten? Die Emittenten, so wirkt es, zahlen für eine zu gute Benotung. Sie sind allenfalls am Rande an Transparenz interessiert, um die eigene Reputation, die für die Aufrechterhaltung des lukrativen Geschäftsmodells zu schützen ist, nicht über Gebühr zu strapazieren. Sie sind nicht unabhängig und die Transparenz steht überhaupt nicht im Vordergrund. Das sichere Geschäftsmodell für die Agenturen bleibt bis auf Weiteres intakt. Sie werden ihre zahlenden Kunden systematisch schonen und dafür gegebenenfalls negative Informationen nicht weiterleiten. Dieser Interessenkonflikt wird zwar immer wieder beklagt, aber bislang nicht beiseite geräumt.

Nur ein völlig unabhängiger kritischer Analyst könnte diese Schwachstellen ermitteln, wenn er dafür entsprechend entlohnt wird. Auf einem freien Informationsmarkt, der nicht interessengeleitet manipuliert wird, würde eine objektivere Beurteilung durchsetzbar sein.

Aufbrechen des Oligopols – mehr Wettbewerb

Der Ratingmarkt weist durch die überragende Marktstellung von S&P, Moody's und Fitch oligopolistische Strukturen auf. Die unvollständige beziehungsweise zu schwach ausgeprägte Konkurrenz konnte auch durch den gelockerten Marktzutritt nach dem Credit Rating Agency Reform Act of 2006 nicht beseitigt werden. Mehr Wettbewerb ist nur durch eine grundsätzliche Reform der aktuellen Regulierung zu erzielen.

Bei Wiedereinführung der Bezahlung durch die Kunden – wie in den 1970er-Jahren des letzten Jahrhunderts und davor – würde der Reputationswettbewerb, der durch das geschützte Geschäftsmodell im Zuge des Regierungsschutzes und der Emittentenbezahlung in den Hintergrund getreten war, wieder neu entfacht. Das Kartell durch die notwendige Anerkennung als NRSROs sicherte die Position der Ratingagenturen als Lizenzierer ab. Der Informationswert der Ratings war nicht mehr so vorrangig, die Reputation ebenfalls nicht mehr. Die großen drei Anbieter hatten dies nicht mehr nötig, sie konnten ihre Macht auf sichere Gewinne angesichts üppiger Bezahlung durch die Emittenten stützen.

Hanno Beck und Helmut Wienert von der Hochschule Pforzheim sprechen zutreffend von einem »engen Oligopol mit hohen Gewinnspannen und schlechter Bewertungsleistung«.[331]

Das Aufbrechen der verkrusteten Struktur, die immer noch eine Lizenz zum Gelddrucken darstellt, würde allerdings bedeuten, dass die Ratingagenturen an Macht und Einfluss verlieren.

Die Eigner würden sich sicher andere, dann weit lukrativere Geschäftsfelder suchen. Die Ratingagenturen wären wieder deutlich kleiner und nicht mehr ein unausweichlicher Bestandteil der modernen fabrikmäßigen Produktwelt der Finanzdienstleistungsindustrie. Das Rating komplexer strukturierter Produkte würde dann viel häufiger verweigert werden, da ein möglicher Reputationsschaden befürchtet würde. Man würde kritischer sein und nur ungern etwas beurteilen, was schlichtweg nur unseriös machbar ist. Dem Drängen, zu freundliche Modellannahmen zu unterstellen, die den Produktverkäufern zugekommen, würde nicht mehr wie bisher nachgegeben, wenn der Emittent nicht mehr als zahlender Kunde akzeptabel ist.

Gleichzeitig besteht vielleicht die Chance, die Arbeitsüberlastung zu senken, so beklagte sich ein Senior Manager einer Ratingagentur in einer E-Mail im Februar 2007: *»We do not have the resources to support what we are doing now.«*[332]

Mit einer neuen Regulierungsinstanz, die angesichts der globalen Vernetzung der Finanzmärkte idealerweise international Anwendung findet, wäre ein großer Reformschritt zum Aufbrechen des Oligopols getan. Das Bezahlmodell müsste umgestellt werden. Statt der Emittenten müssten wieder die Kunden, die die Ratings auch nutzen, zahlen. Die (weitgehende) Haftungsbefreiung müsste aufgelöst und durch eine Rechenschaftspflicht, ähnlich wie die bei Banken, Wirtschaftsunternehmen und Anwälten ersetzt werden.[333]

Vor diesem Hintergrund ist auch der Eintritt neuer Wettbewerber kritisch zu sehen, wenn die Marktstrukturen nicht wettbewerbsgerecht sind. Vonseiten der Politik wird seit Jahren für eine europäische Ratingagentur geworben.[334] So forderte der Gouverneur der Österreichischen Nationalbank, Ewald Nowotny, eine europäische Ratingagentur, die die Finanzsituation der Staaten bewertet. Der frühere Chef der Eurogruppe, Jean-Claude Juncker, hielt es für sinnvoll, »dass wir in Europa selbst eine eigene europäische Ratingagentur auf die Beine stellen, damit wir beim Bewerten sichere und belastbare Daten aus Europa selbst haben«. Diese sollte möglichst im Umfeld der EZB angesiedelt werden.

Derartige Forderungen zeigen, dass die neue Agentur nicht unbedingt neutral sein soll, je nach Ausgestaltung könnte sie politischen Verzerrungen bei ihren Urteilen (durch vorauseilenden Gehorsam der Analysten oder mehr oder minder sanften Druck von Vorgesetzten, das Bonitätsurteil den öffentlichen Finanzierern genehm zu gestalten) unterliegen, so war die Finanzierungsfrage lange strittig.

Der frühere französische Präsident Nicolas Sarkozy und Bundeskanzlerin Merkel forderten die EU-Kommission auf, »Vorschläge zur Stärkung des Wettbewerbs zwischen den Ratingagenturen zu unterbreiten«.[335] Die ursprünglich breit, vor allem von Roland Berger initiierte neue »European Rating Agency« könnte in verkleinerter Form unter »New Rating« firmierend bereits 2014 an den Start gehen. Die Mittelbeschaffung ist noch nicht abgeschlossen. Zur Vermeidung von Interessenkonflikten wurden ursprünglich nur private Finanzierer gesucht.

Das Investor-Pay-Modell gilt aber inzwischen als gescheitert[336], denn Investoren möchten eine gesicherte Rentabilität, und die ist bei dem gut etablierten, wenn auch fragwürdigen Geschäftsmodell der großen drei Anbieter S&P, Moody's und Fitch leichter zu versprechen.

Der Sitz der neuen europäischen Ratingservicegesellschaft soll Frankfurt, der Sitz der EZB, sein. Bis auf absehbare Zeit wird sich der Wettbewerb unter den führenden Ratingagenturen durch »New Rating«, wenn die Agentur tatsächlich käme, nicht nennenswert verändern. Ohne eine grundsätzliche Reform ist der Ratingmarkt auf das Oligopol der großen drei Anbieter verteilt. Falls die Fehllenkung durch die Emittentenbezahlung weiter bestünde, könnten diese oder andere Anbieter mit günstigeren Preisen oder Gefälligkeitsgutachten Marktanteile erzielen wollen.

Hilfe für das Projekt könnte noch von der EU aus Brüssel kommen. Aber diese öffentlichen Hilfen für das Vorhaben würden dann wiederum einen schwerlich überbrückbaren Interessenkonflikt heraufbeschwören. Die Glaubwürdigkeit der Ratings wäre sofort infrage gestellt und die führenden US-Ratinganbieter könnten zu Recht auf die Politikabhängigkeit der Agentur hinweisen. Und wenn gar die Ratingagentur öffentlich finanziert wäre, würde alles noch schlimmer, vor allem wenn im Zuge einer staatlichen Verzahnung nicht nur der Informationswert weiter sinken, sondern auch die staatliche Alimentierung dadurch entstandener wirtschaftlicher Schäden steigen würde. Das moralische Wagnis dieses Ansatzes ist zu groß. Statt die Finanzmärkte angemessen zu reformieren, würde die Fehllenkung durch (einzukalkulierendes) Politikversagen so nur verstärkt.

Lösung von starren Ratingregeln

Die starren Ratingregeln standen immer wieder in der Kritik. Die Ratingklassen wirken schematisch, das rasterhafte Herabstufen dementsprechend schablonenhaft. Durch die positive Verzerrung der Urteile (Emittentenbezahlung) und das Versagen als Frühwarnindikatoren könnte das Ratingergebnis selbst gar nicht das vorrangige Problem sein. Der vorauseilende Gehorsam der Analysten, den Vorgesetzten Ergebnisse zu präsentieren, die der Gewinnmaximierung dienen, könnte sogar zu einer Neuinterpretation der selbst anhand der Standards erarbeiteten Ratingkriterien führen. Die starre Anwendung auch nicht perfekter Regeln könnte den positiven Bias abbauen und auch wieder die Rolle als Frühwarnindikator neu beleben.

Die Kritik an den Ratingregeln selbst betrifft meines Erachtens im Wesentlichen ihre mangelnde Breite. Kulturelle Aspekte sind schwierig fassbar. Die Bereitschaft von Regierungen, ihren Kredit zurückzuzahlen, muss auch politisch gewürdigt werden. Der Handwerkskasten der Ratingagenturen ist daher nie perfekt und müsste ständig anhand von rückwärtigen Tests überprüft werden.[337]

Wenn man allein die Kreditgeschichte von Staaten analysiert, stehen bei langfristigen Vergleichen immer wieder bestimmte Staaten negativ im Fokus, andere können dagegen als vorbildlich gelten. Zieht man zum Beispiel die Tabellen 12.2 und 12.3 im Buch »Dieses Mal ist alles anders« von Carmen M. Reinhart und Kenneth S. Rogoff (S. 269 f. und 274 f.) heran, zeigt sich, dass Instabilität ein normales historisches Phänomen ist. Greift man in den Tabellen, die den »Zahlungsunfall« durch Inflation in der Zeitspanne 1800 bis 2008 zeigen, die Länder heraus, die besonders viele Hyperinflationsepisoden mit einer jährlichen Inflationsrate von mindestens 500 Prozent aufwiesen, ergibt sich folgende Rangfolge, wobei die Jahre mit den höchsten Inflationsraten in der Regel kurzfristig von einer Währungsreform begleitet wurden[338]:

Land	Beginn des Betrachtungszeitraums	Anteil an Jahren, in denen die Inflationsrate höher war als 20 %	Anteil an Jahren, in denen die Inflationsrate höher war als 40 %	Zahl der Hyperinflationsepisoden (jährliche Inflationsrate von mindestens 500 %)	Jahr mit der höchsten Inflationsrate und Datum der anschließenden Währungsreform in Klammern
Russland	1854	35,7	26,4	8	1923 (2/1924)
Nicaragua	1938	30,4	17,4	6	1987 (1989)
Brasilien	1800	28,0	17,9	6	1990 (16.3.1990)
Angola	1915	53,3	44,6	4	1996 (1999)
Argentinien	1800	24,6	15,5	4	1989 (März 1991)
Griechenland	1834	13,3	5,2	4	1944 (11.1.1944 und 21.1.1946)

Besonders hohe Inflationsraten seit 1800, das Jahr der höchsten Inflationsrate und das Datum der anschließenden Währungsreform nach Ländern[339]

International gehören Russland und die beiden südamerikanischen Staaten Nicaragua und Brasilien zu den Instabilitätsspitzenreitern, gemessen am Maßstab der Inflationsrate. Dass Argentinien und Griechenland zu den Hochinflationsländern gehören, überrascht eher weniger. Von 1800 bis weit über den Zeiten Weltkrieg hinaus befand sich Griechenland in fast ständigem Zahlungsverzug, ein historischer Aspekt, den man allein schon bei der Aufnahme in die EU hätte stärker berücksichtigen müssen. In Ländern wie Kanada, USA, den Niederlanden, Schweden oder auch Großbritannien blieb die Inflation dagegen seit dem Jahr 1800 sehr niedrig.

Land	Beginn des Betrachtungszeitraums	Anteil an Jahren, in denen die Inflationsrate höher war als 20 %.	Anteil an Jahren, in denen die Inflationsrate höher war als 40 %.	Zahl der Hyperinflationsepisoden (jährliche Inflationsrate von mindestens 500 %)	Jahr mit der höchsten Inflationsrate
Kanada	1868	0,7	0,0	0	1917
USA	1800	1,0	0,0	0	1864
Niederlande	1800	1,0	0,0	0	1918
Schweden	1800	1,9	0,0	0	1918
Großbritannien	1800	2,4	0,0	0	1800
Spanien	1800	3,9	1,0	0	1808

Besonders niedrige Inflationsraten seit 1800 und das Jahr der höchsten Inflationsrate nach Ländern[340]

Ein Zahlungsausfall ist ein wesentlicher Indikator, der anzeigt, ob es der Führung eines Landes wichtig ist, auch international als verlässlicher Schuldner zu gelten. Mit der Abschaffung des Goldstandards nahmen inflationsbedingte Zahlungsausfälle zu. Die Bereitschaft der Regierungen stieg, über verschiedene Kanäle zu enteignen.[341] Starre Ratingregeln können solche Phänomene nicht erfassen. Die soziokulturellen Strukturen von Gesellschaften in Verbindung mit einer guten Führung schlagen sich in stabilen Wirtschaftsdaten nieder, ein wichtiger Indikator ist dabei die Inflationsrate.

Ausblick: Überarbeitung der Regulierungen

Ein wesentlicher Punkt einer künftigen Regulierung wäre das Verbot, neben dem Erstellen von Ratings auch noch hoch bezahlte Beratungsdienstleistungen zur Verfügung zu stellen. Dies führt zur Manipulation von Ratings aufgrund der immer indirekt angestrebten optimalen Gestaltung für den zahlenden Emittenten. Diese lukrative Geldquelle wollen sich aber die Ratingagenturen auf jeden Fall sichern, sodass im Zweifel ein Interessenkonflikt zwischen der objektiven Datenermittlung sowie -aufbereitung und der Sicherung des Kunden besteht, wodurch die schönfärberische Darstellung der wirtschaftlichen Verhältnisse ausgelöst wird.

Darüber hinaus ist mehr Wettbewerb anzustreben, da die Eintrittsbarrieren für kleinere Ratingagenturen mit geringerem Bekanntheitsgrad sehr hoch sind. Für die drei großen Ratingagenturen sind die Sicherheit und Stabilität ihrer hochprofitablen Geschäfte nicht zuletzt durch den Regierungsschutz mit der Anerkennung als NRSRO allzu hoch. Für kleinere Gesellschaften ist die Aufnahme in den Kreis der NRSROs schwer.

Die Kriterien für die Aufnahme waren nicht transparent, erst mit dem Credit Rating Agency Reform Act im Jahr 2006 wurden klare Richtlinien für die Anerkennung als NRSRO erarbeitet. An der Autorität als Spielmacher für die Finanzmärkte und der Meinungsführerschaft der großen Ratings hat dies nichts geändert, der Wettbewerbsschutz besteht auch so weiter (Kundenbindung, Größenvorteile und anderes). Die führende und damit vor allem maßgebliche US-Börsenaufsicht sollte hier noch mehr Transparenz wagen, um den Vorwurf einer Geschäftssicherung für wenige führende Ratingagenturen zu vermeiden.

Generell würde auch eine weitere Lockerung der Anerkennung als NRSRO hilfreich sein, so könnte auch kleineren, nur lokal tätigen oder auf bestimmte Industrien, Dienstleistungen oder Banken spezialisierten Ratingagenturen die Zulassung gewährt werden.[342]

Außerdem sollten zur Vermeidung von Interessenkonflikten auch wieder die Kunden statt der Emittenten zahlen. Die SEC hatte dies noch zu Beginn der Finanzkrise verlangt, sie wollte die Bezahlung durch die Emittenten abschaffen. Einige Monate später war dies vergessen, und es blieb nur die Lockerung des Zugangs kleinerer Ratingagenturen, indem sie leichter als bisher den NRSRO-Status erhielten. Auch wurde veranlasst, dass die historische Entwicklung der Ratings grundsätzlich offengelegt wird.[343] Dennoch blieb das grundsätzliche Problem der positiven Verzerrung bei den Bonitätsnoten unangetastet.

Die Inflation der guten Noten vor der Finanzkrise 2007 war ein wesentlicher Teil des Problems. Der Markt wirkte optisch viel attraktiver, als er war, was erhebliche Fehlallokationen der Anlagen auslöste. Ein überschäumender Optimismus, insbesondere in Hypephasen, ist zwar allgemein bei Analysten zu beobachten, dennoch sollte auf struktur- beziehungsweise regulierungsbedingt systematisch zu günstigen Bewertungen der Fokus liegen. Die zu günstigen Urteile schaffen eine Verzerrung und damit einen dringenden Reformbedarf, auch wenn die Umsetzung grundsätzlicher Veränderungen zur Stabilisierung der Finanzmärkte nicht leicht ist. Das derzeitige Geschäftsmodell der Ratingagenturen im Verbund mit Finanzanlegern und -institutionen sichert hohe Gewinne auch und gerade bei extrem schwankenden Märkten, die Interessenlagen wesentlicher Player (der Emittenten und nicht zuletzt die Regierungen, die unbedingt auf niedrige Zinsen setzen, um ihre Gestaltungsspielräume zu erhalten beziehungsweise zu erhöhen), die von den günstigen Konditionen profitieren, stehen nach wie vor dagegen.[344]

In der EU müssen sich Ratingagenturen künftig einer strengeren Kontrolle unterziehen. Mit den am 27. November 2012 vorgeschlagenen neuen Regeln, auf die sich Vertreter der EU-Kommission, des Europaparlaments und der EU-Staaten geeinigt haben, sollen die Ratingagenturen für ihre Bonitätsnotenvergabe stärker zur Verantwortung gezogen werden können.[345]

Die übermäßige Abhängigkeit von den Ratingagenturen soll reduziert und Interessenkonflikte sollen vermieden werden. Außerdem sollen die Agenturen für grobe Fehlentscheidungen haftbar sein und ihre Urteile besser begründen. Dabei soll ein gesetzlicher Anspruch der Anleger gegen Ratingagenturen geschaffen werden, der in allen Mitgliedstaaten der EU gilt. Bis zur Entscheidung des Bundesgerichtshofs Anfang 2013 war unklar, ob eine amerikanische Ratingagentur überhaupt in Deutschland verklagt werden kann.[346] Die Vorschriften werden frühestens noch in diesem Jahr (2013) in Kraft treten.

Vorrangiges Anliegen der neuen Regelungen ist eine schärfere Vorgabe für die Bonitätsnotenveröffentlichung. So müssen die Agenturen künftig in einem Kalender vorher festlegen, wann sie Ratings vergeben. Die Bekanntgabe soll auf einer europäischen Plattform erfolgen. Die Publikation soll nur außerhalb der Geschäftszeiten und mindestens eine Stunde vor der Öffnung der Börsen in der EU möglich sein. Dies soll nervöse Reaktionen der Märkte verringern. Bei der Bewertung bestimmter komplexer Papiere müssen sich die Agenturen abwechseln. So soll verhindert werden, dass sich die gewinnorientierten Ratingagenturen mit zu positiven Einstufungen das Wohlwollen ihrer Geldgeber sichern.

Der zuständige EU-Kommissar Michel Barnier sagte, die neuen Regeln erlaubten eine »Verringerung der übertriebenen Abhängigkeit von Ratings, die Beseitigung von Interessenkonflikten und die Einführung einer zivilrechtlichen Haftung für Ratingagenturen«.[347] Am 20. Dezember 2012 veröffentlichte die ESMA Unterlagen zur weiteren Beratung mit Leitlinien und Empfehlungen zur Regulierung der Kredit-Ratingagenturen im Nachgang zur Verordnung (EU) 513/2011 vom 11. Mai 2011.[348]

Im Zuge der Verhandlungen wurden die Regulierungen erneut aufgeweicht. Der große Wurf wird die Reform wohl nicht mehr und dürfte nicht verhindern, dass die führenden drei Ratingagenturen wie eine Aufsichtsbehörde agieren können, die gleichzeitig ihre privatwirtschaftliche Gewinnmaximierungsstrategie verfolgt. Die Reformen sind eher nur Nadelstiche angesichts der einst angestrebten entschärfenden Überarbeitungen.

So steht zum Beispiel die Forderung nicht mehr zur Diskussion, Länderbewertungen auszusetzen, solange Rettungsprogramme organisiert werden. Die vielstimmige EU kann sich, wie es derzeit aussieht, nicht auf ein konsistentes Regelwerk einigen, das mehr Reputationswettbewerb zwischen den Agenturen schafft. Die Regulierungsreformen scheinen die großen Ratingagenturen einerseits zu schonen, andererseits wird der Eindruck von Handlungsfähigkeit suggeriert. Die Politiker senden das vermeintlich glaubwürdige Signal an ihre Wähler, dass sie die Macht der Ratingagenturen deutlich begrenzen.

Dies ist den Regierungspolitikern zwar wichtig, ist aber faktisch kaum greifbar, denn wie gesagt, um neues Vertrauen zu schaffen, müsste das Erfordernis von Ratingnachweisen grundsätzlich infrage gestellt, die Emittentenbezahlung unterbunden und schließlich die Regeln international abgestimmt werden, wodurch wir zu der nächsten Ebene gelangen, der IOSCO.

Fazit

Vor diesem Hintergrund müssen die derzeitigen Regulierungen dringend reformiert werden. Es bleiben als Varianten die Selbstregulierung der Branche, die angesichts der Pfründe durch die Emittentenbezahlung nicht glaubwürdig ist, des Weiteren bleiben die Übernahme der Tätigkeiten durch Non-Profit-Organisationen oder eine Reform auf staatlicher und internationaler Ebene. Diese Reformschritte sind vielversprechender. Entscheidend dabei ist die Aufgabe der Bezahlung durch die Emittenten, um dem Reputationswettbewerb wieder mehr Geltung zu schaffen.

SCHLUSSFOLGERUNGEN

Mit der Regulierungslizenz, der Emittentenbezahlung und der kaum mehr überschaubaren Komplexität der Finanzmärkte schuf man erst die Bedingungen, dass die großen Ratingagenturen über so viel Macht verfügen, dass sie zu verborgenen Spielmachern des Weltfinanzsystems aufsteigen konnten.

Die Macht der Ratingagenturen wirkt – und ist auch tatsächlich durch ihre Intransparenz und staatliche Verquickung – sehr geheim. Sie sind zu einem nicht staatlichen Machtfaktor avanciert, deren konsensorientiertes Vorgehen allenfalls unauffällige Zwangsausübung vorsieht durch die Verankerung unter anderem in nationalen Regelwerken. Als soziales Phänomen haben dabei die großen Ratingagenturen sich den Markt aufgeteilt, der förderlich ist für private Interessen bei einer laxen staatlichen Überwachung. Diese unsichtbare Machtausübung scheint sich zunehmend ohne demokratische Kontrolle zu vollziehen.[349]

Voraussetzung für den Aufstieg als Spielmacher der Finanzmärkte war die Regulierungslizenz der großen Agenturen und die Bezahlung durch die Emittenten. Das arbeitsteilige US-Ratingregulierungsmodell wurde dann auch international verwirklicht. Die fragwürdige Regelung wird auch von der Finanzbranche gestützt, zumal Finanzanleger die wesentlichen Eigner der Agenturen sind. Provokativ formuliert schützt sich die Finanzbranche selbst mittels der Ratingagenturen und verteidigt daher die aktuelle Regulierungsstruktur, die ihnen so große Gewinnchancen bietet.

Mit der Komplexität der Finanzmärkte, die Meinungsführer im Informationsdschungel erforderlich machten, schuf man eine weitere Voraussetzung, dass die Ratingagenturen heute über so viel Macht verfügen. Weitgehend unbemerkt konnten sie ohne größere Rechenschaftspflichten gegenüber der Öffentlichkeit quasi als Orakel Urteile verkünden. Die Entscheidungen werden nur wenig begründet, einmal um hinsichtlich der zugrunde gelegten Kriterien und Argumente weniger angreifbar zu sein sowie um den Weihecharakter aufrechtzuerhalten. Auch die zahlenden Emittenten haben kein Interesse an zu viel Transparenz.

Durch den dahinterstehenden Interessenkonflikt tritt der Informationswert in den Hintergrund. Gleichzeitig wird jeglicher Zweifel durch den hohepriesterlichen Auftritt begrenzt. Die Blackbox, in die Dritte nicht hineinschauen sollen, wird weiter von den Agenturen aus geschäftspolitischen Gründen verteidigt. Eine gewisse Geheimhaltung ist Geschäftsgrundlage, ansonsten würde die »Inszenierung überlegenen Wissens« gestört, zumindest für die breite Öffentlichkeit und die Teilnehmer an den Kapitalmärkten. Nur die direkt mit Ratingagenturen befassten Personen, die für Finanzierungsfragen in Unternehmen und in Staaten oder kleineren Gebietskörperschaften zuständig sind, kennen sie näher, zuweilen haben sie die quasi neuen Supermächte S&P, Moody's und Fitch wohl das Fürchten gelehrt.[350]

Selbst Politiker sind in ihrem Handeln zunehmend von den Ratingherabstufungen betroffen, wie die steigende Zahl kritischer Kommentare in einzelnen Eurozonenländern zeigt. Für Außenstehende, die sich mit der Thematik nicht oder wenig beschäftigen, ist ihre zweifellos große Bedeutung nicht nachvollziehbar. Sie genießen Regulierungs- und damit Lizenzierungsmacht, weil die Staaten und die Politiker es so woll(t)en. Nur eine Mindestbonität durch die Ratingagenturen macht den Weg frei für eine vorteilhafte Fremdfinanzierung. Staaten und Unternehmen können sich so zinsgünstig verschulden, und nur die lizenzierten Anlagen, auch wenn sie noch so unüberschaubar und kompliziert und gegebenenfalls sogar ungeeignet sind, dürfen getätigt werden.

Der Informationswert des Ratings kann bei so viel Lizenzierungsmacht in den Hintergrund treten – solange die Reputation nicht so weit absinkt, dass ihr sicheres Geschäftsmodell gefährdet ist. Und die großen Ratingagenturen haben hart darum gekämpft, in dieses lukrative Franchise einzudringen. Im

Vordergrund steht der am besten zahlende Kunde dieser privatwirtschaftlichen Organisationen, deren Eigentümer Interesse an hohen Gewinnen haben und ihre Ratingagenturen bestmöglich daran ausrichten. Die Interessenlage der Ratinginstitute in der Finanzkrise besser zu verstehen, war auch Anlass dieses Buches.

Hinter all dem verbergen sich erhebliche wirtschaftliche Interessen, die für Außenstehende nicht sofort, wenn überhaupt transparent sind. So sind die Eigner der Agenturen, vor allem US-amerikanische und französische Finanzinvestoren sowie Medienkonzerne, wesentlicher Bestandteil der nachrichtengetriebenen hektischen Finanzwelt. Jede Nachricht könnte aber wiederum ratingrelevant sein. Während die Finanzmärkte durch die Ratingveränderungen zusätzlich bewegt werden, haben die zahlenden Emittenten ein Interesse an stabilen guten Ratings. Bei sehr schlechten Ratings drohte die Auflösung des Kundenverhältnisses.

Dadurch wird eine positive Verzerrung, die ohnehin bei Analysten zu beobachten ist, noch verstärkt. Als Berater der Emittenten gaben sie Tipps beziehungsweise Gestaltungshinweise, um ihr Rating möglichst günstig zu gestalten. Mit dieser zusätzlichen Einnahmequelle wusch eine Hand die andere. Von der Schönfärberei profitierten sowohl die beratenden Ratingagenturen als auch die Emittenten zulasten von Dritten, nämlich den kommerziellen Nutzern der Ratings.

Der Intransparenzvorwurf, dass es sich bei den Ratings um eine »Blackbox« handelt, wird durch das kommerziell erfolgreiche Geschäftsmodell genährt, dass eben die Emittenten (mit ihrem Eigeninteresse, günstige interne Daten weiterzugeben) und nicht die Kunden für die Leistungen der Ratingagenturen zahlen. Die Schönfärberei trug zum Vertrauensentzug an den Märkten bei.

Susanne Schmidt hat in ihrem Buch »Markt ohne Moral« den Begriff Finanzialisierung geprägt. Dabei handelt es sich um ein System, in dem das Funktionieren der Märkte im Vordergrund steht, und die Politiker zu Getriebenen werden. Durch die falschen Anreizmechanismen mit hohen Boni für Wenige im Erfolgsfall und die Sozialisierung im Misserfolgsfall wird die Destabilisierung bisher funktionierender Gesellschaften vorangetrieben. Dabei werden die sozialen Folgen außer Acht gelassen. Die Ratinginstitute wurden zu Spielmachern eines fragwürdigen Kasino-Kapitalismus und ihre Macht durch gesetzliche Auflagen nicht eingeschränkt, sondern noch verstärkt. Zunehmende Verbriefungen, mehr Komplexität der Global-Finanz machte Ratinginstitute zu immer mehr geforderten Partnern der Finanzinstitutionen.

Das zunehmende Erfordernis bestimmter Mindest-Ratings durch die großen drei Rating-Player wirkte sich krisenverschärfend aus, da ein Verkaufsdruck erzeugt wurde, zum Beispiel bei Staatsanleihen südeuropäischer Länder. Dies führte zu Rettungsaktionen, die selbst wieder destabilisierend wirkten. Dieser Teufelskreis ist vor allem anhand der südeuropäischen Schuldenkrise gut dokumentierbar. Vor allem die älteste Demokratie (Griechenland) wurde an den Rand ihrer Handlungsfähigkeit gebracht. Es wird Zeit, die überdrehte Schraube des Outsourcings bei der Einschätzung von Anlagen zurückzudrehen.

Diese staatlich sanktionierte, organisierte Unverantwortlichkeit (da das Denken an Dritte outgesourct wurde, ging die Verantwortlichkeit der Handelnden verloren) bedarf dringend einer Revision. Als Alternative kann man zum Beispiel die Bewertung wieder dem freien Spiel der Kapitalmärkte unterwerfen. Marktpreise liefern eine bessere Risikobewertung als die Ratingagenturen.[351]

Die Bezahlung durch die Emittenten führte zu manipulativen Verzerrungen durch die Gewinnmaximierung der Agenturen. Durch die institutionelle Verankerung, dass sich die Investoren an den Kapitalmärkten bei ihren Kauf- und Verkaufsentscheidungen an Bonitätsnoten zu orientieren haben, erhielten die Ratings Marktgewicht. Selbst wenn einzelne Anleger die Ratings für Blödsinn hielten, mussten sie sich danach richten, sodass diese Fehlsignale (durch ihre verzerrende Wirkung bei den Investitionen) das marktwirtschaftliche System gefährden.

Die Ratinggläubigkeit bei diesen bestellten Gutachten war ein Irrweg, die Verantwortung sollte wieder dahin, wo sie hingehört, zum selbst kritisch recherchierenden Anleger. Und wenn man sich dennoch dem Rat professioneller Finanzbeobachter anvertrauen will, dann sollte der Nutzer, wie beim ursprünglichen Geschäftsmodell der Ratingagenturen, für die Dienstleistungen zahlen. Statt dass die professionellen Anleger nur von ausgewählten Ratingagenturen für gut befundene Anlagen tätigen dürfen, sollte dies wieder der Freiheit der Investoren unterliegen und dafür Banken und Versicherungen wieder mehr Eigenkapital als Sicherheit für ihre Geschäfte hinterlegen. Dann hört auch die überobligatorische Geheimniskrämerei um die Macht der Ratingagenturen auf. Sie wären wieder normale Dienstleister, ohne als Spielmacher durch staatlich sanktionierte Macht zu fungieren.

Die geheime Macht der Ratingagenturen wird die Weltwirtschaft auch in Zukunft beeinflussen. Erste zaghafte Versuche gibt es bereits, die Ratingagenturen für Ihre Urteile zur Rechenschaft zu ziehen und ihre Macht weiter einzuschränken. Trotzdem werden sie wichtige Player im globalen Business bleiben.

Die Ratingagentur Fitch senkte die Bonitätsnote von Italien wegen des unklaren Wahlausgangs um eine Stufe. Im Verlauf der Krise wird es weitere Herabstufungen geben. Damit Sie als Leser immer auf dem aktuellen Stand sind, wird Ulrich Horstmann auf **www.finanzbuchverlag.de** regelmäßig über die wichtigsten Entscheidungen der Big Player schreiben.

Ihr FinanzBuch Verlag

Chronologische Übersicht zu Ratingveränderungen und dem politischen Prozedere in der Eurozone seit Beginn der Finanzkrise

14.01.2009	Herabstufung Griechenlands auf A- durch S&P.
08.12.2009	S&P erwägt, die Bonitätsnote Griechenland von »A-« herabzusetzen (Ausblick »Creditwatch Negative«).
27.04.2010	S&P senkte das Rating für Griechenland von »BBB+« auf »BB+«. Auch das Portugal-Rating sinkt; S&P geht von »A+« auf »A-« herunter. In Griechenland bricht daraufhin Panik aus; die Athener Börse rutscht auf ein Jahrestief (Griechenland auf Ramschniveau, n-tv.de).
28.04.2010	S&P stuft Spanien von AA+ auf AA herab. Der Ausblick ist negativ. Grund ist die verschlechterte Haushaltslage.
02.05.2010	Nach der Umschuldung Griechenlands stuft die Ratingagentur S&P Griechenland nicht mehr als »teilweisen Zahlungsausfall« ein. Athen werde um vier Noten auf CCC heraufgestuft, teilte die Agentur mit. Der langfristige Ausblick sei stabil. Damit dürfte die Kreditbewertung zunächst nicht mehr verändert werden. Zuvor hatte S&P von einem teilweisen Kreditausfall (»SD«) gesprochen (S&P stuft Griechenland um vier Noten herauf, welt.de).
28.05.2010	Fitch stuft Spanien um eine Stufe auf AA+ zurück. Begründet wurde der Schritt damit, dass die Sparanstrengungen der Regierung das Wirtschaftswachstum in den kommenden Monaten belasten würden.
15.06.2010	Moody's stuft griechische Anleihen von A3 auf nur noch Ba1 herab. Damit bewegen sich die Anleihen auf »Ramschniveau«, der Ausblick wurde als stabil bewertet.
15.12.2010	Moody's überprüft das Spanien-Rating. Das AA1-Rating könnte durch den Finanzierungsbedarf des Landes und die schlechte Verfassung der Kreditinstiute erfolgen.

29.03.2011	S&P senkt das Rating für Griechenland von BB+ auf BB-, das von Portugal von BBB auf BBB-.
15.07.2011	Einen Tag nach der Ratingagenur Moody's droht auch S&P den Vereinigten Staaten mit dem Entzug ihrer Top-Bonität (dpa-AFX). Dies zeigte erneut, dass auch die USA für Europa kein stabiler Partner in der Finanzkrise mehr sind. Im Gegensatz zu den Europäern setzt die US-Politik vorrangig auf wachstumsfördernde Maßnahmen. Die FED verfolgt noch aggressiver als die EZB eine konjunkturstimulierende Niedrigzinspolitik.
07.10.2011	Fitch bewertet Italien nur noch mit »A+«. Der Ausblick wird negativ eingestuft. Auch Spanien wird nun mit »AA-« bewertet und damit zwei Stufen niedriger als bisher. Der Ausblick ist negativ. (Ratingagentur Fitch straft Italien und Spanien ab, welt online).
18.10.2011	Die Ratinagentur Moody's stellt Frankreichs Spitzenbonitätsnote »AAA« infrage. (Schuldenkrise: Warum Frankreich um sein »AAA« bangen muss, FTD.de).
19.10.2011	Wechsel an EZB-Spitze: Ausgerechnet auf dem Höhepunkt der europäischen Schuldenkrise wechselt – wenn auch turnus- bzw. absprachegemäß – der Chef der Zentralbank. Mario Draghi übernimmt den Spitzenposten von Jean-Claude Trichet – und ein Institut, dessen Ruf arg gelitten hat. Der Italiener muss klarmachen, dass die EZB mehr ist als nur ein Befehlsempfänger der Politik (»Super-Mario erbt Super-Probleme« von Fabian Reinhold und Christian Teevs, spiegel-online.de).
20.10.2011	EU-Binnenkommissar Michel Barnier fordert ein Veröffentlichungsverbot für Ratings. So sollte die EU-Kommission den Ratingagenturen notfalls verbieten, Urteile über die Kreditwürdigkeit kriselnder EU-Länder zu veröffentlichen. Wenn das Thermometer nicht das anzeigt, was die EU sehen will, dann wird es nicht verwendet: »Wenn man zu dem Schluss kommt, dass ein Rating nicht sinnvoll ist, könnte man es für einen bestimmten Zeitraum aussetzten« (dies sagte Barnier angeblich, siehe: Merkel streitet mit Sarkozy und Athen hofft auf Geld, abendblatt.de). Derartige Ratingveröffentlichungsverbote sind allerdings zu Recht umstritten. Sie könnten schließlich auch zutreffend sein und zu Recht den Eindruck erwecken, dass unbequeme Wahrheiten nicht genannt werden sollen.

10.11.2011	S&P hat irrtümlich eine Herabstufung der französischen Kreditwürdigkeit mitgeteilt – und damit an den Märkten Ängste vor einer Verschärfung der Schuldenkrise geschürt. Erst zwei Stunden nach dem Vorfall räumte S&P? ein, dass es sich um eine Panne handelte, Frankreich also seine Bestnote »AAA« behält.
15.11.2011	EU-Binnenkommissar Michel Barnier hatte die irrtümliche Mitteilung von S&P wie folgt kommentiert: »Dieser Vorfall ist schwerwiegend ... Dies alles bestärkt mich in der Auffassung, dass Europa eine strikte und unerbittliche Regulierung beschließen muss« (Barnier scheitert mit harten Auflagen, handelsblatt.com).
21.11.2011	Die Ratingagentur Moody's warnt Frankreich vor einer Herabstufung. Bisher verfügt das Land über die erstklassige Bonitätsnote »AAA« (FAZ, S. 19).
24.11.2011	Die schleppende Nachfrage nach neuen zehnjährigen deutschen Bundesanleihen schürt Ängste, dass nun auch Deutschland in den Sog der Schuldenkrise geraten könnte (Anleger verschmähen deutsche Staatsanleihen, reuters.com).
24.11.2011	Die Ratingagentur Fitch hat die Kreditwürdigkeit von Portugal auf Ramsch-Niveau gesenkt. Die Bonität sank um eine Note von »BBB-« auf »BB+«. Der Ausblick für das Rating ist negativ. Am gleichen Tag erfolgte ein Generalstreik gegen das Sparprogramm der Regierung (dpa).
26.11.2011	Die Ratingagentur Standard & Poor's hat Belgien auf die Note AA herabgestuft. Nicht nur die Wirtschaft sei verantwortlich. Noch immer hat das Land keine Regierung (zeit online).
28.11.2011	Laut einem seit Wochen diskutierten Plan sollen die sechs Euro-Länder, die über die höchste Bonität (Triple A) an den Finanzmärkten verfügen (Deutschland, Finnland, Frankreich, Luxemburg, die Niederlande und Österreich), künftig gemeinsam Anleihen begeben, deren Zinssatz im günstigsten Fall zwischen 2,0 und 2,5 Prozent liegen soll. Mit diesen sogenannten Elite-Bonds sollen nicht nur die eigenen Schulden der Triple-A-Länder finanziert werden, sondern auch Hilfen für Wackelkandidaten wie Italien und Spanien (Christoph B. Schlitz: Sechs Euro-Länder sollen für Europa haften, welt.de).

05.12.2011	Die US-Ratingagentur Standard & Poor's droht Deutschland und 14 anderen Ländern der Euro-Zone mit einer Herabstufung ihrer Kreditwürdigkeit. Zur Begründung nannte die Ratingagentur die sich verschlechternden Kreditkonditionen der Eurozone, die höheren Risikoprämien, die einzelne Länder für ihre Schuldentitel schon zu bezahlen haben, sowie die Uneinigkeit zwischen den Mitgliedsländern bei der Bekämpfung der Schuldenkrise. Auch die hohen Defizite sehen die Analysten vor dem Hintergrund einer möglichen Rezession in Europa als bedrohlich an (Simone Boehringer, Harald Freiberer und Nikolas Piper: Ratingagentur S&P droht Deutschland mit Herabstufung, sueddeutsche.de).
21.12.2011	Wegen der schwachen Wachstumsprognose und der hohen Staatsverschuldung ist es nach Ansicht von Moody's möglich, dass das Vereinigte Königreich seine Bestnote AAA nicht halten kann.
13.01.2012	S&P hat die Bonität Frankreichs von AAA auf AA+ zurückgestuft. Daneben wurden acht weitere Euro-Länder herabgestuft, unter ihnen Österreich (siehe: Michael Kläsgen: Standard & Poor's entzieht Frankreich die Top-Bonität, sueddeutsche.de, 13.01.2012). Europas Politiker hätten nicht genug getan, um die Schuldenkrise einzudämmen. Die Turbulenzen in der Eurozone seien das Ergebnis steigender Ungleichgewichte und auseinanderlaufender Wettbewerbsfähigkeit zwischen den Kernländern der Eurzone und den sogenannten Peripheriestaaten. Der FDP-Politiker Frank Schaeffler erwartet ein deutlich höheres Haftungsrisiko, was dazu führe, dass der deutsche Beitrag zum Triple-A-Rating des EFSF von rund 40 Prozent auf fast 75 Prozent steige. Der deutsche Garantierahmen von 211 Mrd. Euro werde daher nicht ausreichen, sagte Schäffler dem Handelsblatt. (G.Meck und W. von Petersdorff: Halb Europa geht in die Knie, FAS, 15.01.2012, S. 31, und siehe: Deutscher Beitrag könnte steigen, n-tv, 14.01.2012).

14./16.01.2012	Das Bundesfinanzministerium nach S&P-Ratingabstufung für Frankreich: Das Bundesfinanzministerium erklärte, mit den bisherigen Beschlüssen würden die Finanzen der Mitgliedstaaten der Eurozone nachhaltig stabilisiert. »Wir haben in jüngster Zeit erfahren, dass die Märkte dieses bereits positiv zur Kenntnis nehmen.« (Deutscher Beitrag könnte steigen, n-tv.de, 14.01.2012). Kanzlerin Angela Merkel will prüfen, ob die Folgen der Rating-Urteile per Gesetz aufgeweicht werden können: Etwa ob es sinnvoll ist, dass für Versicherer bei Abstufungen der Ankauf einiger Staatsanleihen nicht mehr möglich ist (Rating-Rundumschlag verunsichert Asiens Börsen, spiegel online, 16.01.2012). Angela Merkel unterstützt die Idee, dass sich Bund und Länder künftig durch gemeinsame Staatsanleihen finanzieren (Merkel unterstützt Idee von Deutschland-Bonds, zeit online, 14.01.2012). Mit solchen Deutschland-Bonds wird die innerdeutsche Schuldensozialisierung, die ohnehin mit dem Länderfinanzausgleich besteht, verstärkt. Dies erschwert auch die Aufrechterhaltung der bisher ablehnenden Haltung Deutschlands gegenüber Eurobonds.
16./17.01.2012	S&P hat dem Rettungsfonds EFSF nach der Herabstufung von neun Euro-Staaten die Bestnote »AAA« entzogen. Die Bonität wurde nur noch mit der zweitbesten Note AA+ eingestuft (Standard & Poor's streicht Bestnote für EFSF, Thomson Reuters).
27.01.2012	Die Ratingagentur Fitch stuft die Kreditwürdigkeit mehrerer Eurozonenländer schlechter ein. Die Bonitätsnoten von Italien, Spanien und Slowenien wurden um zwei Noten gesenkt. Bei Belgien und Zypern wurde die Kreditwürdigkeit um eine Note gesenkt (Schuldenkrise: Ratingagentur Fitch stuft fünf Euro-Länder herab, sueddeutsche.de) .
13.02.2012	Moody's senkt die Ratings für Italien, Spanien, Slowenien, der Slowakei, Portugal und Malta, wobei es besonders hart Spanien mit einer Abstufung der Kreditwürdigkeit um gleich zwei Stufen trifft.
14.03.2012	Fitch hat Großbritannien mit dem Entzug seiner Spitzen-Bonitätsnote gedroht. Die Agentur senkte den Ausblick auf negativ und begründete dies damit, dass das Land nicht genügend auf wirtschaftliche Schocks vorbereitet sei. Auch werde die konjunkturelle Erholung in Großbritannien bei anhaltenden Spannungen in der Euro-Zone möglicherweise schwächer ausfallen als erwartet.

13.06.2012	Moody's stuft Spanien von A3 auf Baa3 herab. Zypern wurde von Moody's um zwei weitere Stufen auf Ba1 nach unten korrigiert. Im Fall Spaniens stand die Gefahr einer Staatsschuldenausweitung durch die Rettung der Banken im Vordergrund, im Fall Zyperns war es die Sorge um einen möglichen Euro-Ausstieg Griechenlands, mit dem Land ist Zypern wirtschaftlich eng verflochten.
06.08.2012	S&P senkte die Bonität von 15 italienischen Banken.
11.10.2012	S&P stuft Spanien um zwei Stufen von BBB+ auf BBB- herab. Der Ausblick bleibt negativ.
12.11.2012	Italienische Behörden erheben Anklage gegen Manager von S&P und Fitch. Es soll »unbegründete« negative Beurteilungen der italienischen Finanzlage gegeben haben.
19.11.2012	Moody's senkt das Rating für Frankreich von Aaa auf Aa1 herab, der Ausblick bleibt negativ. Die Ratingagentur begründet die Herabstufung damit, dass sich die langfristigen wirtschaftlichen Wachstumsaussichten eingetrübt hätten. Das Land habe an Wettbewerbsfähigkeit eingebüßt. Der finanzielle Ausblick sei unsicher und außerdem auch immer weniger berechenbar, wie das Land künftige Schocks in der Eurozone verkrafte.
30.11.2012	Moody's senkt die Ratings für den ESM und den temporären Rettungsschirm EFSF von Aaa auf Aa1 aufgrund wirtschaftlicher Schwächen und finanzieller Risiken aufgrund struktureller Herausforderungen. Der Ausblick bleibt jeweils negativ.
10.12.2012	Nach dem Rücktritt von Ministerpräsident Monti und der Ankündigung von Neuwahlen in Italien droht S&P: Wenn der Reformkurs jetzt gestoppt werde, rutsche Italien wieder »ins Risiko«.
13.12.2012	S&P droht Großbritannien mit der Herabstufung seiner Bonitätsnote für die langfristige Kreditwürdigkeit. Das AAA-Rating wurde zwar bestätigt, aber der Ausblick von stabil auf negativ gesenkt. Maßgeblich für die Senkung des Ausblicks waren angeblich die unsicheren Erholungs- und Wachstumsaussichten für das Königreich. Moody's und Fitch hatten die Warnung bereits ausgesprochen. Derweil hat sich die Queen öffentlichkeitswirksam die Goldbarren der Bank of England zeigen lassen (Gegen Ratingkritik helfen keine Goldbarren, FAZ, 15.12.2012, S. 21).

14.12.2012	Fitch Ratings bewertet die Bonität Frankreichs anders als die beiden anderen großen Ratingagenturen weiterhin als erstklassig. Der Ausblick des Ratings von AAA bleibt jedoch negativ, die Agentur schätzt die Wahrscheinlichkeit einer Abstufung etwas höher als 50 Prozent ein.
18.12.2012	S&P stuft die Kreditwürdigkeit Griechenlands gleich um sechs Stufen auf. Statt eines »teilweisen Kreditausfalls« bekommt Griechenland die Note B-/B. Der Ausblick sei stabil. Nach Meinung von S&P sind die Euroländer fest entschlossen, Griechenland in der Währungsunion zu behalten.
19.12.2012	Fitch droht der USA mit einem Verlust der Bestnote, wenn der Haushaltsstreit zwischen Demokraten und Republikanern nicht bald beigelegt wird.
21.12.2012	S&P senkt für Zypern die Bonitätseinstufung um zwei Stufen von B auf CCC+. Bereits im Oktober 2012 hatte S&P die Kreditwürdigkeit des Landes um drei Stufen gesenkt. Der Ausblick wurde mit negativ angegeben.
Januar 2013	USA: Beenden des Haushaltsstreits und vorläufiges Umschiffen der Finanzklippe
05.02.2013	Fitch senkt den Ausblick für die Niederlande auf »Negativ«. Das Triple-A-Rating wurde bestätigt. Begründet wurde der Schritt mit dem schwachen Häusermarkt, Problemen im Bankensektor, der hohen Verschuldung und der schlechter als erwarteten wirtschaftlichen Entwicklung des Landes.

AUSGEWÄHLTE LITERATUR UND QUELLENANGABEN

Akerlof, George A./Romer, Paul M.: Looting: The Economic Underworld of Bankruptcy for Profit, Berkeley 1994.

Alfonso, A., Gomes, P. Rother, P.: What 'Hides' Behind Sovereign Debt Ratings?, ECB Working Paper, Nr. 711, Frankfurt a.M. 2007.

Altman, Edward I./Sabri Öncü, T./Richardson Matthew/Schmeits, Anjolein/White, Lawrence J.: Regulation of Rating Agencies, Kapitel 15, S. 443–467, in: Archarya, Viral V./Cooley, Thomas F./Richardson, Matthew P./Walter, Ingo: Regulating Wall Street: The Dodd-Frank Act and the New Architecture of Global Finance, USA, 2010.

Amann, Susanne: »Gier ohne Grenzen«, in spiegel online vom 17.08.2007.

Bachstädt, Karl-Heinz: Auswahl von Ratingagenturen und Finanzierung von Ratings, S. 23–27, in: Kredit & Rating Praxis, 4/2010.

Bauer, Denise Allessandra: Ein Organisationsmodell zur Regulierung der Ratingagenturen: Ein Beitrag zur regulierten Selbstregulierung am Kapitalmarkt, Baden-Baden 2009.

Bavli, Chekdar: Die Macht der Ratingagenturen und ihre Rolle in der Finanzkrise 2008: Historische Entwicklungsfaktoren des Ratings und ein Überblick über die Regulierungsmaßnahmen, Hamburg 2012.

Beck, Hanno, Prinz, Aloys: Abgebrannt, Unsere Zukunft nach dem Schulden-Kollaps, München 2011.

Bösch, Valerie: Ratings in der Krise, Materialien zu Wirtschaft und Gesellschaft Nr. 110, Kammer für Arbeiter und Angestellte für Wien, Wien, November 2011.

Buchmüller, Patrick: Basel II: Hinwendung zur prinzipienorientierten Bankenaufsicht, Baden-Baden 2008.

Buffett, Mary/Clark, David: Das Tao des Warren Buffett, Kulmbach 2008.

Cantor, Richard/Packer, Frank: Determinants and Impact of Sovereign Credit Ratings, FRBNY Economic Policy Review, October 1996.

Chandler, Alfred Dupont: Henry Varnum Poor, Business Editor, Analyst, and Reformer, USA 1981, Reprint der Ausgabe von 1956.

Claussen, Carsten P.: Rating und Finanzanalyse, in: Rau, Fritz H./Merk, Peter (Hrsg.): Kapitalmarkt in Theorie und Praxis, Festschrift zum 50-jährigen Jubiläum der DVFA, Frankfurt am Main, 2010, S. 365–372.

Coval, Joshua D./Jurek, Jakub / Stafford, Erik: The Economics of Structured Finance, Working Paper 09-060 Harvard Business School, 2008.

Dittrich, Fabian: The Credit Rating Industry: Competition and Regulation, Dissertation an der Universität zu Köln, 13. Juli 2007.

Eisen, M.: Haftung und Regulierung internationaler Ratingagenturen, Frankfurt am Main 2008.

Flossbach, Bert/Vorndran, Philipp: Die Schuldenlawine – Eine Gefahr für unsere Demokratie, unseren Wohlstand und Ihr Vermögen, München 2012.

Friedman, Thomas L.: Interview with Thomas L. Friedman, »The Newshour with Jim Lehrer«, PBS television broadcast, 13. Februar 1996.

Frühauf, Markus: S&P, Moody's und Fitch, Brüssels Kampf gegen das Rating-Oligopol, in faz.net vom 24.06.2011.

Gaillard, Norbert: Les agences de notation, Paris, 2010.

Galbraith, John Kenneth: Der große Crash 1929, Frankfurt, 2009.

Galbraith, John Kenneth: Eine kurze Geschichte der Spekulation, Frankfurt, 2010.

Graham, Benjamin/Dodd, David: Security Analysis, New York 1934.

Gärtner, Manfred/Griesbach, Björn/Jung, Florian: Die Macht der Meinungsmacher: Ratingagenturen und saatliche Verschuldungsdynamiken, in Wirtschaftsdienst 2012, 4, S. 251–255.

Gärtner, Manfred/Griesbach, Björn: Rating agencies, self-fulfilling prophecy and multiple equilibria? An empirical model of the European sovereign debt crisis 2009–2011, Universität St. Gallen, Juni 2012, Discussion Paper no. 2012-15.

Goffman, Erving: Wir alle spielen Theater: Die Selbstdarstellung im Alltag, deutsche Erstausgabe, München 1959.

Greenwald, Bruce/Kahn, Judd: Competition Demystified – A Radically Simplified Approach to Business Strategy, N.Y., USA, 2005

Harold, Gilbert: Bond Ratings as an Investment Guide: An Appraisal of their Effectiveness 90, 1938.

Hill, Claire A.: Regulating the Rating Agencies, Business, Economics and Regulatory Policy Working Paper No. 452022, Washington University Law Quarterly, Vol. 82, S. 43 f., Georgetown University Law Center, 2004.

Hunt, John Patrick: Credit Rating Agencies and the »Worldwide Credit Crisis«: The Limits of Reputation, the Insufficiency of Reform, and a Proposal for Improvement, Colum. Bus. L. Rev. 109, Berkeley Center for Law, University of California, 2009.

Käfer, Benjamin/Michaelis, Jochen: Länderrisiko: Die ökonomischen Konsequenzen einer Herabstufung durch die Ratingagenturen, in: Wirtschaftsdienst, 92. Jahrgang, ZBW – Leibniz-Informationszentrum Wirtschaft, S. 95–100.

Kennedy, Paul: Aufstieg und Fall der großen Mächte: Ökonomischer Wandel und militärischer Konflikt von 1500 bis 2000, 5. Aufl., Frankfurt/M., 2005.

Konrad, Paul Markus/Leker, Jens: Regulierung von Ratingagenturen, die DVFA als Plattform und Impulsgeber, in: Rau, Fritz H./Merk, Peter (Hrsg.): Kapitalmarkt in Theorie und Praxis, Festschrift zum 50-jährigen Jubiläum der DVFA, Frankfurt am Main, 2010, S. 365–372.

Konrad, Kai A., Zschäpitz, Holger: Schulden ohne Sühne? Warum der Absturz der Staatsfinanzen uns alle trifft, München, 2010.

Kühnle, Oliver: Ratingverfahren, Warum wir falsch liegen und trotzdem weitermachen – Aktuelle Themen in Banken und Versicherungen, Seminarfolien Ludwig-Maximilians-Universität – Institut für Statistik, 9. Juli 2010.

Kuhner, Christoph: Financial Rating Agencies: Are they credible? Insights into the Reporting Incentives of Rating Agencies in Times of enhanced Systemic Risk, Schmalenbach Business Review, Vol. 53, S. 2–26, 1/2001.

Kunz, Anne/Welp, Cornelius/Haerder, Max: Ratingagenturen: So arbeitet Fitch – ein Analyst packt aus, wiwo.de, 24.08.2011.

Langohr, Herwig/Langohr, Patricia: The Rating Agencies and their Credit Ratings: What They Are, How They Work and Why They Are Relevant, Chichester, 2008.

Le Bon, Gustave: Psychologie der Massen, Stuttgart 1982.

Leuschel, Roland und Vogt, Claus: Das Greenspan-Dossier. Wie die US-Notenbank das Weltwährungssystem gefährdet, oder: Inflation um jeden Preis, 2. Aufl. 2004.

Lincoln, Bruce: Authority: Construction and Corrosion, Chicago 1994.

Mills, Charles Wright: Die amerikanische Elite, Hamburg 1962.

Nicolas, Michel: Die Rolle der Ratingagenturen bei der Strukturierung von Asset-Backed Securities und Collaterised Debt Obligations, Diplomarbeit an der Universität Würzburg vom 14. Januar 2010.

Otte, Max: Der Informationscrash. Wie wir systematisch für dumm verkauft werden, Berlin 2009.

Partnoy, Frank: F.I.A.S.C.O: Blut an den weißen Westen der Wall Street Broker, Wien 1998.

Partnoy, Frank: The Siskel and Ebert of Financial Markets?: Two Thumbs down for the Credit Rating Agencies, S. 620–715, in: Washington University Law Quarterly, Volume 77, Number 3 1999.

Partnoy, Frank: The Paradox of Credit Rating, Law and Economics Research Paper No. 20, University of San Diego, 2001.

Partnoy, Frank: How and Why Credit Rating Agencies are not like other Gatekeepers, Legal Studies Research Paper Series, Research Paper No. 07-46, May 2006.

Partnoy, Frank: Infectious Greed: How Deceit and Risk Corrupted the Financial Markets, London 2003.

Partnoy, Frank: Rethinking Regulation of Credit Rating Agencies: An Institutional Investor Perspective, Legal Studies Research Paper Series, Research Paper No. 09-014, Juli 2009.

Partnoy, Frank: Overdependence on Credit Ratings was a Primary Cause of the Crisis, Legal Studies Research Paper Series, Research Paper No. 09-015, Juli 2009.

Peterson, John E.: The Rating Game: Report of the Twentieth Century Fund Task Force on Municipal Bond Credit Ratings: Background Paper, New York 1974.

Prager, Christoph: Ratingagenturen: Funktionsweisen eines neuen politischen Herrschaftsinstruments, Wien 2012.

Reinhart, Carmen M./Rogoff, Kenneth S.: Dieses Mal ist alles anders – Acht Jahrhunderte Finanzkrisen, München 2010 (Originalausgabe:»This Time is different, Eight Centuries of Financial Folly«, New Jersey 2009).

Rosenbaum, Jens: Der politische Einfluss von Ratingagenturen, Wiesbaden 2009.

Rothbard, Murray N.: A History of Money and Banking in the United States: The Colonial Era to World War II, Auburn, 2002.

Roubini, Nouriel/Mihm, Stephen: Das Ende der Weltwirtschaft und ihre Zukunft, Frankfurt 2010.

Rousseau, Stephane: Regulating Credit Rating Agencies after the Financial Crisis: The long and winding Road toward Accountability, Capital Markets Institute Rotman School of Management, University of Toronto, 23 Juli, 2009.

Rügemer, Werner: Ratingagenturen – Einblicke in die Kapitalmacht der Gegenwart, Bielefeld 2012.

Jianzhong, Guan, Ratingagentur Dagong: Ideologie ist kein Maßstab, Interview mit Jutta Liets, in taz.de vom 25.07.2011.

Sachverständigenrat zur Begutachtung der gesamtwirtschaftlichen Entwicklung: Stabile Architektur für Europa – Handlungsbedarf im Inland: Jahresgutachten 2012/13, Wiesbaden, November 2012.

Schelsky, Helmut: Funktionäre – Gefährden sie das Gemeinwohl?, 4. Aufl., Stuttgart 1982.

Scheuch, Erwin: K./Scheuch, Ute: Cliquen, Klüngel und Karrieren. Über den Verfall der politischen Parteien – eine Studie, Hamburg, April 1993.

Schulz, Viktor: Die internationale Finanzmarktkrise und die Ratingagenturen, Hamburg 2009.

Schweinsberg, Klaus: Sind wir noch zu retten? Warum Staat, Markt und Gesellschaft auf einen Systemkollaps zusteuern, München 2011.

Sinclair, Timothy J.: Reinvesting authority: embedded knowledge networks and the new global finance, in: Environment an Planning C: Government an Policy, Vol. 18, T.4, London, S. 487–502.

Sinclair, Timothy J.: The New Masters of Capital: American Bond Rating Agencies and the Politics of Creditworthiness, Ithaca 2005.

Sinn, Hans-Werner: Kasino-Kapitalismus: Wie es zur Finanzkrise kam, und was jetzt zu tun ist, 2. Aufl., Berlin 2009.

Sinn, Hans-Werner: Die Target-Falle – Gefahren für unser Geld und unsere Kinder, München 2012.

Sloterdijk, Peter: Die nehmende Hand und die gebende Seite, Berlin 2010.

Storbeck, Olaf: Die Willkür der Ratingagenturen, in HB vom 30.07.2012.

White, Lawrence J.: The Credit Rating Agencies: Understanding Their Central Role in the Subprime Debacle of 2007-2008, New York University, 8. April, 2009.

Willke, Helmut: Stochern im Nebel, in: brandeins 05/2010, S. 104–107.

Wilson, Richard S.: Corporate Senior Securities: Analysis and Evaluation of Bonds, Convertibles and Prefferreds, Chicago 1987.

Ziesler, Eva: Ratingagenturen – Die Pervertierung einer marktwirtschaftlichen Institution durch den Staat, Vortrag an der Theodor-Heuss-Akademie der Friedrich-Naumann-Stiftung für die Freiheit in Gummersbach am 5.2.2012.

Zinn, Karl Georg: Die legale Kriminalität des Finanzkapitalismus. Betriebsunfälle oder Resultate der inneren Systemlogik? Aachen, 28.06.2009.

GLOSSAR

ABCP: Asset-Backed Commercial Paper

ABS: Asset-Backed Securities

AFP: Agence France-Presse

Antizyklisches Anlageverhalten: Antizyklisch anlegende Anleger investieren gegen den Markttrend. Sie nutzen Börsenhochs, um entgegen dem Markt Wertpapiere zu verkaufen, und Börsentiefs, um diese zu kaufen.

ASF: American Securitization Forum

Asset Price Bubble: Vermögenspreisblase

Backing: Deckung, Hilfe

Bafin: Bundesanstalt für Finanzdienstleistungsaufsicht

Bär: Der Bär symbolisiert fallende Kurse auf den Märkten.

Bashing: Öffentliche Beschimpfung.

BCRM: Best Credit-Rating Methodology

Bearish: Erwartung fallender Kurse

Beggar-my-Neighbour-Politik: Strategie, den Nachbarn ausplündern, zum Beispiel durch hohe Exportüberschüsse, die sich für das Nachbarland nachteilig auswirken.

BGH: Bundesrechnungshof

BIP: Bruttoinlandsprodukt

BIS: Bank for International Settlements

BMF: Bundesministerium der Finanzen

BR: Bayerischer Rundfunk

Braindrain: »Gehirn-Abfluss«, gemeint ist hier die Abwanderung intelligenter Bürger eines Volkes

Brainwashing: Gehirnwäsche

BSP: Bruttosozialprodukt

Bulle: Der Bulle symbolisiert steigende Kurse auf den Märkten.

Bullish: Erwartung steigender Kurse

BZ: Börsenzeitung

CAO: Chief Administrative Officer – Leiter Verwaltung

CAPM: Capital Asset Pricing Model

CBO: Collaterized Bond Obligation

CDO: Collaterized Debt Obligations – Finanzinstrumente, die zu der Gruppe der forderungsbesicherten Wertpapiere und strukturierten Kreditprodukte gehören. Sie bestehen aus einem Portfolio aus festverzinslichen Wertpapieren, die in mehrere Tranchen nach ihrer Seniorität in Senior-Tranche, Mezzanine-Tranchen und Equity-Tranche unterteilt werden.

CDS: Credit Default Swaps – Kreditderivat, das es erlaubt Ausfallrisiken von Krediten, Anleihen oder Schuldnernamen zu handeln

CEBR: Centre for Economics and Business Research

CEO: Chief Executive Officer – Vorstandssprecher

CESifo: Center for Economic Studies, ifo Institut für Wirtschaftsforschung e.V. an der Universität München

CESR: Committee of European Securities Regulators – Ausschuss der europäischen Wertpapierregulierungsbörden

CFA: Chartered Financial Analyst

CFO: Chief Financial Officer – Leiter Finanzen

CHRO: Chief Human Resource Officer – Leiter Personal

CLN: Credit Linked Note

CLO: Collateral Loan Obligation

Club-Med-Staaten: Die Mittelmeerstaaten des Euro-Raums, Italien, Spanien, Portugal und Griechenland.

CMBS: Commercial Mortgage-Backed Securities

CMO: Chief Marketing Officer – Leiter Vertrieb

Conduit: Finanzierungs-/Refinanzierungsstruktur im Zusammenhang mit Verbriefungs-Transaktionen

Consob: Commissione Nazionale per le Societa et la Borsa

Consumption on the Job: Verschaffung eines zusätzlichen Verdienstes oder Honorars von Managern einer Unternehmung oder deren Aufsichtspersonen

COO: Chief Operating Officer – Leiter Betriebssteuerung

Covenants: Vertragliche Klauseln oder (Neben-) Abreden.

Coverage: Abdeckung der von Analysten zu beobachtenden Unternehmen

CP: Commercial Paper

CPDO: Constant Proportion Debt Obligations

CPO: Chief Purchase Officer – Leiter Einkauf

CRA: Credit Rating Agency

CRAOB: Credit Rating Oversight Board

CRARA: Credit Rating Agency Reform Act of 2006

CRD: Capital Requirements Directive

CTO: Chief Technical Officer – Leiter Technik

DAI: Deutsches Aktieninstitut

DAX: Deutscher Aktienindex (mit den 30 größten und umsatzstärksten, an der Frankfurter Börse gelisteten Unternehmen).

DCF: Discounted Cashflow

Derivate: Derivate sind Finanzinstrumente, deren Preis oder Wert von den Kursen oder Preisen anderer Handelsgüter, Vermögensgegenstände oder von marktbezogenen Referenzgrößen abhängt.

Deal: Geschäftsabschluss

Disintermediation: Beschreibt einen Bedeutungsverlust von Vermittlern zwischen verschiedenen Akteuren in einem Wirtschaftskreislauf

Dotcom: Das Kürzel bezieht sich auf die Internet-Domain-Endung »com« (Engl. für Commercial).

dpa: Deutsche Presse-Agentur

DVFA: Deutsche Vereinigung für Finanzanalyse und Asset Management

EaS: Euro am Sonntag

EBA: Europäische Bankenaufsichtsbehörde

EBIT: Earnings before interest and taxes, Gewinn vor Zinsen und Steuern

EBITA: Earnings before interest and taxes and amortization, Gewinn vor Zinsen, Steuern und Amortisierungen

EBITDA: Earnings before interests and taxes and depreciation and amortization, Gewinn vor Zinsen, Steuern, Abschreibung und Amortisierungen

ECAF: Eurosystem Credit Assessment Framework

ECAI: External Credit Assessment Institution

ECOFIN: Economic and Financial Affairs Council: Rat Wirtschaft und Finanzen; ist eine Formation des Rats der Europäischen Union in der Zusammensetzung der Wirtschafts- und Finanzminister der EU-Mitgliedstaaten.

EFSF: Europäische Finanzstabilisierungsfazilität

EFSM: Europäischer Finanzstabilisierungsmechanismus

EIOPA: Europäische Aufsichtsbehörde für das Versicherungswesen und die betriebliche Altersversorgung

EK: Eigenkapital

EKN: Embedded Knowledge Network[352]

ELA: Emergency Liquidity Assistance: Liquiditätsversorgung im Krisenfall. Die nationalen Zentralbankinterventionen bei Liquiditätsschocks sind in einigen Ländern auch ohne die EZB möglich.

Emittent: Aussteller von Wertpapieren, die erstmals in Umlauf gebracht werden.

EP: Europäisches Parlament

ERISA: Employee Retirement Income Security Act

ESFS: Europäischen System für die Finanzaufsicht

ESM: European Stability Mechanism, EU-Rettungsfonds, der ab Mitte 2012 die Stabilität der Eurozone dauerhaft sichern soll

ESMA: Europäische Wertpapier- und Marktaufsichtsbehörde

ESME: European Securities Markets Expert Group: Expertengruppe Europäische Wertpapiermärkte

ESRB: Europäischer Ausschuss für Systemrisiken

ESZB: Europäisches System der Zentralbanken

ETC: Exchange Traded Commodity

ETF: Exchange Traded Funds

EU: Europäische Union

EURIX: Europäischer Ratingindex

Eurosystem: Das Eurosystem besteht aus den nationalen Zentralbanken derjenigen Staaten der EU, die den Euro als Zahlungsmittel eingeführt haben.

Eurozone: EU-Staaten mit der Gemeinschaftswährung Euro

EV: Enterprise Value, Unternehmenswert (ist im Sinne des Shareholder-Value-Konzepts der wesentliche Bewertungsmaßstab)

EVA: Economic Value Added, Ökonomischer Mehrwert

EWG: Europäische Wirtschaftsgemeinschaft

EWI: Europäisches Währungsinstitut

EWS: Europäisches Währungssystem

EZB: Europäische Zentralbank

FAS: Frankfurter Allgemeine Sonntagszeitung

FAZ: Frankfurter Allgemeine Zeitung

FDP: Freie Demokratische Partei

FDIC: Federal Deposit Insurance Corporation

FED: Federal Reserve System, Zentralbank-System der USA

Glossar

FICO Score: Maßzahl für Kreditrisiken, FICO steht für die Gesellschaft Fair Isaac Corporation, die darauf spezialisiert ist, Bonitätsnoten zu berechnen.

Finanzialisierung: Ressourcenausbeutung und Umverteilung durch den zunehmenden Einfluss der Finanzmärkte

Fitch: Fitch Ratings

FR: Frankfurter Rundschau

FSAP: Financial Services Action Plan

FSB: Financial Stability Board. Finanzstabilitätsrat: Internationale Organisation, die das Globale Finanzsystem überwacht und diesbezüglich Empfehlungen ausspricht

FT: Financial Times

FTD: Financial Times Deutschland

Fundamentalanalyse: Ermittlung des fairen Wertes von Wertpapieren (»innerer Wert«), im Gegensatz zur Chartanalyse werden nicht Börsenkurse, sondern Fundamentaldaten für die Bewertung herangezogen.

Fundamentaldaten: Betriebswirtschaftliche Informationen zur Bewertung des Unternehmens.

GIIPS: Kürzel für Griechenland, Italien, Irland, Portugal und Spanien.

Gladiator: Berufskämpfer im antiken Rom, ursprünglich meist Sklaven.

GRV: Gesetzliche Rentenversicherung.

Guidance: Orientierungshilfe durch das Management z. B. für Analysten

Haircut: Wertabschlag auf Sicherheiten des Kreditnehmers

HB: Handelsblatt

HVB: Hypovereinsbank

IAB: Institut für Arbeitsmarkt- und Berufsforschung

IFRS: International Financial Reporting Standard(s)

IMK: Institut für Makroökonomie und Konjunkturforschung (Hans Böckler Stiftung)

Incra: International Non-Profit Credit Rating Agency

Intrinsischer Wert: Innerer Wert, der fundamentale Aspekte berücksichtigt. Dieser unabhängig vom Börsenkurs ermittelte Wert entspricht dem Preis, den gut informierte Geschäftsleute für das Unternehmen bezahlen würden, wenn sie es zu 100 Prozent übernehmen würden. Der innere Wert wird dabei nach Benjamin Graham durch Faktoren wie z. B. das KGV, KBV, den Verschuldungsgrad, die durchschnittliche Ertragskraft der Vergangenheit oder die Dividendenrendite ermittelt.

IOS: Investors Overseas Services, bedeutender Offshore-Finanzkonzern in den 60er-Jahren.

IOSCO: Internationale Organisation der Wertpapieraufsichtsbehörden

IPO: Initial Public Offering: Börsengang

IRB: Internal Ratings-Based Approach

IRG: International Rating Group

ISDA: International Swaps and Derivative Association

IWF: Internationaler Währungsfonds

KBV: Kurs zu Buchwert je Aktie

KGV: Kurs zu Gewinn je Aktie

LBO: Leveraged Buy Out, fremdkapitalfinanzierte Übernahme

Lender of last resort: Kreditgeber der letzten Zuflucht

Loser: Verlierer

LTCM: Long Term Capital Management, Hedgefonds, 1994 von John Meriwether gegründet

MAD: Market Abuse Directive

M&A: Mergers & Acquisitions, Fusionen und Übernahmen

Mainstream: Wörtlich – Hauptstrom, gemeint ist die dominierende Meinung z. B. von Marktbeobachtern

MBS: Mortage-Backed Securities – Wertpapier, das auf Hypothekenkrediten basiert

M3 (Definition der FED): Alle Bar-Bestände in Banknoten und Münzen in US-Dollar sowie die laufenden US-Dollar-Girokontenbestände und alle US-Dollar-Einlagenzertifikate (z. B. US-Dollar-Staatsanleihen) plus sämtliche US-Dollar-Geldmarkt-Kontenbestände unter 100 000 US-Dollar, plus alle größeren Guthaben über 100 000 US-Dollar und andere die Eurodollar-Reserven, größere übertragbare US-Dollar-Wertpapierbestände, und die US-Dollar-Devisenbestände der meisten nichteuropäischen Länder. Diese Geldmenge wird grundsätzlich von der FED berechnet, aber seit 2006 nicht mehr veröffentlicht.

MiFID: Markets in Financial Instruments Directive: Richtlinie über Märkte für Finanzinstrumente

MITI: Ministerium für Internationalen Handel und Industrie, Japan

Momentum: Größe der technischen Analyse. Es gibt Aufschluss über Tempo und Kraft von Kursbewegungen sowie über Trendumkehrungen (FAZ.NET)

Monetisierung: Ankauf von Staatsschulden auf dem Primärmarkt oder auf dem Sekundärmarkt

Moody's: Moody's Investors Service

MVA: Market Value Added = Marktwertsteigerung, Unternehmenswert (Eigenkapital+ Fremdkapital-kurzfr. Verbindlichkeiten)

NAIC: National Association of Insurance Commissioneers

Nemax: Die Deutsche Börse führte zunächst den Neuer-Markt-Index-Nemax ein. Am 1. Juli 1999 wurde der Nemax 50 hinzugefügt.

NGO: Non-Governmental Organization

No-Bailout-Klausel: Die »No-Bailout«-Klausel in Art. 125 AEUV stellt sicher, dass ein Euro-Teilnehmerland nicht für Verbindlichkeiten und Schulden anderer Teilnehmerländer haften oder aufkommen muss. Diese Klausel soll gewährleisten, dass für die Rückzahlung öffentlicher Schulden die Staaten selbst verantwortlich bleiben. Die Übertragung von Risikoprämien infolge einer nicht tragbaren Haushaltspolitik einzelner Staaten auf die Partnerländer soll damit vermieden werden. Mit dieser Bestimmung soll auch eine vernünftige Haushaltspolitik auf einzelstaatlicher Ebene gefördert werden.

NOPAT: Net Operating Profit after taxes = Operativer Nettogewinn nach Steuern

NRhZ: Neue Rheinische Zeitung

NRSRO: Nationally Recognized Statistical Rating Organization

Number Crunching: Zahlenverarbeitung

NYSE (New York Stock Exchange): New Yorker Börse

NYT: New York Times

n.v.: nicht vorhanden

NZB: Nationale Zentralbank

NZZ: Neue Zürcher Zeitung

OCC: Office of the Comptroller of the Currency

OPEC: Organization of Petroleum Exporting Countries = Organisation erdölexportierender Länder

Opinion Leader: Meinungsführer

Originator: Als Originator wird im Zusammenhang mit einer Verbriefungstransaktion ein Kreditinstitut bezeichnet, das als Initiator die zu verbriefenden Schulden entweder allein oder mithilfe eines Konsortiums durch Kreditausreichung oder durch den Ankauf bestehender Forderungen (Portfolio) begründet und über ein Investmentvehikel (Conduit) am Geldmarkt platziert.

OTC: Over The Counter

OTS: Office of the Thrift Supervision

Outreach: Freundlicher Kontakt

PIGS oder PIIGS: Kürzel für Portugal, Italien und/oder Irland, Griechenland, Spanien

Pitchen: Laden, aufschlagen, hier: Präsentieren, um ein IPO-Mandat zu erlangen

Ponzi: Der Name Charles Ponzi steht in der angelsächsischen Welt für Schneeballsysteme und Pyramidenspiele, sogenannten »Ponzi-Schemes«.

Ponzi-Finanzierer: Ponzi-Finanzierer können dagegen weder ihre Schulden bedienen noch zurückzahlen, sie sind Bestandteil des Instabilitätsmodells von Hyman Minsky.

Pressure Group: Interessengruppe

PCAOB: Public Company Accounting Oversight Board

Rating: Erstellen von Bonitätsnoten anhand von Analysen durch Agenturen

RAV: Repackaged Asset Vehicles

RDR: Rating Default Rate

REIT: Real Estate Investment Trust = Immobilien-Aktiengesellschaften mit börsennotierten Anteilen

Re-Remic: Resecuritization of existing residential mortgage backed securities

RF: Ratingfaktor

RMBS: Residential Mortgage Backed Securities

ROCE: Return on Capital Employed = Gewinn auf das eingesetzte Kapital

RP Online: Rheinische Post online

RRR: Rating Recovery Rate

RUB: Ruhr-Universität Bochum

Schattenbank: Kreditinstitut ohne Banklizenz und damit auch ohne Überwachung durch Kontrollorgane

SEC: Securities and Exchange Commission, US-Regulierungsbehörde für Wertpapiergeschäfte

Selffulfilling Prophecy: Selbsterfüllende Prophezeiung: Vorhersage, die sich deshalb erfüllt, weil sich der Vorhersagende, meist unbewusst, so verhält, dass sie sich erfüllen muss.

Shareholder-Value-Konzept: Vorrangige Ausrichtung der Unternehmenspolitik an den Interessen der Eigenkapitalgeber. Eine auf Shareholder-Value angelegte Unternehmenspolitik wird versuchen, den Kurswert der Aktien zu erhöhen.

SIFMA: Securities Industry and Financial Markets Association

SIV: Structured Investment Vehicles – juristisches Konstrukt, um CDOs, CDS aus den Bilanzen auszulagern

SPE: Special Purpose Entities – Einheiten für besondere Zwecke, auch SPV genannt.

SPD: Sozialdemokratische Partei Deutschlands

SPV: Special Purpose Vehicle

SPIFGI: Kürzel für Spanien, Portugal, Italien, Frankreich, Griechenland und Irland

Stakeholder-Konzept: Identifizierung und Berücksichtigung der Interessen der Anspruchsgruppen gegenüber dem Unternehmen durch den Vorstand

Scuttlebutt: »Gerüchteküche« rund um das Unternehmen, die ein kritischer Analyst durch das Befragen von Kunden oder Zulieferern kennen sollte

SolvV: Solvabilitätsverordnung

SMP: Securities Markets Programme der EZB: Im Rahmen des SMP interveniert die EZB am Sekundärmarkt für Staatsanleihen. Von der EZB werden die Interventionen mit der Notwendigkeit begründet, die Funktionalität des geldpolitischen Transmissionsmechanismus wiederherzustellen und nicht-funktionale Marktsegmente zu unterstützen.

SoFFin: Sonderfonds Finanzmarktstabilisierung

Spread: Preisdifferenz vergleichbarer Wirtschaftsgüter, hier bei Staatsanleihenzinsen

Stasi: Ministerium für Staatssicherheit der früheren DDR

SUV: Sport Utility Vehicle

S&P: Standard & Poor's

SWP: Stabilitäts- und Wachstumspakt

SZ: Süddeutsche Zeitung

Target2-Salden: Sie sind das Ergebnis der grenzüberschreitenden Verteilung von Zentralbankgeld innerhalb der dezentralen Struktur des Eurosystems. Einzelne Zentralbanken, nicht zuletzt die Deutsche Bundesbank, geben den Zentralbanken der GIPS-Länder über die EZB Kredite, um den nachlassenden privaten Kreditfluss auszugleichen.[353]

Trader: Wertpapierhändler, der kurzfristig kauft und verkauft

Trading: Kurzfristiges Kaufen und Verkaufen von Wertpapieren mit dem Ziel, kurzfristige Kursschwankungen auszunutzen

Troika: Finanzexperten der drei beteiligten Organisationen EU-Kommission, EZB und IWF, die gemeinsam die Reformfortschritte in Griechenland beurteilen und überwachen

Volatilität: Maß für die Schwankung von Finanzmarktparametern wie Aktienkursen und Zinsen

WaS: Welt am Sonntag

WFE: World Federation of Exchanges

WISU: Zeitschrift »das wirtschaftsstudium«

WKM: Wechselkursmechanismus

WpHG: Wertpapierhandelsgesetz

WWU: Wirtschafts- und Währungsunion

ENDNOTEN

1   Beat Balzli, Michaela Schiessl, Thomas Schulz: *Trio Infernale,* in: Der Spiegel 47/2009. S. 76.
2   E-Mail eines Ratingmitarbeiters, in Beat Balzli, Michaela Schiessl, Thomas Schulz: *Trio Infernale,* in: Der Spiegel 47/2009, S. 76.
3   Vgl. dazu Anne Kunz, Cornelius Welp, Max Haerder: *Ratingagenturen: So arbeitet Fitch – ein Analyst packt aus,* wiwo.de, 24.08.2011.
4   Zum TÜV-Beispiel: Beat Balzli, Michaela Schiessl, Thomas Schulz: *Trio Infernale,* Der Spiegel 47/2009, S. 76.
5   wiwo.de, 11.05.2010.
6   IOSCO 2004, S. 3.
7   »A credit rating is an opinion regarding the creditworthiness of an entity, a credit commitment, a debt or debt-like security or an issuer of such obligations, expressed using an established and defined ranking system.«
8   CRARA – Credit Rating Agency Reform Act of 2006, Public Law 109-291-Sept. 29, 2006, 120 STAT. 1329
9   J.K. Galbraith: *Eine kurze Geschichte …,* S. 103.
10   J.K. Galbraith: *Eine kurze Geschichte…,* S. 33.
11   Vgl. Werner Rügemer: *Ratingagenturen,* S. 13.
12   Norbert Gaillard, Berater für die Weltbank und Autor von »Les agences de notation«, Philippe Wojazer, Reuters, 23.11.2011.
13   Vgl. Alfred Dupont Chandler: Henry Varnum Poor, Business Editor, Analyst, and Reformer, S. 6.
14   a.a.O., S. 8.
15   Vgl. Murray N. Rothbard: *A History of Money and Banking in the United States,* S. 82 ff.
16   Herwig Langohr, Patricia Langohr: *The Rating Agencies and their Credit Ratings,* S. 375.
17   Vgl. Alfred Dupont Chandler: Henry Varnum Poor, Business Editor, Analyst, and Reformer, S. 11–22, der Brief findet sich auf S. 21/22.
18   »I am now in my office in Wall Street. We have two offices which open into each other. They are very pleasantly situated, back from the street so that even in this great Babel I have no more noise and tumult than I had in my office in Bangor.… The office of publication is but a short distance from the printing office. My duties are to prepare copy as the printers term it and have a general supervision over financial affairs of the paper.… My business is very congenial to my feeling, suits my turn of mind exactly. I think too that I have every prospect of success. All assure me that I can do well. The subscription list has gained fast since I have been here and I have received some commendations from those whose opinions I value. I think I can have by the end of the year at least 1200 at $5 each besides an advertising list of $1200 per annum. I shall enjoy this business vastly better than the law.«
19   Benjamin Graham, David Dodd: *Security Analysis,* S. 48.
20   Siehe dazu standardandpoors.com.
21   Siehe J.K. Galbraith: *Eine kurze Geschichte der Spekulation,* S. 80.
22   Werner Rügemer: *Ratingagenturen,* S. 14.

23 Siehe zur Geschichte ausführlicher die Internetseite von Moody's.

24 Moody's Analyses of Investments: *Government & Municipial Securities,* siehe Norbert Gaillard, Les agences de notation, S. 45.

25 Siehe Norbert Gaillard: *Les agences de notation,* S. 22.

26 Siehe Charles Wright Mills: *Die amerikanische Elite,* S. 242.

27 Christoph Buchheim: *Es war einmal: die Weltwirtschaftskrise,* FAZ, 28.10.2009, S. 8.

28 Siehe The American Magazine, Juni 1929, auch in: *John Kenneth Galbraith: Der große Crash 1929,* Ursachen, Verlauf, Folgen, S. 107.

29 J.K. Galbraith: *Eine kurze Geschichte…,* S. 89 f.

30 Siehe Adolf Weber: *Geld Banken Börsen,* S. 331.

31 S. 216 f.

32 Siehe John Kenneth Galbraith: *Der große Crash 1929,* 2009, S. 154.

33 Vgl. Jens Rosenbaum: *Der politische Einfluss von Ratingagenturen,* S. 149.

34 Vgl. Frank Partnoy: *The Pradox of Credit Ratings,* S. 5.

35 In: Frank Partnoy: *The Paradox of Credit Ratings,* S. 6, Originalquelle: Gilbert Harold: Bond Ratings as an Investment Guide.

36 Quelle: Frank Partnoy: *The Paradox of Credit Ratings,* S. 6.

37 Vgl. Norbert Gaillard: *Les agences de notation,* S. 66.

38 Vgl. Norbert Gaillard: *Les agences de notation,* S. 67.

39 Quelle: Norbert Gaillard: Les agences de notation, S. 67.

40 Vgl. Lori Johnston: *Q&A on the News,* in Atlanta Journal-Constitution, 16.8.2011.

41 Eva Ziesler, Vortrag vom 5.2.2012.

42 Vgl. Beat Balzli, Michaela Schiessl, Thomas Schulz: *Trio Infernale,* in: Der Spiegel 47/2009, S. 75.

43 Vgl. Chekdar Bavli: *Die Macht der Ratingagenturen und ihre Rolle in der Finanzkrise 2008,* S. 29.

44 Richard S. Wilson, Corporate Senior Securities, S. 327, zitiert in T. J. Sinclair: *The New Masters of Capital,* S. 27.

45 Vgl. Frank Partnoy: *Overdependence on Credit Ratings was a Primary Cause of the Crisis,* S. 3.

46 Vgl. CRARA - Credit Rating Agency Reform Act of 2006, Public Law 109-291-Sept. 29, 2006, 120 STAT. 1328.

47 Vgl. Jens Rosenbaum: *Der politische Einfluss von Ratingagenturen,* S. 53.

48 S.u., entnommen aus: Herwig Langohr, Patricia Langohr: *The Rating Agencies,* S. 376.

49 Herwig Langohr, Patricia Langohr: *The Rating Agencies,* S. 376.

50 Siehe Susanne Schmidt: *Markt ohne Moral,* S. 27.

51 Hyman P. Minsky: *Stabilizing an unstable Economy 1986,* S. 320.

52 S. 152, 159.

53 Hyman P. Minsky: *John Maynard Keynes,* S. 166.

54 Siehe Karl Georg Zinn: *Die legale Kriminalität des Finanzkapitalismus…,* S. 4.

55 Karl Georg Zinn: *Die legale Kriminalität des Finanzkapitalismus…,* S. 5.

56 Jens Rosenbaum: *Der politische Einfluss von Ratingagenturen,* S. 17.

57 Vgl. Frank Partnoy: *Overdependence on Credit Ratings was a Primary Cause of the Crisis,* S. 10.

58 J.K. Galbraith: *Eine kurze Geschichte…,* S. 33, 107.

59   Dazu näher Mandelbrot/Hudson: *Fraktale und Finanzen,* 2007, S. 40 ff. oder Nassim Nicholas Taleb: *Der Schwarze Schwan,* 2008.
60   Siehe »20 Jahre Big Bang«, NZZ Online vom 26.10.2006.
61   Siehe Ulrich Reitz: *Kein Ausverkauf in Sicht,* welt online, 09.06.2002.
62   Vgl. Franz Böhm: *Entmachtung durch Wettbewerb,* S. 119, 124.
63   Hans-Werner Sinn: *Kasinokapitalismus,* S. 146.
64   Lt. Credit Rating Agencies – globally, aktualisiert im Oktober 2011, in www.defaultrisk.com.
65   Vgl. H.M. Langohr, P.T. Langohr: *The Rating Agencies and their Credit Ratings,* S. 385.
66   Quelle: IRG, auch in: H.M. Langohr, P.T. Langohr: *The Rating Agencies and their Credit Ratings,* S. 385.
67   Vgl. Werner Rügemer: *Ratingagenturen,* S. 175 f.
68   Siehe Interview mit Jutta Liets: *Ideologie ist kein Maßstab,* taz.de, 25.07.2011.
69   Peter Beaumont: *Chinese rating agency threatens US with new debt downgrade,* The Guardian, 12.11.2011.
70   Vgl. Werner Rügemer: *Ratingagenturen,* S. 179.
71   Vgl. Annette Weisbach, Oliver Suess: *European Rating Agency will 2014 an den Start – noch fehlt Geld,* welt.de, Bloomberg, 03.09.2012.
72   Vgl. Heinz-Roger Dohms, Mark Schrörs: *»Europäische Ratingagentur«: Statt Anti-S&P nur Mini-S&P,* FTD.de, 22.11.2012.
73   Vgl. Roubini/Nihm, S. 263.
74   Werner Rügemer: *Ratingagenturen,* S. 61.
75   Quellen: Werner Rügemer: *Ratingagenturen,* S. 61 und Manager Magazin 9/2011, S. 9.
76   Vgl. Timothy J. Sinclair: *The New Masters of Capital,* S. 50.
77   Rating the Raters: *Enron and the CRAs: Hearing Before the Senate Comm. On Governmental Affairs,* 107ᵗʰ Comg. 116 (2002), In: Claire A. Hill: Regulating the Rating Agencies, S. 47.
78   »The credit raters hold the key to capital and liquidity, the lifeblood of corporate America and of our capitalist economy. The rating affects a company's ability to borrow money; it affects whether a pension fund or a money market fund can invest in a company's bond; and it affects stock price.«
79   Vgl. Holger Zschäpitz, Kai A. Konrad: *Schulden ohne Sühne,* S. 127.
80   Modifiziert abgebildet anhand folgender Quellen: Michel Nicolas: *Die Rolle der Ratingagenturen bei der Strukturierung von ABS und CDO,* S. 19, Fabian Dittrich: *The CRA Industry,* S. 14.
81   Vgl. Frank Partnoy: *The Siskel and Ebert of Financial Markets?: Two Thumbs down for the Credit Rating Agencies,* S. 711.
82   Vgl. Fabian Dittrich: *The CRA Industry,* S. 17.
83   Vgl. Claire A. Hill: *Regulating the Rating Agencies,* S. 48.
84   Vgl. dazu J. P. Hunt: *CRA and the »Worldwide Credit Crisis«,* S. 18, S. 19.
85   Vgl. Michel Nicolas: *Die Rolle der Ratingagenturen bei der Strukturierung von ABS und CDO,* S. 15.
86   H.M. Langohr, P.T. Langohr: *The Rating Agencies and their Credit Ratings,* S. 184.
87   Erstellt anhand der Übersicht in H.M. Langohr, P.T. Langohr: *The Rating Agencies and their Credit Ratings,* S. 184.

88   Im Krisenfall sind die Unternehmen von Staatshilfe abhängig, vgl. zu den Kosten des Ratings Oliver Everling in: Jannis Brühl: Daumen runter – Panik hoch, süddeutsche.de, 02.12.2011.

89   »No complaint is more frequently voiced than the lack of clarity about what the ratings actually measure. While ratings are intended by the agencies to gauge the relative degrees of credit quality…how such factors are weighted – and why – in making the final rating decision remains unclear.«; entnommen aus Timothy J. Sinclair: *The New Masters of Capital*, S. 93.

90   Timothy J. Sinclair: *The New Masters of Capital*, S. 69.

91   Werner Rügemer: *Rating-Agenturen*, S. 121 f.

92   In: K.-H. Büschemann: »Die blödeste Idee der Welt«, süddeutsche.de, 17.10.2010.

93   Heinrich Böll: *Anekdote zur Senkung der Arbeitsmoral*, 1963; Böll schrieb sie für eine Sendung des Norddeutschen Rundfunks zum »Tag der Arbeit« am 1.5.1963.

94   Vgl. Hyman P. Minsky: *Instabilität und Kapitalismus*, S. 44.

95   Siehe Vorwort von Max Otte, in J. K. Galbraith: *Der große Crash 1929*, S. 16.

96   Siehe Friedrich Merz: *Mehr Kapitalismus wagen*, S. 197.

97   Alexander Mühlauer, SZ, 6.5.2010, S. 20.

98   Akerlof, Romer: *Looting*, 1994, S. 28 f.

99   Vgl. Hyman P. Minsky: *Instabilität und Kapitalismus*, S. 44.

100   Vgl. Hyman P. Minsky: *Instabilität und Kapitalismus*, S. 40 und S. 41.

101   Vgl. Heinz-Roger Dohms: *Standard & Poor's ganz cool*, in FTD vom 19.11.2012, S. 1.

102   Rainer Hank: *Parasiten des Wohlstands*, FAS, 06.06.2010.

103   Rainer Hank: *Parasiten des Wohlstands*, FAS, 06.06.2010.

104   Quelle: Mehrere Aspekte des Themas »Politikerkaste« wurden von Erwin K. und Ute Scheuch: Cliquen, Klüngel und Karrieren (S. 175, Buchrückseite), entnommen.

105   Siehe Otte: *Informationscrash*, S. 67.

106   Helmut Willke: *Stochern im Nebel…*, S. 107.

107   Erwin K. und Ute Scheuch: *Cliquen, Klüngel und Karrieren*, S. 175.

108   Funktionäre! – Gefährden sie das Gemeinwohl?, S. 7.

109   N. Roubini, S. Mihm: *Das Ende der Weltwirtschaft…*, S. 281, 364.

110   Vgl. Peter Sloterdijk: *Die nehmende Hand und die gebende Seite*, S. 83–85.

111   Vgl. Max Otte: *Der Informationscrash*, S. 134, S. 135, S. 263.

112   Marcus Jauer: Es ist, wie es ist, FAZ, 16.11.2011, S. 29.

113   Vgl. Forderung an die Politik von Keynes in: Hyman P. Minsky: *John Maynard Keynes*, S. 189, S. 210, S. 214.

114   Modifiziert nach der Quelle: Timothy J. Sinclair: *The New Masters of Capital*, S. 58.

115   Zitiert in Roland Leuschel, Claus Vogt: *Das Greenspan-Dossier*, S. 237.

116   Vgl. Malte Turski: *Der politische Einfluss von Ratingagenturen als Akteure privater Global Governance*, S. 9 f.

117   Oliver Everling, in: C. Hiller von Gaertringen: Die Welt der Ratingagenturen wird unübersichtlicher, www.faz.net, 01.01.2013.

118   Siehe Hans-Werner Sinn: *Der Staat im Bankwesen*, S. 96, 97.

119   Malte Turski: *Der politische Einfluss von Ratingagenturen als Akteure privater Global Governance*, S. 12.

120   Vgl. H.M. Langohr, P.T. Langohr: *The Rating Agencies and their Credit Ratings*, S. 307.

121 Siehe Timothy J. Sinclair: *The New Masters of Capital,* S. 59.

122 Modifiziert nach der Quelle: *Timothy J. Sinclair: The New Masters of Capital,* S. 70.

123 Siehe Benjamin Graham und David Dodd: *Securities Analysis,* S. 109.

124 Vgl. A. Alfonso., P. Gomes, P. Rother: *What ›Hides‹ Behind Sovereign Debt Ratings?,* ECB Working Paper, Nr. 711, Frankfurt a.M. 2007.

125 Vgl. hierzu Kai A. Konrad und Holger Zschäpitz: *Schulden ohne Sühne?,* S. 129 f.

126 Zumindest nach Moody's, in: Moody's Investor Service. 2009. Aaa Sovereign Monitor. Dezember. S. 4.

127 Vgl. Benjamin Käfer, Jochen Michaelis: *Länderrisiko…,* in ZBW – Leibniz-Informationszentrum Wirtschaft, S. 95.

128 Vgl. Moody's Investors Service vom 19.11.2012.

129 S&P hebt Griechenland um sechs Stufen nach oben, welt.de, 18.12.2012.

130 Vgl. EZB akzeptiert wieder griechische Staatsanleihen, faz.net, 19.12.2012.

131 Vgl. Ratingagentur stuft Zypern herab, spiegel.de, 21.12.2012.

132 Vgl. Martin Bohne: Neuer Gefahrenherd Zypern, in tagesschau.de, 20.12.2012.

133 Bekommt Zypern einen Schuldenschnitt?, tagesschau.de, 20.12.2012.

134 Vgl. Michael Martens: Kommunistische Klerikalkapitalisten, faz.net, 01.07.2012.

135 Vgl. Arvid Kaiser: Steuerflüchtlinge zittern um Zypern, manager-magazin.de, 06.09.2012.

136 Juncker: Schließe meinerseits Schuldenschnitt für Zypern aus, Thomson Reuters, 21.12.2012.

137 Ruth Berschens, Gerd Höhler: ESM soll Zyperns Banken stützen, HB, 21.12.2012, S. 9.

138 Vgl. H.-W. Sinn: Die Logik der Target-Falle, Vortrag am 17.12.2012, mediathek.cesifo-group.de.

139 Vgl. Bruce Greenwald und Judd Kahn: *Competition Demystified,* S. 7 f.

140 Moody's Investors Service: *Rating Methodology Global Aerospace and Defense,* 30. Juni, 2010, S. 1, S. 7.

141 Entnommen und frei übersetzt anhand von Unterlagen aus dem S&P Capital IQ Seminar »Developing a Corporate Credit Rationale«, 22.–24.02.2012.

142 Vgl. Kritik von Michael Milken, in Timothy J. Sinclair: *The New Masters of Capital,* S. 74.

143 Entnommen und frei übersetzt anhand von Unterlagen aus dem S&P Capital IQ Seminar »Developing a Corporate Credit Rationale«, 22.–24.02.2012.

144 In der Erstausgabe seine Buches »Common Stocks and Uncommon Profits« bereits ab 1958, in »Die Profi-Investment-Strategie«, 1999, 15 Prüfkriterien, S. 45 ff.

145 So Claas Tatje, zeit online, 23.02.2011.

146 Vgl. Sony und Panasonic sind nun nur noch »Ramsch«, welt online, 22.11.2012.

147 Vgl. Werner Rügemer: *Ratingagenturen,* S. 87.

148 Vgl. Michel Nicolas: *Die Rolle der Ratingagenturen bei der Strukturierung von ABS und CDO,* S. 42 f.

149 Quelle: C. Miehle: Ratingprozesse für CLO's, S. 223 sowie als Sekundärquelle Michel Nicolas: *Die Rolle der Ratingagenturen bei der Strukturierung von ABS und CDO,* S. 43.

150 Michel Nicolas: *Die Rolle der Ratingagenturen bei der Strukturierung von ABS und CDO,* S. 44 f.

151 Vgl. Viktor Schulz: *Die internationale Finanzmarktkrise und die Ratingagenturen,* S. 15.

152 Quelle: *Viktor Schulz: Die internationale Finanzmarktkrise und die Ratingagenturen,* S. 15.

153 Rügemer, Werner: *Ratingagenturen,* S. 89.
154 Brucke Lincoln: Authority: *Construction and corrosion,* 1994, S. 3–4.
155 Susanne Schmidt: *Markt ohne Moral,* S. 27.
156 Roland Leuschel: *Sonntags nie am liebsten im Oktober,* S. 17
157 So auch Susanne Schmidt: *Markt ohne Moral,* S. 76.
158 Günter Grass: *Freiheit nach Börsenmaß,* S. 270.
159 Credit Raters exert international influence, Washington Post, 23.11.2004, auch in: Werner Rügemer: Ein zutiefst korruptes System, Online-Flyer Nr. 294 vom 23.03.2011, NRhZ-Online.
160 Vgl. Frank Partnoy: *Overdependence on Credit Ratings was a Primary Cause of the Crisis,* S. 17.
161 In: The Financial Instability Hypothesis, by Hyman P. Minsky Working Paper No. 74, Mai 1992, S. 6.
162 Vgl. Timothy J. Sinclair: *The New Masters of Capital,* S. 5.
163 Quelle: isda.org, online verfügbar.
164 Adam-Smith-Zitat und nähere Informationen in: Peter L. Bernstein: Wider die Götter, S. 22.
165 Noreena Hertz: Abschied vom Gucci-Kapitalismus, HB, 17.02.2010.
166 Franz Müntefering, »Dilettanten, Spieler und Gangster« ,SZ, 31.03.2010.
167 Beat Balzli, Michaela Schiessl, Thomas Schulz: Trio Infernale, in: Der Spiegel 47/2009, S. 77.
168 Michael Keppler: *Wenn die Gier in Angst umschlägt,* S. 10.
169 Siehe Conrad Mattern: »BILD«-Zeitung als Kontraindikator: Conquest Behavioral Finance Aktien AMI, finanzen. net, 29.10.2008.
170 Siehe Friedrich Merz: *Mehr Kapitalismus wagen,* S. 89 und Roland Leuschel, Claus Vogt: *Das Greenspan-Dossier,* S. 61.
171 Interview: Wir waren alle Täter, Opfer und Getriebene zugleich, faz.net, 05.08.2006.
172 John Kenneth Galbraith: *Die Ökonomie des unschuldigen Betrugs,* S. 17.
173 Analysten zögern bei Herabstufungen, fazfinance.net, 22.10.2002.
174 Vgl. Roland Leuschel, Claus Vogt: *Das Greenspan-Dossier,* S. 173.
175 Business is Showbusiness: Wie Topmanager sich vor Publikum inszenieren, Frankfurt 2007.
176 Vgl. Klaus Schweinsberg: *Sind wir noch zu retten,* S. 114.
177 Quelle: Unternehmensangaben, meist aus Geschäftsberichten.
178 Vgl. http://lobbypedia.de/index.php/Ratingagenturen.
179 Vgl. Beat Balzli, Michaela Schiessl, Thomas Schulz: Trio Infernale, in: Der Spiegel 47/2009, S. 75.
180 Vgl. Timothy J. Sinclair: *The New Masters of Capital,* S. 132 f.
181 Vgl. Oliver Everling, unabhängiger Rating-Analyst, in: Jannis Brühl: Daumen runter – Panik hoch, süddeutsche.de, 02.12.2011.
182 Vgl. Thomas Barth, berlingazette.de, 27.06.2012.
183 Denise Alessandra Bauer: *Ein Organisationsmodell zur Regulierung der Ratingagenturen,* S. 35.
184 Securities Act of 1933, Section 11, Civil liabilities on account of false registration statement, S. 46 f.
185 Vgl. Kai A. Konrad, Holger Zschäpitz: *Schulden ohne Sühne?,* S. 128.
186 Vgl. »Ratings folgen einem abstrusen System«, Interview mit Jens-Peter Gieschen, lto. de, 07.11.2012.

187 Christian Ebner, Jörn Bender: BGH: Ratingagenturen können in Deutschland verklagt werden, dpa, 17.01.2013.
188 BGH: Ratingagenturen können in Deutschland verklagt werden, dpa, 17.01.2013.
189 Vgl. »Mega-Klage gegen Bonitätswächter«, in: HB vom 06.02.2013.
190 Siehe M. Eisen: Haftung und Regulierung internationaler Rating-Agenturen, S. 273, 323 f., 367.
191 Vgl. Frank Partnoy: *Rethinking Regulations of CRA: An Institutional Investor Perspective*, S. 2, S. 5.
192 Vgl. Holger Steltzner: Allmächtige EZB, FAZ, 14.12.2012, S. 1.
193 Als die Bundesbank ein Tabu brach, spiegel.de, 08.08.2012.
194 H.-W. Sinn: *Die Target-Falle*, S. 257, 258.
195 Vgl. Holger A. Zschäpitz und Kai A. Konrad: *Schulden ohne Sühne?*, S. 127.
196 Vgl. hierzu B. Käfer und J. Michaelis: *Länderrisiko...*, S. 9, S. 10.
197 Vgl. Vortrag H.-W. Sinn: Die Logik der Target-Falle, München, LMU, 17.12.2012.
198 Vgl. H.-W. Sinn: *Die Target-Falle*, S. 151.
199 Quelle: H.-W. Sinn: Die Target-Falle, Tabelle 5.1, S. 151 und Vortrag am 17.12.2012 in der LMU München.
200 Vgl. Holger A. Zschäpitz und Kai A. Konrad: *Schulden ohne Sühne?*, S. 128.
201 Vgl. H.-W. Sinn: *Die Target-Falle*, S. 152.
202 Vgl. EZB akzeptiert wieder griechische Staatsanleihen, faz.net, 19.12.2012.
203 Vgl. B. Käfer, J. Michaelis: *Länderrisiko ...*, S. 95.
204 Vgl. Kai A. Konrad und Holger Zschäpitz: *Schulden ohne Sühne?*, S. 121.
205 Vgl. Hanno Beck, Aloys Prinz: *Abgebrannt*, S. 145.
206 Vgl. Oliver Kühnle: *Ratingverfahren*, 9.7.2010, S. 7 f.
207 Vgl. Patrick Buchmüller: *Basel II*, S. 44.
208 Quelle: Patrick Buchmüller: *Basel II*, S. 44.
209 Vgl. Denise Alessandra Bauer: *Ein Organisationsmodell zur Regulierung der Rating-Agenturen*, S. 223.
210 Sachverständigenrat, Jahresgutachten 2012/13, S. 103, S. 173.
211 Vgl. Saskia Littmann: Das zwielichtige Geschäft der Rating-Agenturen, wiwo.de, 13.07.2011
212 Mary Buffett, David Clark: *Das Tao des Warren Buffett*, S. 93.
213 John Maynard Keynes: The General Theory ..., S. 158, siehe auch bei Markus Spiwoks u.a.: Rationales Herdenverhalten ..., S. 5.
214 Vgl. auch Timothy J. Sinclair: *The New Masters of Capital*, S. 52.
215 J. D. Coval, J. Jurek, E. Stafford: *The Eonomics of Structured Finance*, S. 23.
216 Vgl. S&P für den kleinen Mann, ftd.de, 19.03.2008.
217 United States Comptroller of the Currency, Purchase of Investment Securities, and further Defining the Term »Investment Securities« as used in Section 5136 of the revised Statutes as amended by the Banking Act of 1935, Sec. II.
218 Vgl. Frank Partnoy: *The Siskel and Ebert of Financial Markets?...*, S. 689 f.
219 Vgl. Frank Partnoy: *The Paradox of Credit Rating*, S. 3.
220 Vgl. Timothy J. Sinclair: *The New Masters of Capital*, S. 43.
221 Quelle: *Timothy J. Sinclair: The New Masters of Capital*, S. 43.
222 Vgl. G20 – Implikationen für Banken, unter kpmg.de.

223 Siehe http://www.bundesregierung.de/Content/DE/StatischeSeiten/Breg/G8G20/An-
      lagen/G20-Cannes-abschlusserklaerung-deutsch.pdf?__blob=publicationFile&v=2.
224 S. 13 unter 43., siehe http://www.bundesregierung.de/Content/DE/Statische-
      Seiten/Breg/G8G20/Anlagen/G20-loscabos-gipfelkommuniqué-deutsch.pdf?__
      blob=publicationFile&v=1.
225 Vgl. Valerie Bösch: Ratings in der Krise, S. 27 und S. Rousseau: Regulating CRAs after
      the Financial Crisis, S. 19.
226 vgl. Martin Greive: Der Schrecken der Wall-Street-Banker geht, welt online,
      27.11.2012.
227 Interview mit Manfred Schäfer, faz.net vom 08.03.2010.
228 Vgl. Jens Rosenbaum: *Der politische Einfluss von Rating-Agenturen,* S. 60.
229 Vgl. Jens Rosenbaum: *Der politische Einfluss von Rating-Agenturen,* S. 61.
230 Vgl. Christoph Schmitt, Matthias Dötsch: Regulativ für Ratingagenturen, PUBLICUS
      2012.11, S. 23–25.
231 Siehe »Merkel streitet mit Sarkozy und Athen hofft auf Geld«, abendblatt.de,
      20.10.2011.
232 Vgl. Barnier scheitert mit harten Auflagen, handelsblatt.com, 15.11.2011.
233 Quelle: EU-Parlament, Pressemitteilung vom 16.01.2013.
234 EU-Parlament, Pressemitteilung vom 16.01.2013.
235 Vgl., auch hinsichtlich der hier kritisch gesehenen Alternative von Selbstregulierun-
      gen der Ratingagenturen, Denise Alessandra Bauer: *Ein Organisationsmodell zur Regu-
      lierung der Rating-Agenturen,* S. 230 und S. 191 f.
236 Vgl. Denise Alessandra Bauer: *Ein Organisationsmodell zur Regulierung der Rating-
      Agenturen,* S. 214.
237 Vgl. Viktor Schultz: *Die internationale Finanzmarktkrise und die Ratingagenturen,* S. 30.
238 Vgl. Markus Konrad und Jens Leker: *Regulierung von Ratingagenturen ...,* S. 379.
239 Vgl. http://www.iosco.org/library/pubdocs/pdf/IOSCOPD180.pdf.
240 Vgl. Viktor Schulz: Die internationale Finanzmarktkrise und die Ratingagenturen, S.
      41 f. und htttp://www.iosco.org/news/pdf/IOSCONEWS120.pdf, S. 2-4.
241 Dieses drastische Beispiel findet sich in: Carsten P. Claussen: Rating und Finanzanaly-
      se, S. 370.
242 Vgl. hierzu Denise Alessandra Bauer: *Ein Organisationsmodell zur Regulierung der
      Rating-Agenturen,* S. 214.
243 rp online, 06.07.2011.
244 »Wir haben es letzten Endes auch selbst als Gesetzgeber in der Hand, wie viel Macht
      wir den Ratingagenturen geben«, in: Torsten Hinrichs im Gespräch mit Silvia Engels,
      dradio.de, 07.07.2011.
245 Vgl. Barbara Schäder, Frank Bremser und Fabian Löhe: Warum die Politik Ratingagen-
      turen im Visier hat, ftd.de, 05.08.2011.
246 Größte unkontrollierte Machtstruktur, manager magazin online, 05.06.2003.
247 Beat Balzli, Michaela Schiessl, Thomas Schulz: Trio Infernale, in: Der Spiegel 47/2009. S. 74.
248 Vgl. Thomas Barth in berlinergazette.de, 27.06.2012.
249 Flora Wissdorf / Olaf Gersemann, Interview mit Otmar Issing, in: Die Welt, 21.03.2009,
      Nr. 68, S. 13.

250 Alexander Missal: Reform der Ratingagenturen: Noch fehlt der große Wurf, fnp.de, 09.09.2011.
251 Zitate 2011, Spiegel Online vom 30.12.2011.
252 Vgl. Frank Partnoy: *F.I.A.S.C.O*, S. 140, S. 177 f.
253 Vgl. dazu ausführlicher Karl-Heinz Bächstädt: *Auswahl von Ratingagenturen und Finanzierung von Ratings*, S. 24.
254 Vgl. hierzu J. P. Hunt: *CRAs and the »Worldwide Credit Crisis«*, S. 23 f.
255 Werner Rügemer: *Ratingagenturen*, S. 41.
256 Vgl. Timothy J. Sinclair: *The New Masters of Capital*, S. 53.
257 Gustave LeBon: *Psychologie der Massen*, S. 88 f.
258 Vgl. Timothy J. Sinclair: *The New Masters of Capital*, S. 176.
259 Vgl. Rügemer: *Ratingagenturen*, S. 62.
260 Vgl. Nouriel Roubini, Stephen Mihm: *Das Ende der Weltwirtschaft und ihre Zukunft*, S. 264.
261 Vgl. Marc Plitzke: Revenge of the Rating Agencies, spiegel.de, 29.04.2010.
262 Siehe Michael Olenik: S&P: »it could be structured by cows and we would rate it.«, seeingthroughdata.com, 26.01.2012.
263 Übersetzung von Kai A. Konrad und Holger Zschäpitz: *Schulden ohne Sühne?*, S. 125 eines SEC-Reports zur Rolle und Funktion von Kreditratingagenturen in den Wertpapiermärkten aus dem Jahr 2003, S. 26.
264 Standard & Poor's will auch ohne Auftag Bonitätsnoten vergeben, dpa-AFX, 27.01.2011.
265 Zitiert in Kai A. Konrad und Holger Zschäpitz: *Schulden ohne Sühne?*, S. 124.
266 Siehe Frank Partnoy: *The Paradox of Credit Ratings*, S. 2.
267 Vgl. dazu Holger Steltzner: Vertrauen, FAZ, S. 9, 24.12.2012.
268 Holger Steltzner, Vertrauen, FAZ, 24.12.2012, S. 9.
269 Siehe Otte: *Der Informationscrash*, S. 166 f.
270 Vgl. dazu auch die von Max Otte genannte Quelle: Die Ratingagenturen müssen sich neu erfinden, FAS, 23.11.2008.
271 Vgl. Max Otte: *Der Informationscrash*, S. 168.
272 Thomas Barth, berlinergazette.de, 27.06.2012, welt.de, 21.03.2009.
273 S&P verteidigt sich, Schäuble legt nach, in tagesschau.de, 16.01.2012.
274 Thomas Barth, berlinergazette.de, 27.06.2012.
275 Vgl. hierzu: Saskia Littmann: Das zwielichtige Geschäft der Ratingagenturen, wiwo.de, 13.07.2011.
276 Vgl. Italien verklagt Standard & Poor's und Fitch, welt.de bzw. AFP/dpa/dma, 12.11.2012.
277 Siehe ganz aktuell die in den USA zugelassene Investorenklage aufgrund Bewertungen, die Moody's, Standard & Poor's und Fitch für ein strukturiertes Papier namens Rhinebridge abgegeben haben, das im Jahr 2007 zusammenbrach: Ratingagenturen müssen sich wegen Betrugs verantworten , faz.net, 04.01.2013.
278 Vgl. Harald Freiberger: Strafe aus Sydney, SZ vom 06.11.2012, S. 25.
279 Frank Donovitz, Lorenz Wolf-Doettinchem, Interview mit Torsten Hinrichs, Stern Nr. 7, 09.02.2102, S. 98–100.
280 Siehe Erving Goffmann: *Wir alle spielen Theater*, 1959.
281 Interview,»The Newshour with Jim Lehrer«, PBS Television vom 13.02.1996.

282 Vgl. hierzu Beat Balzli, Michaela Schiessl, Thomas Schulz: Trio Infernale, Der Spiegel 47/2009, S. 76.

283 Vgl. Frank Partnoy: *Infectious Greed,* S. 384 f.

284 Vgl. Rolf Benders: Toxische Papiere feiern ein Comeback, HB, 03.11.2009.

285 Siehe Thomas Hillenbrand: Das führende Unternehmen der Welt, spiegel on-line,11.01.2002.

286 Quelle: S.J. Egan, 2005, in Langohr/Langohr: *The Rating Agencies and their Credit Ratings,* S. 190.

287 Vgl. Langohr/Langohr: *The Rating Agencies and their Credit Ratings,* S. 190.

288 Vgl. Werner Rügemer: *Ratingagenturen,* S. 130 f.

289 Vgl. Frank Partnoy: *Rethinking Regulation of CRA,* S. 13.

290 Quelle: S.J. Egan, 2005, in Langohr/Langohr: *The Rating Agencies and their Credit Ratings,* S. 190.

291 Vgl. Daniel J. Wakin: There Were Earlier Signs of Trouble at Parmalat, nytimes.com, 14.01.2004.

292 Quelle: S&P, 2003, Rating history on Parmalat Spa, Dec. 1-1, auch in: Langohr/Langohr: The Rating Agencies and their Credit Ratings, S. 190.

293 Siehe Warren Buffett: Ausgeprägte Wetten gegen Moody's, faz.net vom 27.05.2010.

294 T. Hartmann Wendels: *ABS und die internationale Finanzkrise,* WISU 5/2008, S. 691, so auch: V. Schulz: *Die internationale Finanzmarktkrise und die Ratingagenturen,* S. 10.

295 Vgl. zur Historie des Zusammenbruchs Viktor Schulz: *Die internationale Finanzmarktkrise und die Ratingagenturen,* S. 10 f.

296 Vgl. Hans-Werner Sinn: *Kasino-Kapitalismus,* S. 141.

297 Vgl. Lawrence J. White: *The Credit Agencies: Understanding Their Central Role in the Subprime Debacle of 2007–2008,* S. 12.

298 Vgl. Michel Nicolas: *Die Rolle der Ratingagenturen bei der Strukturierung von ABS und CDO,* S. 63.

299 Vgl. Carsten P. Claussen: *Rating und Finanzanalyse,* S. 367.

300 Vgl. Warum dem US-Pensionsfonds CalPERS Milliarden fehlen, handelsblatt.com, 16.02.2009.

301 Vgl. dazu ausführlicher Werner Rügemer: *Rating-Agenturen,* S. 116.

302 Vgl. J. P. Hunt: CRAs and the »worldwide credit crisis« , S. 9.

303 Vgl. FAZ, 29,12.2012, S. 19.

304 Vgl.»Gegen Ratingkritik helfen keine Goldbarren«, FAZ 15.12.2012, S. 21.

305 Dies sagte Barnier angeblich, siehe: Merkel streitet mit Sarkozy und Athen hofft auf Geld, abendblatt.de, 20.10.2011.

306 Vgl. Stephan Lorz: Ratingagenturen: Eine Frage der Bewertung, BZ, 29.11.2012, S.1.

307 Merkel legt sich mit Ratingagenturen an, süddeutsche.de, 05.07.2011.

308 Merkel legt sich mit Ratingagenturen an, süddeutsche.de, 05.07.2011.

309 Chef von S&P weist Kritik an Ratingagenturen zurück, dradio.de, 07.07.2012.

310 Vgl. Werner Rügemer: *Ratingagenturen,* S. 188.

311 Vgl. Frank Partnoy: *Rethinking Regulation of CRAs,* S. 8 f.

312 Vgl. Frank Partnoy: *Rethinking Regulation of CRAs,* S. 14 f.

313 Vgl.»Ratings folgen einem abstrusen System«, Interview mit Jens-Peter Gieschen, lto.de, 07.11.2012.

314 Vgl. Manfred Gärtner, Björn Griesbach, Florian Jung: Die Macht der Meinungsmacher: Ratingagenturen und staatliche Verschuldungsdynamiken, S. 255.
315 Siehe Sinclair: *The New Masters of Capital*, S. 5.
316 Vgl. http://www.bertelsmann-stiftung.de.
317 Vgl. Bertelsmann Stiftung stellt Modell für Rating-Agentur vor, zeit online, 20.11.2012.
318 Vgl. Neue Ratingagentur steht in den Startlöchern, wiwo.de, 20.11.2012.
319 Vgl. Michel Nicolas: *Die Rolle der Ratingagenturen bei der Strukturierung von ABS und CDO*, S. 89.
320 Vgl. zur staatlichen Regulierung Viktor Schulz: *Die internationale Finanzmarktkrise und die Ratingagenturen*, S. 52.
321 Warren Buffett: S&P Erred, US Deserves AAAA Rating, in: novinite.com vom 07.08.2011.
322 Paul Kennedy: *Aufstieg und Fall der großen Mächte*, u.a., S. 793 f.
323 Vgl. Thomas Barth, berlinergazette.de, 27.06.2012.
324 Carmen M. Reinhart & Kenneth S. Rogoff: *Dieses Mal ist alles anders*, S. 381.
325 Quelle: Carmen M. Reinhart & Kenneth S. Rogoff: *Dieses Mal ist alles anders*, S. 381.
326 Quelle: Carmen M. Reinhart & Kenneth S. Rogoff: *Dieses Mal ist alles anders*, S. 381.
327 Quelle: Carmen M. Reinhart & Kenneth S. Rogoff: *Dieses Mal ist alles anders*, S. 382.
328 Quelle: Carmen M. Reinhart & Kenneth S. Rogoff: *Dieses Mal ist alles anders*, S. 382.
329 Dies untersuchte Jens Rosenbaum, siehe S. 28, 153 f., 196 f.
330 Vgl. Werner Rügemer: *Ratingagenturen*, S. 41, S. 42.
331 Alexander Missal: Reform der Ratingagenturen: Noch fehlt der große Wurf, fnp.de, 09.09.2011.
332 In: Frank Partnoy: Rethinking Regulations of CRA: An Institutional Investor Perspective, S. 5, Originalquelle: http://sec.gov/news/studies/2008/craexamination070808.pdf, S. 21.
333 Vgl. Frank Partnoy: *Rethinking Regulations of CRA: An Institutional Investor Perspective*, S. 2.
334 Vgl. dazu Was nützt eine europäische Ratingagentur, www.bankenverband.de.
335 Vgl. Was nützt eine europäische Ratingagentur, www.bankenverband.de.
336 Vgl. Heinz-Roger Dohms, Mark Schrörs: Europäische Ratingagentur: Statt Anti-S&P nur Mini-S&P, FTD.de vom 22.11.2012.
337 Siehe das schlechte Abschneiden von Moody's Länder-Rating als Indikator, vgl. Carmen M. Reinhart & Kenneth S. Rogoff: *Dieses Mal ist alles anders*, S. 381–382.
338 Angaben zu den Währungsreformen i.d.R. anhand von Christa Bähr: *Ansätze zu einer Theorie der Währungsreform*, S. 187 ff.
339 Quellen: C.M. Reinhart & K.S. Rogoff: *Dieses Mal ist alles anders*, S. 269 f. und 274 f., Christa Bähr: *Ansätze zu einer Theorie der Währungsreform*, S. 187 ff.
340 Quelle: C.M. Reinhart & K.S. Rogoff: *Dieses Mal ist alles anders*, S. 269 f. und 274 f.
341 Vgl. C.M. Reinhart & K.S. Rogoff: *Dieses Mal ist alles anders*, S. 136.
342 Vgl. Claire A. Hill: *Regulating the Rating Agencies*, S. 45.
343 Vgl. Beat Balzli, Michaela Schiessl, Thomas Schulz: Trio Infernale, Der Spiegel 47/2009, S. 74.
344 Vgl. Roubini/Nihm: *Weltwirtschaft*, S. 266.
345 Vgl. MEMO/12/911, 27/11/2012 unter europa.eu/rapide/press-release.

346 Vgl. Ratings folgen einem abstrusen System, Interview mit Jens-Peter Gieschen, lto. de, 07.11.2012 und BGH: Ratingagenturen können in Deutschland verklagt werden, dpa 17.01.2013.

347 Vgl. EU-Staaten einigen sich auf strengere Regeln für Ratingagenturen, zeit online, 28.11.2012.

348 ESMA Consultation paper ESMA/2012/841, 20.12.2012.

349 Vgl. Timothy J. Sinclair: *The New Masters of Capital,* S. 50, S. 175.

350 Vgl. Sinclair: *The New Masters of Capital,* S. 2.

351 Vgl. Frank Partnoy: Overdependence on Credit Ratings was a Primary Cause of the Crisis, S. 15.

352 Sinclair, Timothy J.: *Reinvesting authority,* S. 490.

353 Hans-Werner Sinn: Tickende Zeitbombe, SZ online, 3.4.2011, S.3.

STICHWORTVERZEICHNIS

Womit wir morgen zahlen werden

Ulrich Horstmann

Mit dem jüngsten Schuldenschnitt wurde Griechenland gerettet, aber nur scheinbar. Auch andere Krisenstaaten wie Spanien oder Italien können ohne drastische Maßnahmen ihre gigantischen Schuldenberge niemals abtragen. Das haben die Finanzmärkte längst erkannt, und so wird sich die Lage in kürzester Zeit dramatisch zuspitzen -- egal wie riesig die nächsten Rettungsschirme auch sein werden.Deshalb sollten Anleger nicht zögern und sich rasch auf die möglichen Folgen dieser einschneidenden Maßnahme vorbereiten.

240 Seiten | Hardcover | 16,99 € (D) | ISBN 978-3-89879-696-5
Mehr Informationen zu Investmentthemen finden Sie unter www.portfoliojournal.de